Wie schreibe ich eine Seminar- oder Examensarbeit?

W0088952

C(

campus concret
Band 47

Walter Krämer, Autor des Bestsellers *So lügt man mit Statistik*, ist Professor für Wirtschafts- und Sozialstatistik an der Universität Dortmund. Neben zahlreichen weiteren Büchern ist bei Campus von ihm das Buch *Statistik verstehen* (3. Aufl. 1998) erschienen.

Walter Krämer

Wie schreibe ich eine Seminar- oder Examensarbeit?

Campus Verlag
Frankfurt/New York

Dieses Buch wurde den Regeln der neuen deutschen Rechtschreibung angepasst.

Die Deutsche Bibliothek – CIP-Einheitsaufnahme

Krämer, Walter:
Wie schreibe ich eine Seminar- und Examensarbeit? /
Walter Krämer. – 2. Aufl. – Frankfurt/Main ; New York : Campus Verlag, 1999
(Campus concret ; Bd. 47)
ISBN 3-593-36268-6

2. Auflage 1999

Besuchen Sie uns im Internet: www.campus.de

*Es kommt wahrhaftig in dem Fortgang der Wissenschaften
nicht darauf an, ob einer etwas in dem,
was sonst groß genannt wird, getan hat.
Wenn nur jeder täte, was er könnte,
den Teil von Kenntnissen verarbeitete, dessen er mächtig ist
und in welchem er schärfer sieht als tausend andere.
Dieses ist die ganze Sache eigentlich.*

Georg Christoph Lichtenberg

Inhalt

1. Wie fängt man an? Thema, Materialsuche und Arbeitsplan 13

Wissenschaftliches Arbeiten – was ist das überhaupt? . 13
Das richtige Thema wählen 16
Die Organisation der Arbeit 23

2. Wo finde ich was? 33

Fachliteratur 33
Zahlen und Fakten 49
Beispiel: Die Kostenexplosion im Gesundheitswesen . . 57

3. Recherchieren mittels EDV 72

Elektronische Datenbanken 72
Daten und Literatur auf CD-ROM 80
Daten und Literatur im Internet 86

4. Die äußere Form der Arbeit 97

Die grobe Gliederung 97
Das Inhaltsverzeichnis 103
Das Literaturverzeichnis 110
Fußnoten 113

5. Schaubilder und Tabellen 117

Wissenschaftliche Illustrationen 117
Säulen- und Kurvendiagramme 122
Weitere Datendiagramme 129
Tabellen 136

6. Sprachliches Gestalten 140

Kurze Wörter, knappe Sätze 140
Verben versus Substantive 150
Weitere Rezepte gegen Sprachverstopfung 153
Fremdwörter und Jargon 158

7. Die formale Feinstruktur der Arbeit 165

Zahlen und Maßeinheiten 165
Formeln und Symbole 170
Abkürzungen 176

8. Das Zitieren fremder Literatur 184

Was wird zitiert? 184
Wie wird zitiert? 187
Dokumentation von Büchern 194
Dokumentation von Aufsätzen 202
Dokumentation von Quellen aus dem Internet 205
Sonderfälle 208

9. Endredaktion und Niederschrift 217

Schreiben und Überarbeiten 217
Das Schriftbild 225
Die letzte Prüfung vor der Abgabe 232

Anhang: Adressen 234

Literatur 234
Daten und Fakten 236
Ausgewählte Bibliotheken und Archive 237
Ausgewählte Internet-Adressen 238

Literaturverzeichnis 242

Register 252

Vorwort

Dieser Leitfaden ist für die zwei Millionen Studenten und Studentinnen an deutschen, österreichischen und Schweizer Universitäten, Fachhochschulen und Berufsakademien gedacht, die demnächst eine Abschlussarbeit abzuliefern haben. Er ist aus meiner eigenen Erfahrung des Schreibens wie des Lesens wissenschaftlicher Texte heraus entstanden und soll all die Fehler vermeiden helfen, von Themen- und Betreuerwahl über das Gestalten von Grafiken, Fußnoten und Tabellen bis zu Schriftgröße und Seitenrand und anderen formalen Eigenschaften eines Manuskripts, die ich früher als Student selbst gemacht habe und die mir heute bei meinen eigenen Studenten immer wieder neu begegnen.

Auch wenn dabei meine eigene akademische Heimat, die Wirtschafts- und Sozialwissenschaften, an einigen Stellen durchscheinen sollte: Dieser Ratgeber ist für alle Fächer und Fakultäten angelegt. Eine klare Präsentation und Dokumentation, ein konsistenter Stil und Quellentreue sind in der Soziologie und Betriebswirtschaftslehre genauso wichtig wie in der Germanistik und Physik, sodass ich auf den folgenden Seiten bewusst auf eine fachspezifische Ausrichtung verzichtet habe.

Ebenfalls verzichtet habe ich auf eine konsequent geschlechtsneutrale Formulierung; Leserinnen und Leser sind selbstverständlich gleichermaßen angesprochen.

Dortmund, im Juli 1999   Prof. Dr. Walter Krämer

1.
Wie fängt man an? Thema, Materialsuche und Arbeitsplan

»Der bei weitem beste Weg, um in der Forschung
Tüchtiges zu leisten, ist, damit anzufangen.«

(Peter Medawar, Nobelpreisträger für Medizin, 1960)

Wissenschaftliches Arbeiten – was ist das überhaupt?

Warum haben so viele Studenten und Studentinnen solche Angst vor ihrer Abschlussarbeit? Weil sie bei »Wissenschaft« an Staub und Kommunionsanzüge denken. Und wenn nicht an Staub und Kommunionsanzüge, dann an feierliche Reden und an Königin Silvia (oder wer in Stockholm die Nobelpreise verleiht).

Mein erster Rat am Anfang dieses Buches: Bewahren Sie sich Ihre Unbefangenheit. Lassen Sie sich nicht vom Kanzleideutsch des Brockhaus ins Bockshorn jagen, wenn er schreibt, dass Wissenschaft »der Prozess methodisch betriebener, prinzipiell intersubjektiv nachvollziehbarer Forschung und Erkenntnisarbeit ... auf Grund eines ursprünglichen, sachbestimmten Wissensdranges und Wahrheitssuchens« sei – dieser Wort-Weihrauch ist völlig überflüssig.

Wenn wir diese Begriffsbestimmung auf ihren Kern reduzieren, dann kommt so etwas wie »systematische und nachvollziehbare Befriedigung von Neugier« heraus. Das klingt wenig anspruchsvoll und soll es auch sein. Wir müssen nur systematisch und nachvollziehbar nach der Wahrheit suchen und schon betreiben wir Wissenschaft, auch ohne Studium und Abitur. Wie die Teilnehmer des Bundeswettbewerbes »Jugend forscht« jedes Jahr aufs Neue zeigen, ist Wissenschaft auch ohne Großrechner, griechische Symbole und Universitätsdiplome möglich – Neugier und Ehrlichkeit genügen. Zwar befinden wir uns damit noch nicht auf einer Stufe

13

mit Einstein, aber das wird von einer studentischen Abschlussarbeit ja auch nicht verlangt.

Der Standardfall in Deutschland ist wohl die Diplomarbeit. Sie »soll zeigen, dass der Kandidat in der Lage ist, innerhalb der vorgegebenen Zeit ein Problem aus seiner Fachrichtung selbständig nach wissenschaftlichen Methoden zu bearbeiten« (Diplom-Muster-Prüfungsordnung meiner Heimat-Universität). »Die Diplomarbeit soll zeigen, dass der Kandidat befähigt ist, innerhalb einer vorgegebenen Frist eine praxisorientierte Aufgabe aus seinem Fachgebiet sowohl in ihren fachlichen Einzelheiten als auch in den fachübergreifenden Zusammenhängen nach wissenschaftlichen und fachpraktischen Methoden selbständig zu bearbeiten« (Prüfungsordnung Fachhochschulen). Gleiches gilt für schriftliche Hausarbeiten: »Die schriftliche Hausarbeit ... dient der Feststellung, ob der Kandidat ein auf sein Lehramtsstudium bezogenes Thema innerhalb eines bestimmten Zeitraums selbständig wissenschaftlich ... bearbeiten kann« (Lehramts-Prüfungsordnung).

Diese wie auch immer im Einzelfall benannte Schrift soll im Folgenden nur »Abschlussarbeit« heißen. Sie ist in der Regel die erste größere selbständige Schrift ihres Verfassers oder ihrer Verfasserin und schließt das Studium in der Regel ab. Davon gehe ich der Konkretheit halber im Weiteren auch aus. Aber natürlich betrifft das Folgende auch studienbegleitende Arbeiten auf der einen und weiterführende Projekte wie Dissertationen oder Habilschriften auf der anderen Seite. Denn der Unterschied zwischen einer bescheidenen Seminararbeit und einer Doktorarbeit ist kleiner, als die meisten glauben: Man soll zeigen, dass man wissenschaftlich arbeiten kann, dass man die Regeln der akademischen Kunst beherrscht und diese Regeln sind für alle wissenschaftlichen Arbeiten dieselben.

- Erstens: alles nachvollziehbar halten.
- Zweitens: Meinungen und Fakten nicht vermengen.
- Drittens: neue Erkenntnisse gewinnen wollen.

Und Spaß machen darf das alles auch. Denn Wissenschaft ist auch »eine Aktivität, die Neugier und das Ego befriedigt« (Komarek 1989, S. 80). »Sie ist in erster Linie unabhängig von Gedanken der

14

Anwendung oder Nützlichkeit. Man beschäftigt sich mit Wissenschaft aus Freude an der Vermehrung des Kulturgutes der Menschheit, aus Wertschätzung und Hochachtung vor dem Erbe von Generationen großer Geister und natürlich auch, um als erster zu publizieren und bekannt, anerkannt, ja wenn möglich berühmt zu werden.«

Wissenschaft und Wahrheit

Wissenschaftlich heißt nicht wahr; nur wer überhaupt nicht denkt, macht keine Fehler. Wissenschaftlichkeit hat nur mit der Methode der Gewinnung, nicht mit der Wahrheit einer Aussage oder Theorie zu tun. Große Wissenschaftler haben über Jahrhunderte geglaubt, dass die Sonne um die Erde kreise, dass Atome niemals spaltbar seien (so der Chemie-Nobelpreisträger Ernest Rutherford noch Anfang des 20. Jahrhunderts) oder dass die Erde eine hohle Kugel sei (so eine Theorie des berühmten Astronomen Edmond Halley, nach dem der halleysche Komet benannt ist). Aristoteles, einer der größten Wissenschaftler überhaupt, lehrte, dass Insekten spontan aus Schlamm heraus entstünden und dass die Welt aus nur vier Elementen – Feuer, Wasser, Luft und Erde – bestehe, plus dem sogenannten »Äther«, der den Himmel fülle. Schwere Gegenstände fallen nach seiner Naturlehre schneller als leichte, Wein in einem großen Fass mit Wasser wird selbst zu Wasser und ein Rebhuhnweibchen wird befruchtet, wenn der Wind vom Männchen her weht. Der große Immanuel Kant glaubte entdeckt zu haben, dass die ihm so verhassten Wanzen aus Sonnenlicht entstünden (worauf er bis zu seinem Tod sein Schlafzimmer rund um die Uhr verdunkeln ließ), und selbst Albert Einstein, der moderne Prototyp des genialen Wissenschaftlers, lag zumindest mit einer seiner Theorien voll daneben: Er glaubte lange Zeit, dass das Universum niemals expandieren könne, wohingegen unter Physikern heute wohl Einigkeit darüber besteht, dass dieses sich sehr wohl, und zwar rasant, erweitert.

All diese Fehler haben ihre Väter nicht daran gehindert »anerkannt, ja wenn möglich berühmt zu werden.« Denn alle haben sie

15

ehrlich nach der Wahrheit und nach neuen Erkenntnissen gesucht. Und auf diesem Weg darf man durchaus auch einmal stolpern.

Das richtige Thema wählen

Bevor wir mit dem Schreiben anfangen, müssen wir natürlich wissen, *worüber* wir denn schreiben sollen oder wollen. Vorausgesetzt, man hat überhaupt eine Wahl. In manchen Massenfächern erhält man sowohl das Thema wie auch den Betreuer zugelost. Hier heißt es: Friss oder stirb und man muss nehmen, was man kriegt. Es gibt zum Beispiel wirtschaftswissenschaftliche Fakultäten, die zu bestimmten Terminen die Diplomarbeiten unter den Kandidaten auswürfeln. Auch bei Seminararbeiten ist oft keine Auswahl möglich: Man meldet sich an und erhält dann eines der Themen zugeteilt.

In der Regel hat man aber als Student oder Studentin einen gewissen Einfluss auf das Thema einer Arbeit. Und diesen Einfluss sollte man auch nutzen. Bei Seminaren beispielsweise steht immerhin das Oberthema vorher fest und man kann sich überlegen: Passt mir diese Richtung überhaupt? Bei Magister-, Examens- und Diplomarbeiten sind selbst dann, wenn Themen zufällig vergeben werden, in aller Regel mehrere Töpfe vorhanden, aus denen man sein Thema zieht, wenn nicht gar, wie in den meisten Naturwissenschaften oder in der Mathematik, das Thema völlig frei mit dem Betreuer ausgehandelt wird. Deshalb sollte man sich, bevor man sich festlegt oder festlegen lässt, in einer ruhigen Minute einmal fragen: Was kann ich besonders gut? Liegen meine Stärken eher im kritischen Literaturvergleich, im Quellenstudium oder in der logischen Ableitung? Wen, falls überhaupt jemanden, will ich mit der Arbeit beeindrucken? Will ich in der Wissenschaft bleiben oder nicht? Bin ich eher theoretisch oder praktisch interessiert? Für welche Themen brauche ich Fremdsprachen, und beherrsche ich diese überhaupt? Kann ich mit Rechnern und Softwarepaketen umgehen? Brauche ich einen Betreuer, der mir genau vorschreibt, was ich machen soll, oder bin ich lieber auf mich selbst gestellt?

16

Werde ich Zugang zu Bibliotheken und Labors besitzen? Gibt es auf meinem Lieblingsgebiet schon Vorarbeiten? Erst dann wählt man mit viel Bedacht ein Thema aus.

Denken Sie dabei daran: Eine akademische Abschlussarbeit ist nicht der Ort, völlig neue intellektuelle Sphären zu erkunden (ich rede hier von Examens- und Diplomarbeiten; bei Doktorarbeiten liegt die Sache etwas anders). Vielmehr sollte man ein Thema wählen, das man aus Vorlesungen, Seminaren oder aus dem Alltagsleben kennt. Kann ich z. B. Schwedisch, weil meine Mutter Schwedin ist, so wäre eine pädagogische Diplomarbeit zu Kindergärten in Skandinavien nicht schlecht, und wenn mein Vater eine Heizölfirma betreibt, so könnte ich als Student der BWL erwägen, eine Diplomarbeit zum Thema »Das Wetter und die Heizölpreise« zu verfassen. Wenn einem angehenden Mathematiker eine Vorlesung über Zahlentheorie besonders gut gefallen und er sich in diese Materie schon eingearbeitet hat, könnte man an eine Diplomarbeit über Primzahlverteilungen denken und wer gerade einen mit »sehr gut« benoteten Seminarbericht über »das deutsche Kino von 1920 bis 1930« zurückbekommen hat, sollte – sofern erlaubt – zum gleichen Thema auch seine Abschlussarbeit schreiben. Die Grundregel ist immer: möglichst viel von dem verwenden, was man ohnehin schon kann, umso mehr Zeit hat man für etwas Neues und umso größer sind die Aussichten auf eine gute Note.

Informieren Sie sich auch über die nötigen Vorkenntnisse für Ihre Arbeit. Es ist zum Beispiel völlig klar, dass man in einer sprachwissenschaftlichen Arbeit über den französischen Roman des 19. Jahrhunderts auch Französisch können muss. Genauso braucht man für Arbeiten über Dante Kenntnisse des Italienischen und für eine Würdigung der deutschen Humanisten des 16. Jahrhunderts auch Griechisch und Latein. Und selbst bei Arbeiten, bei denen man Fremdsprachenkenntnisse auf den ersten Blick für zweitrangig halten könnte, stellen sich diese oft als wichtiger heraus als einem lieb sein kann. Ich kenne eine Studentin, die sich auf eine Doktorarbeit zum Thema »Der Außenhandel zwischen Hamburg und Schanghai im 19. Jahrhundert« eingelassen hatte und nach längeren Vorarbeiten von ihrem Betreuer Folgendes hören musste: »Was, Sie können kein Chinesisch? Was wollen Sie hier überhaupt?«

17

Derart böse Überraschungen lassen sich vermeiden, wenn man schon im Vorfeld klärt, was an Sprachkenntnissen für die jeweilige Arbeit nötig ist.

Ebenso steht es mit EDV-Kenntnissen. In vielen angewandten Fächern setzen Betreuer oft stillschweigend voraus, dass ihre Kandidaten die für eine empirische Arbeit nötige Software bereits kennen. Ganz zu schweigen von der Unterstellung, dass er oder sie zu Hause einen Rechner hat. Auch hier ist es im höchsten Maße sinnvoll, *vorher* solche Fragen abzuklären.

Besser zu enge als zu weite Themen

Eine gefährliche Anfängerfalle sind zu weit gefasste Themen. So verlockend es auch scheinen mag, mit einer Arbeit »Die deutsche Literatur des 20. Jahrhunderts« vor die Welt zu treten, nehmen Sie das Thema nicht. Das Desaster wäre vorprogrammiert. Selbst bei unbegrenztem Talent und Zeitbudget ist eine solche Betrachtung auf seriöse Weise in einer einzigen Arbeit nicht zu leisten. Selbst das Unterthema »Der Arbeiter in der deutschen Literatur des 20. Jahrhunderts« erscheint mir immer noch zu weit. Wie leicht hat man eine wichtige Quelle übersehen oder eine bekannte Koryphäe nicht zitiert. Und schon hat ein böswilliger Gutachter den besten Grund, dem Kandidaten etwas anzuhängen (und Sie glauben ja nicht, wie dankbar viele Gutachter für solche Gelegenheiten sind, ihre eigene Überlegenheit zu zeigen).

Wählen Sie stattdessen das Thema »Der Arbeiter als Held und Opfer bei Bertolt Brecht« – hier haben Sie eine reelle Chance, die einschlägige Literatur vollständig zu erfassen. Außerdem weiß man dazu dann bald mehr als jeder, der die Arbeit später zu benoten hat. Weitere, bereits erfolgreich von angehenden Germanisten bearbeitete Themen sind: »E. T. A. Hoffmanns ›Die Abenteuer der Sylvester-Nacht‹ – eine Analyse der Gestaltung und Grundprobleme unter besonderer Berücksichtigung des Spiegelbildmotivs« oder: »Christoph Ransmayrs Roman ›Die letzte Welt‹ im Licht der deutschen Literaturkritik« – diese Themen respektieren das beschränkte Zeitbudget eines Diplom-, Magister- oder Staatsexamenskandidaten, sie machen nicht von Anfang an das Erreichen eines Ziels unmöglich.

Diese Gefahr – sich in überehrgeizigen Projekten zu verrennen – ist je nach Studienfach verschieden: In den Naturwissenschaften oder in der Mathematik, wo präzise Fragen und genaue Antworten erwartet werden, droht sie eher selten. Hier vergeben schon die Betreuer von sich aus gerne Arbeiten wie »Die Analyse wildrüben-spezifischer cDNAs aus einer Beta-procumbens-Translokation in Zuckerrüben« oder »Die Heuschreckenfauna in der Fischbeker Heide unter besonderer Berücksichtigung der Besiedlung verschiedener Sukzessionsstadien von Besenheidengesellschaften«. Aber in den sogenannten »weichen« Wissenschaften sind auch die Themen vielfach zunächst weich, hier sollte man gleich zu Anfang auf eine präzise und vor allem auf eine begrenzte Fragestellung achten. In der Sozialpsychologie z. B. wäre eine Diplomarbeit zum Thema »Wie bewältigen moderne Arbeitnehmer den Eintritt in die Rente« viel zu anspruchsvoll. Schon eher machbar, aber immer noch zu weit gefasst, wäre eine Arbeit »Der Übergang in die Rente unter Industriearbeitern«. Darüber ließe sich vermutlich eine gute Doktorarbeit schreiben. Für eine Diplomarbeit reicht völlig »Bewältigungsmuster von alleinstehenden Frauen in der Nacherwerbsphase – Eine qualitative Untersuchung von Teilnehmerinnen der Betriebskrankenkasse XXX«. In der Informatik würde ich niemandem eine Diplomarbeit mit dem Thema »Lernprogramme im Internet« empfehlen. Besser: »Probleme beim Entwurf multimedialer JAVA-gestützer Lernprogramme im World Wide Web«. In den Geschichtswissenschaften wäre eine Arbeit mit dem Titel »Der spanische Bürgerkrieg« ein Lebenswerk. Selbst eine Arbeit »Der spanische Bürgerkrieg im Spiegel der Literatur« wäre immer noch zu anspruchsvoll. Allenfalls machbar erscheint mir hier »Dichtung und Wahrheit zum spanischen Bürgerkrieg in der Prosa Ernest Hemingways«. Und selbst in einer vergleichsweise exakten Wissenschaft wie der Architektur könnte man sich durch einen vagen Titel wie »Das niederdeutsche Fachwerk« schnell den Vorwurf »Thema verfehlt« einhandeln. Warum nicht: »Konstruktions- und Schmuckformen niederdeutschen Fachwerks im 18. Jahrhundert am Beispiel der Städte Hildesheim und Osnabrück«?

19

Damit sind wir immer auf der sicheren Seite: Das Feld, das abgeerntet werden muss, ist eng umgrenzt, wir können wirklich vor dem nächsten Winter damit fertig werden.

Natürlich klingen solche ellenlangen Titel nicht sehr elegant. Ein Ausweg ist ein knackiger Obertitel garniert mit einem Untertitel, der die Beschränkung auf ein Teilgebiet verdeutlicht, so wie in einigen der obigen Beispiele bereits gesehen: »Humor in der Werbung – Eine vergleichende Untersuchung der Fernsehwerbung in Deutschland und den USA«. Oder: »Politik und Sprache – Ein Vergleich von CDU und SPD anhand der Schwangerschaftsabbruchdebatte 1992 im Deutschen Bundestag«.

Wie immer gibt es aber auch Ausnahmen. In der Psychologie z. B. sind durchaus Diplom- oder Doktorarbeiten wie »Mobbing am Arbeitsplatz« vorstellbar; hier würde eine Einschränkung wie »Mobbing bei der Deutschen Telekom AG« reichlich gekünstelt wirken (eine Einschränkung der Art »Mobbing unter ungelernten Hilfsarbeitern« wäre aber durchaus denkbar). Von dergleichen Ausnahmen abgesehen lohnt es aber wissenschaftlich eher, auf eng gestecktem Gelände tief zu bohren als weite Gebiete großflächig, aber oberflächlich abzuräumen. Das sollte man den großen alten Damen und Herren eines Faches überlassen, die am Ende ihrer Laufbahn rückblickend ihr Lebenswerk zusammenfassen. Für den Anfang eines Lebenswerkes eignen sich solche großen Übersichten eher selten.

Der richtige Betreuer

Auch bei der Wahl des Betreuers bzw. der Betreuerin zahlt sich etwas Überlegung aus. Kein Hochschullehrer ist wie der andere, einige kümmern sich um ihre Schützlinge wie um ihre Kinder, andere kennen nicht einmal deren Namen. Einige halten Fußnoten für den Inbegriff von Wissenschaft, anderen sind Formalien egal. Einige bestehen auf einer erschöpfenden Würdigung der Literatur, andere schätzen eher Kreativität. Wie unter den Studierenden gibt es auch unter Hochschullehren Pedanten und Chaoten, es gibt Professoren, die freche und aufmüpfige Studenten schätzen, während andere großen Wert auf Hierarchie und Ordnung legen; die Charaktere sind hier wie überall im Leben sehr verschieden. Deshalb kann es durchaus wichtig werden, ob man selbst vom Typ her zu seinem Betreuer passt (sofern man diesen überhaupt zu sehen kriegt – in vielen Massenfächern müssen heute Mitarbeiter die Betreuung von Diplomarbeiten übernehmen).

Auch die fachliche Kompetenz des Betreuers ist von einiger Bedeutung. Die meisten Studenten werfen diesbezüglich alle Professoren in einen Topf, denn aus der Warte eines Anfängers, der sich erst seit drei oder vier Jahren mit einer Wissenschaft befasst, erscheinen alle Professoren gleichermaßen wichtig und bedeutend (Professorinnen natürlich auch). Aber das ist falsch. Denn natürlich gibt es auch unter Hochschullehrern Stars und Dünnbrettbohrer, die einen forschen an der Spitze ihres Faches, die anderen haben seit Jahrzehnten keine Fachzeitschrift gelesen, und an wen von diesen man als Anfänger gerät, kann für die eigene berufliche Zukunft durchaus von Bedeutung werden (zum Beispiel können anerkannte Fachvertreter besser gute Einstiegsjobs vermitteln oder die spätere wissenschaftliche Karriere ihres Kandidaten fördern).

Suchen Sie also möglichst einen Betreuer aus, der gut zu Ihnen passt. Dabei können ältere Examenskandidaten oder die Fachschaft sicher helfen. Wer blind und tolpatschig an einen Dozenten gerät, mit dem er oder sie sich nicht versteht, ist selbst schuld.

Wer soll die Arbeit später lesen?

Eine Examens- oder Diplomarbeit ist eine Visitenkarte. Und eine Doktorarbeit natürlich erst recht. Sie sagen damit Ihrem künftigen Arbeitgeber: Ich bin sozial engagiert, ich bin umweltbewusst, ich interessiere mich für Technik, ich bin ein Pedant, ein Bücherwurm, ein Philosoph. Es schadet also nicht, diese Signalwirkung von Anfang an im Auge zu behalten. In manchen Fächern ist diese Visitenkarte weniger wichtig, in anderen mehr. In Lehramtsstudiengängen etwa, wo der spätere Arbeitgeber vor allem auf die Note einer Abschlussarbeit sieht, ist das Thema eher sekundär – ob Sie sich über »Brautwerbung auf den Fidji-Inseln« oder über die »meteorologische Bedeutung mittelalterlicher Bauernregeln«

21

ausgelassen haben, schert den Bürokraten im Kultusministerium, der Ihre Einstellungsurkunde als Studienreferendar zu unterschreiben hat, vermutlich herzlich wenig. Hauptsache die Note stimmt. Zieht es Sie als Ökonom jedoch zur Deutschen Bank, so schreiben Sie besser keine Diplomarbeit über den Mehrwert bei Karl Marx.

Vielleicht ist die Abschlussarbeit auch die letzte konzentrierte wissenschaftliche Betätigung in Ihrem ganzen Leben. Sie schließen damit Ihre wissenschaftliche Karriere zugleich auf und ab, und das ist ein weiterer Grund, das Thema überlegt zu wählen, quasi als persönlichen Beitrag zum Fortschritt in der Wissenschaft. Später können Sie dann Ihren Enkeln die vergilbten Blätter zeigen und sagen: Das hab' ich gemacht!

Aber auch wenn die Abschlussarbeit der erste Schritt in einer langen wissenschaftlichen Karriere ist: Ein wenig Überlegung schadet nicht. Die Ideen und Ideale der Studienzeit prägen stärker als man denkt und mancher Hochschulprofessor folgt noch heute den Pfaden seiner einstigen Diplomarbeit.

Besonderheiten von Doktorarbeiten

Doktorarbeiten unterscheiden sich von Examens-, Magister- und Diplomarbeiten nicht grundsätzlich, sondern nur graduell. Anders als bei den »einfachen« akademischen Abschlussarbeiten hat man hier kein Recht darauf, eine solche Arbeit vorzulegen, man muss höflich darum bitten. Daran sind je nach Universität und Fachgebiet verschiedene Bedingungen geknüpft, in aller Regel ein überdurchschnittlicher erster Abschluss, oft auch völlig unwissenschaftliche Kriterien wie die Abwesenheit einer kriminellen Vorgeschichte. Davon abgesehen gilt für eine Doktorarbeit das Gleiche wie für eine Examens-, Magister- und Diplomarbeit: Man soll zeigen, dass man eigenständig wissenschaftlich arbeiten kann.

Allein der Umfang und die Tiefe der Arbeit sind verschieden. Wenn man seine germanistische Examensarbeit über »Die Rolle der Natur in Goethes Werther« geschrieben hat, so wird daraus vielleicht eine Doktorarbeit über »Die Rolle der Natur im Frühwerk Goethes«. Auch werden vorher vielleicht noch tolerierte

22

Lücken in der Literaturerfassung in Dissertationen in aller Regel nicht mehr geduldet – man soll schließlich zeigen, dass man ein bestimmtes Teilgebiet einer Wissenschaft vollständig beherrscht. Aber einen grundsätzlichen Unterschied zwischen einer Doktorarbeit und den vorgeschalteten »niederen« Weihen gibt es nicht.

Insbesondere gibt es keinen Grund, dass eine Doktorarbeit lange braten muss. Unter den von mir selbst betreuten Doktoranden waren die schnellsten auch die besten, einige Kandidaten schafften die Prozedur in weniger als einem Jahr.

Die Organisation der Arbeit

Die Abschlussarbeit, bei der dieser Leitfaden helfen will, ist für die meisten Studenten und Studentinnen keine Kür; sie findet vielmehr unter diversen, je nach Fach, Anlass und Hochschulort unterschiedlichen Restriktionen statt. Die meisten davon kann man, wenn man will, schon bei der Immatrikulation erfahren: Wieviel Zeit werde ich für die Arbeit haben? Darf ich das Thema selbst bestimmen? Muss die Arbeit geheftet, gebunden, gedruckt oder maschinengeschrieben sein? Ist die Rückgabe des Themas oder ein zweiter Versuch erlaubt? Wieviele Versuche hat man maximal? Diese formalen Aspekte variieren sehr von Ort zu Ort und von Fach zu Fach. So ist es in gewissen Studiengängen üblich, dass der Kandidat oder die Kandidatin zunächst formlos ein Thema vereinbart und dieses erst nach beendeter Arbeit offiziell anmeldet. Hier ist die Zeitrestriktion also reine Formsache. Anderswo dagegen erfährt der Kandidat sein Thema wirklich erst kurz vor Torschluss und hat ab dann nur noch sechs Wochen Zeit.

Auch die Modalitäten der Themenvergabe und die zeitliche Einordnung der Abschlussarbeit in den Studienverlauf unterscheiden sich. In einigen Fächern wählt der Kandidat seinen Betreuer und sein Thema selbst, in anderen bekommt er beides zugelost. Einmal schreibt man die Arbeit *vor* den restlichen Prüfungen, ein andermal danach. Dann wieder sind Rückgabe des Themas und ein zweiter Versuch erlaubt, dann wieder nicht, oder es werden exter-

23

ne Arbeiten (etwa in der Privatwirtschaft) gefördert bzw. verpönt. Solche Gepflogenheiten sollte man natürlich kennen. Eine Abschlussarbeit wegen mangelnder Kenntnis der lokalen Sitten und Gebräuche zu verpatzen ist der dümmste Fehler, den es gibt.

Vorarbeiten vorziehen

Die meisten Prüfungsordnungen verlangen die Abgabe der Arbeit binnen einer festen Frist. Diesen Termindruck können Sie entschärfen, wenn möglichst viele Vorarbeiten zu Beginn der eigentlichen Arbeit schon erledigt sind. Üben Sie also schon möglichst früh den Umgang mit Katalogen und Mikrofiches, mit Datenbanken, Fernleihe und EDV. Auch einen elektronischen Textverarbeiter oder ein statistisches Programmpaket wie SPSS oder SAS sollte man schon benutzen lernen, bevor die Zeituhr läuft, genauso das Internet. Es schadet auch nichts, sich außer in der Hauptbibliothek der eigenen Hochschule auch in anderen wissenschaftlichen Bibliotheken in der Nähe umzusehen, wenn es welche gibt. Das betrifft vor allem Geisteswissenschaftler. Oft unterhalten auch Fachbereiche oder Institute eigene Bibliotheken, die für die Arbeit nützlich und am besten schon vorher zu erkunden sind, oder es gibt in öffentlichen Bibliotheken auch wissenschaftliche Literatur. Also auf zum Antrittsbesuch!

Ebenfalls zu den Vorarbeiten gehört das Erlernen des Maschineschreibens mit zehn Fingern. Ein Wissenschaftler, der nicht Maschine schreiben kann, ist ein Profi-Fußballer mit einem Bein. Ganz gleich, wo man im Leben später landet, das Maschineschreiben zahlt sich nicht nur bei Diplomarbeiten aus. Viele Studierende drücken sich trotzdem davor, sie lassen die Arbeit von Fremden tippen und denken: Später schreibt eh alles meine Sekretärin. Das ist aber eine Illusion. Längst nicht jedes Mal, wenn ein Dokument geschrieben werden muss, ist eine Schreibkraft in der Nähe und bis die modernen Schreibcomputer, denen man ins Mikrophon diktieren kann, so wie heute die PCs auf jedem Schreitisch stehen, werden noch viele Jahre vergehen. Bis dahin gehört das schnelle Maschineschreiben genauso zu den Zutaten einer wissenschaftli-

24

chen oder sonstwie gehobenen Karriere wie das Lesen und das Schreiben selbst.

Nicht mehr so wichtig wie früher ist dagegen die Entscheidung für oder gegen ein konkretes Textverarbeitungssystem – alle gängigen Produkte wie Word oder Wordperfect sind heute gleichermaßen komfortabel. Allenfalls bei formelintensiven Texten ist zu überlegen, welche Systeme dafür die beste Unterstützung bieten. Auch das Erstellen und Einbinden von Grafiken ist in unterschiedlichen Systemen unterschiedlich einfach, aber angesichts der rasanten Fortschritte in der elektronischen Textverarbeitung scheint sich hier ein langes Suchen kaum zu lohnen.

Der Kampf gegen die Uhr

Irgendwann geht dann die »eigentliche« Arbeit los: Das Thema ist vereinbart, die Anmeldung unterschrieben und beim Prüfungsamt, mit jedem Tag, mit jeder Stunde rückt der Tag der Abgabe heran.

Jetzt heißt es: keine Panik. Am besten, man verfährt nach einem groben Plan, ausgehend von einer Zweiteilung der Arbeit in das Erschließen (Sichten, Erarbeiten) und in das Zusammenfassen und Bewerten des jeweiligen Materials. Diese Phasen sind je nach Fach und Thema unterschiedlich lang und wichtig. In den meisten Geisteswissenschaften sind sie in der Regel gleich bedeutend: Die Literatur- und Quellensuche auf der einen und die darauf aufbauenden eigenen Bewertungen und Einsichten inklusive deren Zusammenfassung und Darstellung machen in etwa gleichviel Arbeit aus. In den Ingenieur- und Naturwissenschaften dagegen sind die Datenbeschaffung und das Erarbeiten des Materials zentral, sei es in der Werkstatt oder im Labor; hier schreibt man die Ergebnisse erst kurz vor Abschluss an einem Nachmittag zusammen. Auch in manchen Geisteswissenschaften wie etwa der Geschichtswissenschaft können die Sichtung der Archive und die Quellensuche die ganze Arbeit dominieren (»Die Einstellung der Österreicher zum Nationalsozialismus von 1933 bis zum ›Anschluss‹ 1938«). Ebenso in Psychologie oder Sozialpädagogik: »Das Verhältnis von türkischen und deutschen Kindern in den Grundschulen Berlins«. In anderen Wissenschaften wie etwa der Mathematik sind dagegen Literatur- und Quellenstudien eher unerheblich; hier ist alles für die Arbeit Nötige bei deren Anfang schon bekannt (»Finden Sie möglichst schwache Bedingungen für die starke Konsistenz von OLS im Linearen Regressionsmodell«).

Wie auch immer, es ist in jedem Fall von Vorteil, den großen Brocken »Abschlussarbeit« in zwei kleinere, wenn auch nicht notwendig gleich große Brocken aufzuteilen. Und diese Brocken teilen wir dann weiter. Nicht in zu kleine, aber auch nicht in zu große Stücke, etwa fünf bis zehn. Ein wichtiger, von vielen gefürchteter und gerne immer wieder aufgeschobener Brocken ist etwa das Schreiben des endgültigen Textes ganz am Schluss (dazu mehr im letzten Kapitel dieses Leitfadens). Andere kleinere Brocken könnten Namen haben wie »Lesen von Hermann Melvilles ›Moby Dick‹« oder »Einlesen der täglichen Kassakurse aller DAX-Werte von 1960 bis 1999 in eine SPSS-Datei und deren retrograde Bereinigung« oder »Entwurf eines Fragebogens für die Kunden eines Supermarktes«. Wieder andere Brocken könnten dann in der Kundenbefragung selbst oder in der Planung eines Experimentes in der physikalischen Chemie bestehen. Der nächste Brocken wäre dann die Auswertung, der übernächste der Vergleich mit den Ergebnissen eines anderen Labors usw.

Dieses Aufteilen der Gesamtarbeit in Einzelteile hat viele Vorteile. Erstens erscheint die Aufgabe längst nicht mehr so groß. Für viele, die allein schon von der Größe eines Projekts entmutigt werden, ist das Bewältigen mehrerer kleiner statt einer einzigen großen Aufgabe ein enormer psychologischer Vorteil. Zweitens gewinnen wir mehr Übersicht, die Zusammenhänge zwischen den einzelnen Arbeitsschritten treten klar hervor. Drittens klärt sich der Nebel um das, was vor uns liegt schneller. Allein schon das Wissen, was konkret noch alles zu tun ist, verbunden mit der Sicherheit, dass dieses noch zu Erledigende tatsächlich auch zu schaffen ist, lässt viele Studierende besser schlafen. Viertens spornen die kleinen Erfolge, die man mit dem Abschluss eines Teilprojekts erzielt, zu weiteren Taten an. Das Gefühl, etwas geschafft zu haben, wenn auch noch nicht die ganze Arbeit, wirkt oft wie ein Aufputschmittel. Und fünftens teilen wir dann auch die verfügbare Zeit viel besser

26

auf. Die Panik, die viele Studierende einen Monat vor Abgabetermin überkommt, kann gar nicht erst entstehen.

Diese Torschlusspanik ist die häufigste Krankheit, die Studierende während ihrer Examens-, Magister- oder Diplomarbeit befällt. Sie lässt sich vermeiden, wenn man vom Tag x der Abgabe an rückwärts rechnet und einen groben Plan aufstellt, etwa wie folgt (wobei man Teilaufgaben wie »Produktion des endgültigen Manuskripts« durchaus noch weiter unterteilen kann):

Tag x: Abgabe beim Prüfungsamt
x-5: Kopieren und Binden
x-7: Endredaktion, Korrektur von Fehlern
x-14: Arbeit von Freunden Korrektur lesen lassen
x-30: mit der endgültigen Niederschrift beginnen
x-40: Kundenbefragung auswerten
usw. ...

Solche Listen sind besonders dann nützlich, wenn die Teile einer Arbeit nacheinander abgewickelt werden können. Wenn mehrere Teilaufgaben parallel bearbeitet werden sollen, könnte man auch an ein Ablaufdiagramm denken wie in Abb. 1 (entnommen aus Friedrich 1997, S. 24):

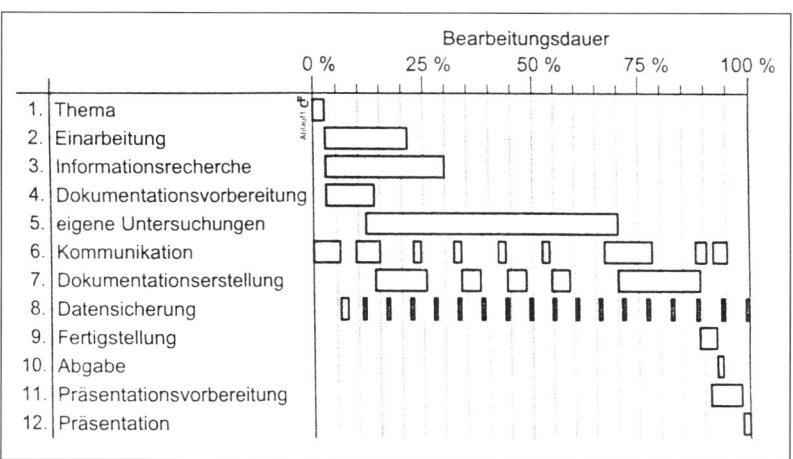

Abb. 1: Ablaufdiagramm einer typischen Diplomarbeit in den Ingenieurwissenschaften.

27

Selbst größere Projekte wie Dissertationen, die in der Regel ohne Zeitgrenze entstehen, können von einer solche Aufteilung des Gesamtprojektes profitieren. Man muss zwar nicht so in die Details gehen wie in Abb. 1, aber eine grobe Zeitkontrolle kann auch hier vor unangenehmen Überraschungen bewahren (»Mein Gott, jetzt ist mein Assistentenvertrag schon zu drei Vierteln um und ich habe noch keinen Strich für meine Diss getan!«).

Vorsicht aber vor einem zu detaillierten und zu engen Zeitkorsett! Ein Zeitplan sollte uns besser nicht vorschreiben, was wir am 14. Oktober um drei Uhr nachmittags zu machen haben, er sollte immer auch Luft für ungeplante Zwischenfälle lassen, auch für kleine Durchhänger, wenn mal ein paar Tage gar nichts klappt. Die für die einzelnen Arbeitsschritte vorgesehenen Zeiten sollten dafür mehr als ausreichen, sie sollten ungeplante Erweiterungen bestimmter Arbeitsschritte erlauben und auch Freiraum für Erholung lassen.

Das konkrete Arbeiten »vor Ort«

Mit einem groben Zeitplan in der Schublade kann dann die eigentliche Arbeit beginnen. Es versteht sich von selbst, dass in einem allgemeinen Leitfaden so wie diesem keine für alle Fächer zutreffenden Ratschläge für das eigentliche wissenschaftliche Arbeiten und Forschen möglich sind. Und selbst in einem gegebenen Fach und für ein und dasselbe Thema gibt es kaum Patentrezepte. Der eine schreibt seine Geistesblitze auf Bierdeckel, der andere in wohlsortierte Hefte. Der eine arbeitet lieber mit dem Bleistift, der andere mit dem PC, der eine morgens, der andere nachts, der eine vor dem Essen, der andere danach. Der eine hat wie Archimedes die besten Gedanken in der Badewanne, der andere nur mitten unter Büchern in der Bibliothek. Der eine fühlt sich nur im Chaos wohl, der andere macht das Sortieren seines Materials zu einer Wissenschaft für sich. Ob wir also unsere Gedanken auf Disketten, Karteikarten oder losen Blättern speichern, ob wir lieber mit anderen zusammen oder einsam forschen, ob wir die anstehenden Aufgaben hinter- oder nebenein-

28

ander erledigen, das ist alles auch eine Sache des persönlichen Geschmacks.

Wichtig ist allein, dass unsere persönlichen Vorlieben den Erfolg der Arbeit nicht behindern. Wer auch noch im größten Chaos problemlos den Zettel mit der genauen Literaturangabe zu »Shakespeare und Cervantes als Chronisten des 16. Jahrhunderts« wiederfindet, ist auf ein elektronisches Literaturverwaltungssystem nicht angewiesen. Und wer in zehn Tagen noch genau weiß, welche Blutwerte bei Patient x nach Behandlung y gemessen wurden, muss diese Blutwerte nicht auf einer Karteikarte notieren. Aber solche Begabungen sind selten. Im Regelfall wird der Kandidat oder die Kandidatin drei Stunden im Papierkorb wühlen, um die genaue Quelle einer Bemerkung über Shakespeare wiederzufinden, und die Blutwerte des Patienten x hätten gar nicht erhoben werden müssen, weil sie mangels Aufzeichnung unwiederbringlich verloren sind.

Ein wenig Ordnung kann daher nicht schaden. Zum Beispiel sollte man sich alle Quellen, die man später im Literaturverzeichnis der Arbeit zitieren will (siehe dazu auch Kapitel 8), von Anfang an genau notieren: Titel, Verfasser, Jahr, Erscheinungsort, Seitenzahlen usw. Ich selbst habe beispielsweise mehrere Nachmittage in verschiedenen Bibliotheken auf der Suche nach der Quelle für das folgende Goethe-Zitat zugebracht: »Ich halte es für wahr, dass die Humanität endlich siegen wird, nur fürchte ich, dass die Welt ein großes Hospital und einer des anderen humaner Krankenwärter werden wird.« Das Zitat erschien mir äußerst passend als Abschluss eines Aufsatzes zur Zukunft des modernen Medizinbetriebs, ich hatte es irgendwo in einer Goethe-Schrift gelesen, aber die Quelle nicht notiert. Und so hatte ich dann lange nachzulesen, bis ich diese, einen Brief an Frau von Stein aus dem Jahr 1798, endlich wiederfand.

Es versteht sich fast von selbst, dass diese Quellenangaben an zentraler Stelle, etwa in einem eigenen Aktenordner oder Karteikasten, zu sammeln sind. Auch sonstige Materialien wie Kopien von Aufsätzen oder Auszüge aus Dokumenten sollte man besser nicht über seine Studentenbude verstreuen, sondern in eigenen Ordnern oder Schubladen zusammenhalten.

Eine andere Regel, die man spätestens nach dem ersten Rechnerabsturz von selbst lernt, lautet: auf PC oder Minirechner angelegte Dateien systematisch sichern. Stellen Sie sich vor, Sie haben ihre Arbeit fast fertig auf ihrem Minirechner abgespeichert und das Gerät wird Ihnen gestohlen (ist schon mehrfach vorgekommen).

Eine weitere fach- und personenunabhängige Generalregel heißt: Bleiben Sie am Ball. Konzentrieren Sie sich – mit Pausen – auf die Arbeit und vermeiden Sie Ablenkungen, die nicht unumgänglich sind. Wichtig ist dabei vor allem das längere Arbeiten (mindestens zwei Tage, längstens zwei Wochen) an einem Stück, denn unser Gehirn braucht wie ein Automotor für seine Höchstleistung immer eine gewisse Anlaufzeit, die dann für die eigentliche kreative Arbeit fehlt. Beschränken Sie daher diese Aufwärmphasen auf ein Minimum. Statt jeden zweiten Tag arbeitet man besser eine ganze Woche durch und macht dann ein paar Tage Pause. Es schadet nichts, daneben auch noch Vorlesungen zu hören oder Geld zu verdienen. Wichtig ist allein, dass der geistige Motor nicht erkaltet, dass wir nach Aufnehmen des Fadens sofort wieder im Bilde und dass möglichst wenig Aufwärmphasen nötig sind.

Das Arbeiten »am Stück« hat noch einen weiteren Vorteil: Es spannt das Unbewusste für uns ein. Der große Mathematiker Norbert Wiener etwa berichtet in seiner Autobiographie, wie er oft nachts an einem Problem verzweifelnd schlafen ging und am nächsten Morgen die Lösung glasklar vor sich sah. Während er schlief, hatte sein Gehirn weitergearbeitet und die Antwort für ihn ausgedacht.

Vielleicht ist es auch Ihnen selbst so ergangen: Wir grübeln abends erfolglos über ein Problem und am nächsten Morgen steht die Lösung vor den Augen. Das ist das Schöne an unserem Verstand: Unsere kleinen grauen Zellen schlafen nicht; sie arbeiten auch nachts und warum sollten wir das nicht nutzen. Richten Sie also Ihren Tagesablauf so ein, dass Sie morgens da weitermachen können, wo Sie abends aufgehört haben, auch wenn Sie deswegen vielleicht früher aufstehen müssen. Spannen Sie diese unsichtbaren Heinzelmännchen für sich ein.

30

Mit anderen über die Arbeit reden

Sollte die Arbeit dann doch einmal ins Stocken geraten: Reden Sie darüber! »L'idée vient en parlant«, wie die Franzosen sagen. »Wenn Du etwas wissen willst und es durch Meditation nicht finden kannst, so rate ich dir, mein lieber sinnreicher Freund, mit dem nächsten Bekannten, der dir aufstößt, darüber zu sprechen«, schreibt Heinrich von Kleist in seinem berühmten Aufsatz »Über die allmähliche Verfertigung der Gedanken beim Reden«. Und dabei sei es überhaupt nicht wichtig, ob dieser nächste Bekannte, »der uns aufstößt«, von der Materie besonders viel versteht (»Er braucht nicht eben, ein scharfdenkender Kopf zu sein«).

Oft sitze ich an meinem Schreibtisch über den Akten und erforsche in einer verwickelten Streitsache den Gesichtspunkt, aus welchem sie wohl zu beurtheilens sein möge. Ich pflege dann gewöhnlich ins Licht zu sehen, als in den hellsten Punkt, bei dem Bestreben, in welchem mein innersten Wesen begriffen ist, sich aufzuklären. Oder ich suche, wenn mir eine algebraische Aufgabe vorkommt, den ersten Ansatz, die Gleichung, die die gegebenen Verhältnisse ausdrückt, und aus welcher sich die Auflösung nachher durch Rechnung leicht ergibt.

Und siehe da, wenn ich mit meiner Schwester davon rede, welche hinter mir sitzt und arbeitet, so erfahre ich, was ich durch ein stundenlanges Brüten nicht herausgebracht haben würde. *[Zur Erinnerung: zu Kleists Zeiten dachte man bei der Bemerkung ›Er braucht nicht eben ein scharfdenkender Kopf zu sein‹ vor allem an Frauen: W. K.]* Nicht, als ob sie es mir, im eigentliche Sinne, sagte: denn sie kennt weder das Gesetzbuch, noch hat sie den Euler oder den Kästner studiert. Auch nicht, als ob sie mich durch geschicktes Fragen auf den Punkt hinführte, auf welchen es ankommt, wenn schon dies letzig häufig der Fall sein mag. Aber weil ich doch irgendeine dunkle Vorstellung habe, die mit dem, was ich suche, von fernher in einiger Verbindung steht, so prägt, wenn ich nur dreist damit den Anfang mache, das Gemüt, während die Rede fortschreitet, in der Notwendigkeit, dem Anfang nun auch ein Ende zu finden, jene verworrene Vorstellung zur völligen Deutlichkeit aus, dergestalt, dass die Erkenntnis zu meinem Erstaunen mit der Periode fertig ist (zitiert nach Schneider 1988, S. 342-343).

Dieses Sprechen ist für viele denkblockierte Menschen wie ein Schlag mit dem Hammer für einen stotternden Automotor: Es lockert die Gehirnzellen und legt oft Gedankenstränge frei, die sonst noch lang versteckt geblieben wären.

31

Weiterführende Literatur

Weitere Ratschläge für das Arbeiten gegen die Uhr (Termin- und Ablaufplan) und zum effizienten Arbeiten und Lernen überhaupt sind bei Keller (1986), Binder et al. (1991), Metzig und Schuster (1993), Koeder (1994) oder Kruse (1998) nachzulesen. Eine ausführliche Darstellung der Materialauswertung und -ablage bei wissenschaftlichen Arbeiten findet man bei Theissen (1998, S. 88-113). Rückriem u. a. (1997, Kap. 2) geben eine erschöpfende Übersicht über die verschiedenen Arten wissenschaftlicher Texte wie Protokolle, Thesenpapiere, Berichte, Referate usw., die in dem vorliegenden Buch nicht eigens gewürdigt werden. Zum »Projektmanagement« bei technisch-naturwissenschaftlichen Abschlussarbeiten sowie zu sonstigen Spezialproblemen, mit denen Physiker und Ingenieure zu kämpfen haben, siehe auch Grieb (1995), Friedrich (1997), Ebel und Bliefert (1997) oder Holzbauer und Holzbauer (1998). Zu Spezialproblemen bei literaturwissenschaftlichen Arbeiten siehe Faulstich und Ludwig (1993) und zu Spezialproblemen bei medizinischen Abschlussarbeiten Farke (1997).

Sollten Sie trotz Abschlussarbeit noch Zeit für einen Blick über den Tellerrand Ihrer Spezialdisziplin übrig haben, um auch einmal Grundsatzfragen zum wissenschaftlichen Fortschritt im Allgemeinen zu bedenken, so empfehle ich Popper (1934) oder Kuhn (1962; inzwischen auch ins Deutsche übersetzt).

2.
Wo finde ich was?

Glaube denen, die die Wahrheit suchen,
Misstraue denen, die sie finden.

(André Gide)

Fachliteratur

Gedanken entstehen nicht im leeren Raum. Deshalb steht am Anfang jeder wissenschaftlichen Arbeit die Frage: Was haben andere schon zum selben Thema gesagt, was ist bereits bekannt? An diesen Vorarbeiten dürfen wir nicht wortlos vorübergehen; wir können sie loben oder kritisieren, wir können sie verwerfen oder übernehmen, nur ignorieren dürfen wir sie nicht.

Wie also kommen wir am besten an die Literatur zu unserem Thema heran? Dazu gibt es verschiedene Strategien. Die erste und älteste ist die sogenannte »Methode der konzentrischen Kreise« (auch »Lawinen-« oder »Schneeballsystem« genannt): Man fängt mit einer konkreten Quelle an und arbeitet sich von dort aus weiter vor. So verfahren wohl die meisten auch ohne Anleitung ganz instinktiv.

Natürlich muss man dazu diese Urzelle erst einmal kennen. Das macht aber meistens keine großen Schwierigkeiten. Beliebte Ausgangspunkte sind etwa Lehrbücher, Mitschriften einschlägiger Vorlesungen oder Lexika: Im »Brockhaus« oder »Meyer« etwa finden wir zu vielen Stichwörtern auch gleich die zugehörige Literatur. Von dieser Urzelle aus notieren wir zunächst die dort zitierten Schriften, in diesen wiederum die dort angegebenen Werke und so in konzentrischen Kreisen immer weiter fort: Die Quellen der zweiten Stufe verweisen auf die dritte Stufe, diese auf die vierte und so weiter.

Zunächst wächst diese Beute lawinenartig an. Bald aber finden

33

wir immer mehr alte Bekannte in den Literaturverweisen, bis diese schließlich die Überhand gewinnen und nach einer Weile überhaupt keine neuen Quellen mehr gefunden werden. So hat man oft schon nach wenigen Runden fast die gesamte einschlägige Literatur erfasst. Außerdem entdecken wir auf diese Weise schnell, welche Literatur für unser Thema wirklich wichtig ist (die meistzitierte nämlich).

Sehen wir uns diese Methode an einem Beispiel an. Angenommen, Sie studieren Soziologie oder Politologie und schreiben eine Abschlussarbeit zur Standespolitik von Berufsverbänden. Insbesondere interessieren Sie sich für Monopolstrategien der etablierten Ärzteschaft und deren Entwicklung durch die Zeit: Wie verteidigen Ärzte ihre Vorherrschaft, wie halten Mediziner die anderen Heilberufe von den Fleischtöpfen der Krankenkassen fern? Dazu kennen Sie aus einer Vorlesung oder sonstwoher einen Aufsatz von Rainer Hampp und Ortrud Zettel mit dem Titel »Die Geschichte des Arztberufs« aus einem 1983 bei Campus verlegten Sammelband. Diesen Aufsatz nehmen wir als Keimzelle. Weiter wissen wir zu diesem Thema nichts.

Im Literaturverzeichnis dieses Aufsatzes finden wir verschiedene Bücher, etwa Naschold: *Kassenärzte und Krankenversicherungsreform: Zu einer Theorie der Statuspolitik*, Freiburg 1967, oder Rauskolb: *Lobby in Weiß: Struktur und Politik der Ärzteverbände*, Frankfurt 1976, sowie einen Aufsatz von Claudia Huerkamp und Rainer Spree: »Arbeitsmarktstrategien der deutschen Ärzteschaft im späten 19. und frühen 20. Jahrhundert« aus einem 1982 erschienenen Sammelband, dazu eine Reihe weniger einschlägige Bücher und Aufsätze zur Geschichte von Medizin und Krankenhäusern, zwei ältere Monographien zur preußischen Medizinalreform (eventuell nützlich für historische Parallelen zwischen aktueller und damaliger Standespolitik) und verschiedene Arbeiten eher juristischer Natur. In diesen Quellen schlagen wir als Nächstes nach. Der Aufsatz von Huerkamp und Spree etwa liefert außer einer schon bekannten Quelle noch eine Geschichte des Hartmannbundes und viel englische Literatur, das Buch von Naschold trägt mehrere Bücher und Aufsätze von Politologen und Soziologen bei. Obwohl die Arbeit von Rauskolb in

34

der Bibliothek leider nicht vorhanden ist (die übliche Bremse beim Schneeballsystem), haben wir also nach zwei Stufen schon mehr Literatur gefunden als wir in einer Woche verarbeiten können.

Dieses Beispiel zeigt aber auch die Nachteile des Schneeballsystems. Erstens sind nicht alle Quellen höherer Stufe am Ort vorhanden. Bei einer schlecht sortierten Bibliothek kommen wir vielleicht nie über die erste Stufe hinaus. Zweitens finden wir auf diese Weise nur Quellen, die anderswo zitiert sind. Unzitierte Schriften fallen dabei systematisch durchs Netz. Bei vielen schadet das auch nichts, denn sie werden nicht umsonst von niemandem zitiert. Aber nicht alle unzitierten Forschungsergebnisse sind allein schon deshalb schlecht. Ich kenne z. B. einen schönen einschlägigen Aufsatz von Stefan Leibfried »Stationen der Abwehr: Berufsverbote für Ärzte im Deutschen Reich 1933-1938 und die Zerstörung des sozialen Asyls durch die organisierte Ärzteschaft des Auslands« aus der schwer zugänglichen Zeitschrift »LBI Bulletin«, der uns bei der »Methode der konzentrischen Kreise« ewig verborgen bliebe. Drittens geraten wir so leicht an ein »Zitierkartell«, das nur Arbeiten von Gleichgesinnten gelten lässt. Fängt man mit der Recherche bei einem Kartellmitglied an, kommt man u. U. niemals mehr aus dem Kartell heraus. Aber auch Aufsätze aus Nachbardisziplinen werden oft systematisch ignoriert. Wenn ich zum Beispiel nicht wüsste, dass der Wirtschafts-Nobelpreisträger Milton Friedman seine Dissertation über Marktbarrieren in der Medizin geschrieben hat – mit dieser bei Soziologen begonnenen Recherche erführe ich das nie. Viertens und wichtigstens liefert die »Methode der konzentrischen Kreise« nur Schriften, die mindestens so alt sind wie die Ausgangsschrift. In unserem Beispiel erfassen wir also nur die vor 1983 erschienene Literatur; alle späteren Publikationen blieben, wenn wir uns nur auf unser Schneeballsystem verlassen müssten, systematisch vor der Tür. Diesen Nachteil können wir zwar mildern, indem wir als Urzelle der Recherche eine möglichst aktuelle Arbeit wählen, aber ganz vermeiden können wir ihn nicht.

Unsere Suche braucht also mehr System. Wenn wir wirklich alle einschlägigen Vorarbeiten finden wollen, führt kein Weg an weiteren Recherchen vorbei. Die Methode der konzentrischen Kreise alleine reicht nicht aus.

Recherchen mittels Katalog

Die wichtigste Alternative ist die systematische Recherche mittels Katalog, sei es durch Besuch »vor Ort« oder über CD-ROM-Datenbanken und Internet. Auf diese EDV-gestützen Literaturrecherchen komme ich im nächsten Kapitel ausführlich zurück. Zunächst bleiben wir bei der klassischen Recherche »vor Ort«, die auch im Zeitalter des Internets nicht völlig überflüssig geworden ist (nicht alle Quellen sind auf CD-ROM oder irgendwo im Internet gespeichert und nicht alle Studenten haben einen Rechner zum Recherchieren zur Verfügung).

Die klassische Recherche »vor Ort« beginnt man am besten mit dem Schlagwortregister oder Sachkatalog der Bibliothek (oft auch »Systematischer Katalog« genannt). Weiter unten werden wir an einem Beispiel sehen, wie das funktioniert. Wenn wir schon Wissenschaftler kennen, die zu unserem Thema veröffentlicht haben, lohnt auch eine Suche unter deren Namen im Autorenkatalog. Konsultieren Sie auch, sofern am Ort vorhanden, die Kataloge anderer Bibliotheken und den Dissertationen-Katalog (wird oft separat geführt). Überprüfen Sie ferner, wenn Sie ganz sicher gehen wollen, kein einziges gedrucktes selbständiges Werk zu übersehen, die sogenannten »Nationalbibliographien« einiger wichtiger Länder. Diese erfassen nicht nur die am Ort vorhandenen, sondern *alle* im jeweiligen Land erschienenen Bücher. Die »Deutsche Bibliographie« der Deutschen Bibliothek in Frankfurt etwa weist sämtliche in Deutschland gedruckten Bücher nach, wobei die Vollständigkeit durch die Ablieferungspflicht für Belegexemplare garantiert ist – so können wir sicher sein, dass es diese Bücher wirklich gibt, denn zumindest der aufnehmende Bibliothekar hat sie in der Hand gehabt. Eine ähnliche Rolle erfüllen bzw. erfüllten die »Österreichische Bibliographie« für Österreich, »Das Schweizer Buch« für die deutschsprachige Schweiz und die von der Deutschen Bücherei in Leipzig herausgegebene »Deutsche Nationalbibliographie« für die ehemalige DDR.

36

Nicht ganz so vollständig wie die Deutsche Bibliographie ist das Verzeichnis lieferbarer Bücher (VLB), ein Kompendium aller im Handel vorrätigen Bücher aus Österreich, Deutschland und der Schweiz. Es ist sehr übersichtlich nach Autoren (grüne Ausgabe) und nach Schlagwörtern aufgeteilt (rote Ausgabe), verschweigt aber Werke, die vergriffen sind. Für ältere Literatur bietet sich daher auch das in drei Serien (1700-1910, 1911-1965, 1966-1980) in jeweils rund 150 (!) Bänden erschienene »Gesamtverzeichnis deutschsprachigen Schrifttums« an, das alphabetisch nach Autoren die gesamte im deutschen Sprachgebiet erschienene selbständige Literatur erfasst, plus deutschsprachige Schriften aus dem Ausland. Stöbern Sie, sofern die Bibliotheksaufsicht Sie lässt, nur so zum Spaß einmal darin herum.

Dissertationen und andere Hochschulschriften findet man, sofern in Deutschland eingereicht, in der Reihe H der »Deutschen Bibliographie« und sonst in den »Dissertation Abstracts International«. Diese listen in zwei Abteilungen (A: Humanities and Social Sciences, B: Sciences and Engineering) fast lückenlos alle nordamerikanischen (USA und Kanada) Doktorarbeiten sowie in der neuen Serie C: Worldwide auch Arbeiten aus anderen Ländern in Kurzfassungen auf.

In den meisten Wissenschaftsdisziplinen gibt es darüber hinaus auch Spezialbibliographien der einschlägigen Buchliteratur, wie den »Jahreskatalog Psychologie« mit jeweils rund 1 500 Neuerscheinungen und Neuauflagen oder die »Deutsche Rechtsbibliographie«, ein jährlich erscheinendes, nach Themen gegliedertes Verzeichnis selbständiger deutscher juristischer Literatur. Auch zu unserem Ausgangsbeispiel aus dem Gesundheitswesen existiert eine »Kommentierte Bibliographie zur Gesundheitsökonomie« von H. A. Andersen und J.-M. Graf von der Schulenburg (Berlin 1992), die im Abschnitt »Gesundheitsberufe/Gesundheitswesen und Arbeitsmarkt« mehr als 50 einschlägige Schriften zusammenstellt. Damit hätten wir viel Sucherei gespart.

Falls Sie wissen wollen, ob eine solche Bibliographie auch zu Ihrem eigenen Thema existiert: Es gibt auch Bibliographien für Bibliographien. Fragen Sie die Bibliotheksaufsicht.

Aufsätze in Zeitschriften

Auf keinen Fall sollte aber unsere Suche bei diesen Bibliographien enden. Wie schon die Kataloge schweigen sie sich nämlich zu einer wichtigen Quellenart, zu Aufsätzen in Fachzeitschriften, völlig aus. Diese Lücke füllen die heute in allen Fächern angebotenen Referateblätter bzw. Aufsatzbibliographien wie die fächerübergreifende »Internationale Bibliographie der Zeitschriftenliteratur« (IBZ) oder die zahlreichen Spezialbibliographien, die es heute in fast allen Fächern gibt. Hier sind einige der wichtigsten:

Sozial- und Wirtschaftswissenschaften

- BETRIEBSWIRTSCHAFTLICHE ZEITSCHRIFTEN-DOKU-MENTATION: Wertet rund 200 deutschsprachige und 100 englischsprachige betriebswirtschaftliche Fachzeitschriften aus. Autoren- und Schlagwortregister. 6-mal jährlich.
- BIBLIOGRAPHIE DER WIRTSCHAFTSWISSENSCHAFTEN: Internationale Bibliographie der wirtschaftswissenschaftlichen Buch- und Zeitschriftenliteratur, zusammengestellt von der Bibliothek des Instituts für Weltwirtschaft in Kiel. Nach Sachgebieten gegliedert. Autorenregister. 2-mal jährlich.
- BUSINESS PERIODICALS INDEX: Wertet englischsprachige betriebswirtschaftliche Literatur nach Sachgebieten aus. Monatlich, mit Quartals- und Jahreskompendium.
- CONTENTS OF RECENT ECONOMICS JOURNALS: Kommentarlose Liste von Inhaltsverzeichnissen aktueller internationaler volkswirtschaftlicher Fachzeitschriften, zusammengestellt vom englischen »Department of Trade and Industry«. Jede Woche neu.
- CURRENT CONTENTS (Reihe Social and Behavioral Sciences): Listet wie »Contents of Recent Economics Journals« ohne Kommentar die Inhaltsverzeichnisse aktueller einschlägiger Fachzeitschriften auf. Ebenfalls jede Woche neu.
- INTERNATIONAL BIBLIOGRAPHY OF THE SOCIAL SCIENCES: Zusammengestellt von der »British Library of Political and Economic Science«. Wertet über 1 500 Zeitschriften aus 30 Sprachen und auch Sammelbände aus. Jährlich.

38

- INTERNATIONAL CURRENT AWARENESS SERVICES: Monatsfassung der »International Bibliography of the Social Sciences«. Erscheint in den vier Ausgaben Economics, Anthropology, Sociology, Political Science.
- JOURNAL OF ECONOMIC LITERATURE: Internationale Bibliographie ökonomischer, insbesondere volkswirtschaftlicher Zeitschriftenliteratur. Schlüsselt Aufsätze nach Themen und Autoren auf. Vierteljährlich. Hinkt leider der Entwicklung ein bis zwei Jahre hinterher.
- LITERATURDOKUMENTATION ZUR ARBEITSMARKT- UND BERUFSFORSCHUNG: Vom Nürnberger Institut für Arbeitsmarkt- und Berufsforschung zusammengestellte Bibliographie (mit Zusammenfassungen) einschlägiger, vorwiegend deutscher Literatur. Nach Sachgebieten gegliedert. Autorenregister. 2-mal jährlich.
- REHADAT: Informationen zur beruflichen Rehabilitation Behinderter, mit Unterstützung des Bundesarbeitsministeriums zusammengestellt vom Institut der Deutschen Wirtschaft, Köln.
- SCAD-BULLETIN: Vom SCAD (Servic Central Automatisé de Documentation) der EU zusammengestellte Liste von Publikationen über oder mit Bezug auf die EU. Nach Sachgebieten geordnet. Monatlich.
- SOCIAL SCIENCE CITATION INDEX: Wertet rund 5 000 sozialwissenschaftliche (vor allem englischsprachige) Fachzeitschriften aus. Die wohl wichtigste Literaturfundstelle für Sozialwissenschaftler. 3-mal jährlich, mit Jahres- und Fünfjahreskompendium.
- SOCIOLOGICAL ABSTRACTS: Internationale Bibliographie soziologischer Literatur. Nach Sachgebieten gegliedert, mit zusätzlichem Schlagwort- und Autorenkatalog. 6-mal jährlich.
- SOZIALWISSENSCHAFTLICHER FACHINFORMATIONS- DIENST: Loseblatt-Bibliographie (mit kurzer Inhaltsübersicht) deutschsprachiger soziologischer Literatur, herausgegeben vom »Informationszentrum Sozialwissenschaften« in Bonn.

Mathematik, Statistik, Informatik

- ACM-GUIDE TO COMPUTING LITERATURE: Internationale Bibliographie von Fachliteratur zu allen Gebieten der Informatik. Autoren- und Sachregister. Jährlich.
- BIBLIOGRAPHIE INFORMATIK: Literaturhinweise auf Lehrbücher, Aufsätze, Software, Computerspiele und Unterrichtsentwürfe aus allen Bereichen der Informatik und zum Informatikunterricht. 2-monatlich.
- COMPUTING REVIEWS: Referateblatt der amerikanischen »Association of Computing Machinery« mit Kurzbesprechungen ausgewählter Aufsätze und Bücher aus der Informatik. Autoren- und Sachregister. Jährlich.
- CURRENT INDEX TO STATISTICS: Von der »American Statistical Association« und dem »Institute of Mathematical Statistics« herausgegebene Bibliographie mathematisch-statistischer Zeitschriften-Literatur. Nach Autoren und Sachgebieten aufgeschlüsselt. Jährlich.
- MATHEMATICAL REVIEWS: Referateorgan der »American Mathematical Society«. Wertet fast alle mathematischen Monographien und Fachzeitschriften nach Fachgebieten aus. Neben dem »Zentralblatt für Mathematik« das wohl wichtigste Nachschlagewerk für Mathematiker. Nach Themen gegliedert, mit Autoren- und Sachregister. Monatlich.
- STATISTICAL THEORY AND METHODS ABSTRACTS: Referateorgan des »International Statistical Institute«. Nach Themen gegliedert. Vierteljährlich.
- ZENTRALBLATT FÜR DIDAKTIK DER MATHEMATIK: Kurzbesprechungen von Aufsätzen zur Didaktik der Mathematik und Informatik. Nach Themen gegliedert. Autoren-, Sach-, Korporationen- und Zeitschriftenregister. 2-monatlich.
- ZENTRALBLATT FÜR MATHEMATIK UND IHRE GRENZGEBIETE: Englische Kurzfassungen internationaler mathematischer Literatur (Bücher und Aufsätze). Gleicher Aufbau und gleiche Gliederung wie »Mathematical Reviews«. Monatlich.

40

Biologie und Medizin

- AIDS-BIBLIOGRAPHY: Verzeichnis einschlägiger Bücher, Aufsätze und audiovisueller Medien. Monatlich.
- BIOLOGICAL ABSTRACTS: Kurzfassungen internationaler biologischer Zeitschriftenliteratur. Autoren- und Sachregister. 2-mal monatlich.
- BIOLOGIE-DOKUMENTATION: 24-bändige Bibliographie deutscher biologischer Zeitschriftenliteratur von 1796 bis 1965.
- CURRENT CONTENTS: (Reihen »Clinical Medicine«, »Agriculture, Biology & Environmental Sciences« und »Life Sciences«): Unkommentierte Liste von Inhaltsverzeichnissen einschlägiger internationaler Fachzeitschriften. Wöchentlich.
- DOKUMENTATION MEDIZIN IM UMWELTSCHUTZ: Kurzfassungen ausgewählter, vor allem deutscher Literatur. Vierteljährlich.
- EXCERPTA MEDICA: In insgesamt 54 »sections« aufgeteilte, in der Regel monatlich erscheinende Zusammenfassung internationaler medizinischer Literatur.
- HEALTH AND SAFETY SCIENCE ABSTRACTS: Kurzfassungen internationaler Literatur (Bücher, Aufsätze, Dissertationen, Patente, Konferenzbeiträge). Autoren- und Sachregister. 5-mal jährlich.
- INDEX MEDICUS: Wertet rund 3 000 internationale Fachzeitschriften aus. Nach Sachgebieten und Autoren gegliedert. Separate Bibliographie von Übersichtsartikeln (Reviews). Monatlich, mit Jahreskompendium.
- SCIENCE CITATION INDEX: Wertet fast alle internationalen Fachzeitschriften aus Naturwissenschaft, Medizin und Technik aus. Äußerst gründlich und umfangreich. Vierteljährlich, mit Jahres- und Fünfjahreskompendium.

Natur- und Ingenieurwissenschaften

- ARCHITECTURAL PERIODICALS INDEX: Von der »British Architectural Library« kompilierte, nach Sachgebieten gegliederte und mit Kurzfassungen versehene Bibliographie interna-

41

tionaler Zeitschriften-Literatur zur Architektur. Autorenregister. Vierteljährlich, mit zusätzlichem Jahresband.
- BIBLIOGRAPHIA CARTOGRAPHICA: Internationale, nach Themen gegliederte Bibliographie kartographischer Literatur. Autorenindex. Jährlich.
- BIBLIOGRAPHIE GEOGRAPHIQUE INTERNATIONALE: Bibliographie (französisch und englisch) internationaler geographischer Literatur. Nach Sachgebieten gegliedert. Autorenregister. Vierteljährlich.
- CHEMICAL ABSTRACTS: Kurzfassungen internationaler chemischer Literatur. Die wichtigste Literaturquelle für den Chemiker. Monatlich.
- CURRENT CONTENTS (Reihe Physical, Chemical & Earth Sciences): Unkommentierte Liste der Inhaltsverzeichnisse aktueller einschlägiger Fachzeitschriften. Wöchentlich.
- CURRENT GEOGRAPHICAL PUBLICATIONS: Nach Sachgebieten gegliederte Auswertung internationaler geographischer Literatur. Autorenregister. Monatlich (außer Juli und August).
- ELECTRICAL & ELECTRONICS ABSTRACTS: Nach Sachgebieten aufgeschlüsselte Auswertung (mit Kurzfassungen) internationaler elektrotechnischer Fachliteratur. Autoren- und Sachregister. Monatlich.
- THE ENGINEERING INDEX: Nach Sachgebieten zusammengestellte internationale ingenieurwissenschaftliche Literatur. Mit Kurzfassungen und Autorenregister. Monatlich, mit zusätzlichem Jahresband.
- INDEX TO SCIENTIFIC REVIEWS: Dokumentation von Übersichtsartikeln (Reviews) aus allen Bereichen von Naturwissenschaft und Technik. Halbjährlich.
- INIS-ATOMINDEX: Referateorgan der Internationalen Atomenergie-Kommission. Auswertung internationaler Literatur (Bücher und Zeitschriften) zur friedlichen Nutzung der Kernenergie. Zweimonatlich.
- METEOROLOGICAL AND GEOASTROPHYSICAL ABSTRACTS: Referateorgan der »American Meteorological Society«. Autoren- und Sachregister. Monatlich, mit Jahreskompendium.

- SCIENTIFIC AND TECHNICAL AEROSPACE REPORTS: Von der NASA zusammengestellte, nach Themen gegliederte Bibliographie internationaler Literatur zu Luft- und Raumfahrt. Autorenindex. Alle zwei Wochen.
- SCHRIFTTUM RAUMORDNUNG, STÄDTEBAU, WOHNUNGSWESEN: Wertet Neuzugänge der einschlägigen Datenbank des »Informationszentrums Raum und Bau« der Fraunhofer-Gesellschaft aus. Autoren- und Sachregister. Monatlich.
- SCIENCE CITATION INDEX: siehe Biologie und Medizin.

Psychologie und Pädagogik

- AUSWAHLDIENST INFORMATIONEN FÜR ERZIEHUNG UND UNTERRICHT (ADIEU): Wertet rund 300 deutschsprachige pädagogische Fachzeitschriften aus. Nach Themen gegliedert, mit Autorenregister. Jährlich.
- BIB-REPORT: Bibliographischer Index Bildungswissenschaften. Weist Aufsätze aus Pädagogik-Zeitschriften des deutschen Sprachgebietes nach. Sehr schnell und aktuell. 2-monatlich.
- BIBLIOGRAPHIE DER DEUTSCHSPRACHIGEN PSYCHOLOGISCHEN LITERATUR: Nach Themen gegliedert. Autoren- und Sachregister. Jährlich.
- BIBLIOGRAPHIE PÄDAGOGIK: Sammelt deutschsprachige Literatur in drei Reihen: A (Zeitschriftenaufsätze), B (Bücher) und C (Projekte Bildungsforschung). Nach Themen gegliedert, mit Schlagwortkatalog. Jährlich.
- BIBLIOGRAPHIE SOZIALISATION UND SOZIALPÄDAGOGIK: Erfasst einschlägige Literatur (Bücher und Aufsätze) des deutschen Sprachgebietes. Nach Themen gegliedert, mit Autoren- und Sachregister. Vierteljährlich.
- BRITISH EDUCATION INDEX: Wertet rund 300, vor allem englische Fachzeitschriften aus. Vierteljährlich, mit Jahreskompendium.
- CURRENT INDEX TO JOURNALS IN EDUCATION: Wertet rund 750 internationale Fachzeitschriften aus. Monatlich, mit Jahreskompendium.
- DOKUMENTATIONSDIENST BILDUNG UND KULTUR:

Von der Kultusministerkonferenz herausgegebene Sammlung einschlägiger Bücher, Aufsätze, Gesetze und Gerichtsentscheidungen. Alle zwei Wochen.

- LITERATURINFORMATIONEN ZUR BERUFLICHEN BILDUNG: Bibliographie deutschsprachiger Literatur (Bücher und Aufsätze) zur Berufsbildung und Berufsbildungsforschung. Nach Themen gegliedert. Sach-, Berufs- und Autorenregister. 2-monatlich.
- PSYCHOLOGICAL ABSTRACTS: Internationale psychologische Literatur. Nach Sachgebieten geordnet. Monatlich, mit 3-Jahres-Kompendium.
- PSYCHOLOGISCHER INDEX: Kurzfassungen deutschsprachiger psychologischer Literatur (etwa 4 000 Bücher und Aufsätze pro Jahr). Sach- und Autorenregister. Vierteljährlich.
- ZENTRALBLATT FÜR ERZIEHUNGSWISSENSCHAFT UND SCHULE (ZEUS): »Biblio-Nachrichten« zu Aufsätzen, Büchern, Rezensionen und Zeitungsartikeln aus und über Pädagogik. Autoren- und Sachregister. 2-monatlich:

Sprach- und Geisteswissenschaften, Jura, Kunst

- ARTS INDEX: Bibliographie internationaler Literatur zu allen Sparten der reinen und angewandten Kunst. Vierteljährlich, mit Jahreskompendium.
- ARTS & HUMANITIES CITATION INDEX: Das Äquivalent des »Science Citation Index'« und des »Social Science Citation Index'« für die Geisteswissenschaften.
- BIBLIOGRAPHIE DER DEUTSCHEN SPRACH- UND LITERATURWISSENSCHAFT: Verzeichnis von Büchern, Aufsätzen, Rezensionen und Zeitungsartikeln zur deutschen Sprach- und Literaturwissenschaft. Nach Themen gegliedert. Autorenregister. Jährlich.
- BIBLIOGRAPHIE DER FRANZÖSISCHEN LITERATURWISSENSCHAFT: Das Gleiche für französische Literatur (auf Französisch).
- INTERNATIONAL REPERTORY OF THE LITERATURE OF ART (RILA): Auswertung internationaler Literatur zu westli-

cher Kunst von der Spätantike bis zur Gegenwart. Nach Themen gegliedert, teilweise mit Kurzfassungen. Halbjährlich.
- JAHRESBIBLIOGRAPHIE MASSENKOMMUNIKATION: Verzeichnis internationaler selbständiger Literatur (also keine Aufsätze) zu Presse, Rundfunk, Fernsehen und Film. Nach Themen gegliedert. Autoren- und Titelregister. Jährlich.
- JAHRESKATALOG PHILOSOPHIE: Schwerpunktmäßig deutsche, selbständige Neuerscheinungen (Bücher). Jährlich.
- KARLSRUHER JURISTISCHE BIBLIOGRAPHIE: Gesamtverzeichnis deutscher juristischer Literatur (Bücher, Aufsätze, Dissertationen, Denkschriften, Tagungsprotokolle). Nach Themen gegliedert. Autoren- und Sachregister. Monatlich.
- MLA INTERNATIONAL BIBLIOGRAPHY OF BOOKS AND ARTICLES ON THE MODERN LANGUAGES AND LITERATURES: Auswertung internationaler sprachwissenschaftlicher Literatur im weitesten Sinn (Bücher, Aufsätze, Rezensionen, Vorträge, Rundfunk- und Fernsehproduktionen). Nach Themen geordnet. Autoren- und Sachregister. Jährlich.
- ZEITSCHRIFTENDIENST MUSIK: Weist Aufsätze aus 75 deutschen und internationalen Musikzeitschriften nach. Autoren- und Sachregister. 2-monatlich.

Diese Bibliographien sollten in jeder besseren wissenschaftlichen Bibliothek vorhanden sein. Darüber hinaus gibt es noch ungezählte Spezialsammlungen, vom »Alternative Press Index« über die »Animal Behaviour Abstracts« oder den »Annual Index to Poetry in Periodicals« bis zu den »Potato Abstracts« oder der »Zionist Literature«, die man mit etwas Glück in Spezialbibliotheken findet. Allein in der Informatik habe ich 67 Referateblätter gezählt (d. h. zusammenfassende Kompendien, nicht Computerfachzeitschriften – davon gibt es mehr als Tausend), deren geballter Sammelwut wohl nichts entgeht, was jemals zur Computerei gesagt worden ist oder werden wird.

Leider hinken alle diese Bibliographien der aktuellen Forschung mehrere Monate bis Jahre hinterher. Blättern Sie daher auch die aktuellen Hefte bzw. Inhaltsverzeichnisse von Fachzeitschriften durch. Oft zeigt schon der Titel an, ob ein Aufsatz von Interesse ist.

Einen ersten Anhaltspunkt, welche Zeitschriften wichtig sind und welche man links liegen lassen darf, liefern dabei die Listen der ausgewerteten Publikationen im »Science Citation Index« und im »Social Science Citation Index«. Eine Zeitschrift, die dort nicht erscheint, lohnt in der Regel die Lektüre nicht (Aber Achtung: Diese in den USA erstellten Übersichten missachten systematisch alles, was von der anderen Seite des Atlantiks kommt oder in einer anderen Sprache als Englisch geschrieben ist; daher ist eine Auflistung einer Zeitschrift im »Citation Index« nur als hinreichende, nicht aber als notwendige Bedingung für wissenschaftliche Qualität zu sehen). Oft wird mit diesen Zeitschriften sogar eine Gewichtung per sogenanntem »impact factor« mitgeliefert, der einem sagt, welche dieser Zeitschriften »wirklich« wichtig sind.

Kongressberichte und Spezialbibliographien

Eine weitere Quelle unselbständiger Schriften sind Vortragsbände wissenschaftlicher Konferenzen (»Proceedings«). Auch dafür gibt es eigene Bibliographien wie den »Index to Scientific & Technical Proceedings«, den »Index of Social Science & Humanities Proceedings«, den »Conference Papers Index«, den »Bibliographic Guide to Conference Publications« oder die »Internationale Jahresbibliographie der Kongreßberichte«. Zwar schrecken viele Wissenschaftler davor zurück, einen wirklich guten Aufsatz in einem Kongressband sozusagen zu vergraben, aber man findet auch hier den einen oder anderen Edelstein.

Und dann harren unserer noch hunderte eher esoterischer Sammelwerke zu den verschiedensten Spezialproblemen, von der »Auswahlbibliographie zur Entwicklung des sowjetischen Verkehrswesens« über den »Beton-Kalender« (jährliche Daten und Fakten zum Beton; nicht zu verwechseln mit dem Mauerwerk-Kalender) bis zum »World Biographical Index of Music«, von der »Grauen Literatur zur Orts-, Regional- und Landesplanung« über das »Handbuch des lateinamerikanischen Films« oder die »Zwanzigtausend Schriftquellen zur Eisenbahnkunde« bis zu Hans Wichmans monumentaler »Bibliographie der Kunst in Bayern«, die in fünf Bänden jeden Künstler und jedes Kunstwerk, von der Taschenuhr bis zum Domaltar, das jemals in Bayern gefertigt worden ist, und jeden Kommentar dazu akribisch zusammenstellt und archiviert.

Aktuelle Forschungen

Alle diese Bibliographien und Kataloge schützen aber nicht davor, dass jemand anders anderswo genau das Gleiche forscht und vielleicht früher fertig wird. Bei Abschlussarbeiten unterhalb der Dissertation ist das nicht weiter tragisch, aber bei einer Doktorarbeit kann uns das je nach Fach und Thema sogar den Titel kosten. In solchen Fällen oder auch nur um sich mit Gleichgesinnten auszutauschen, kann auch ein Kompendium der aktuellen Forschung nützlich sein.

Solche Übersichten aktueller Forschung existieren in vielen Fächern. So gibt zum Beispiel das »Informationszentrum für Sozialwissenschaftliche Forschung« in Bonn jedes Jahr die »Dokumentation Forschungsarbeiten in den Sozialwissenschaften« mit mehr als 5 000 nach Autoren und Sachgebieten aufgeschlüsselten laufenden Projekten und die Bundesanstalt für Arbeit in Nürnberg eine ähnliche Dokumentation zum Thema »Arbeitsmarkt- und Berufsforschung« heraus (Adressen siehe Anhang a). Über aktuelle Forschungsprojekte aus der Nachrichtentechnik informiert die Datenbank INFOR des Fachinformationszentrums Karlsruhe, und wer sich für aktuelle Promotionsthemen quer durch alle Wissenschaften interessiert, kann in den »Mitteilungen« der »Schweizerischen und Deutschen Dissertationszentrale« blättern. Hier findet man Themen wie »Die Gottesvorstellung der Physiker des 20. Jahrhunderts« (Theologie), »Eifersucht im Kulturvergleich« (Psychologie), »Effizienz des Bildungswesens in Namibia« (Pädagogik), »Der obszöne Wortschatz im Nürnberger Fastnachtsspiel des 15. Jahrhunderts« (Linguistik), »Die Bedeutung des Mythischen im Werk L. F. Celines« (Romanistik), »Politischer Katholizismus in der Pfalz« (Geschichtswissenschaft), »Schadenersatz bei Verkehrsunfällen in der DDR« (Rechtswissenschaft), »Beschwerdemanagement in der Konsumgüterindustrie« (Betriebswirtschaft) bis hin zu »Beiträgen zur Theorie der holomorphen Blätterungen« in der reinen Mathematik. Sofern also auf einem Arbeitsgebiet die Prioritätenfrage wichtig ist oder man einfach nur wissen will, wer außer einem selbst zu einem Thema forscht, lohnen solche Übersichten aktueller Forschung trotz aller Lücken immer die Lektüre.

Online-Literatur

Eine weitere Quelle für Fachinformationen, die es zur Zeit meiner eigenen Diplomarbeit noch nicht gab, die aber in vielen Fächern immer wichtiger wird, sind elektronische Datenbanken aller Art, einmal als reiner Speicher von bibliographischen, zahlenmäßigen und sonstigen Informationen (dazu im nächsten Kapitel mehr), zunehmend aber auch als Medium, d. h. als vorrangiges und oft auch einziges Mittel für deren Verbreitung. Denn immer mehr wissenschaftliche und sonstige Texte werden heute nicht nur elektronisch gespeichert und ausgewertet, sondern von Anfang an auch elektronisch hergestellt – sie werden nur noch über Computernetze und nicht mehr auf Papier verbreitet. Wer will, kann diese »Schriften« zwar auch ausdrucken, aber das eigentliche »Leben« dieser Dokumente findet in Computerspeichern statt, sie existieren auch ohne Druckerpresse und Papier. So habe ich z. B. vieles, was ich über elektronische Informationsvermittlung weiß, aus einem Text gelernt, der meines Wissens nie als Buch publiziert wurde. Er existiert vor allem auf einer öffentlichen Magnetplatte irgendwo in Nordamerika (»Zen and the Art of Internet« von Brendan Kehoe). Diese Art von Quelle wird in Zukunft noch an Bedeutung gewinnen.

Beispiele für ausschließlich oder zunächst einmal elektronisch angebotene Fachzeitschriften (sogenannte »E-Journale«) sind die Architektur-Zeitschrift »Architronic«, das Psychologie-Journal »Psychology«, das »Journal of Political Ecology«, das »Electronic Green Journal« oder »Electronic Antiquity«, eine Fachpublikation ausgerechnet für klassische griechische und römische Literatur, um nur einige von mehreren hundert heute angebotenen elektroni-

48

schen Fachjournalen aufzuzählen. Viele davon sind kaum mehr als Schnapsideen von Leuten, die das Neue um des Neuen willen lieben, manche sind nach kurzer Zeit auch schon wieder eingegangen. Andere sind so speziell und esoterisch, dass sich aus diesem Grund ein »richtiges« Journal nicht lohnt, aber einige sind durchaus wissenschaftlich ernst zu nehmen und daher auch für die eine oder andere Abschlussarbeit zumindest potentiell von Interesse.

Leider ist der Zugriff der Studierenden auf diese Quellen noch nicht republikweit garantiert (auch dazu im nächsten Kapitel mehr). Wer keinen Zugang zu einem an das Internet angeschlossenen Rechner oder keine Lust besitzt, sich erst noch das nötige Computerwissen anzueignen, das man für das Navigieren in elektronischen Datenbanken braucht, wird hier beim Recherchieren große Schwierigkeiten haben. Aber wenn Sie einen Computernarren kennen, der Ihnen etwas hilft – probieren kostet wenig ...

Zahlen und Fakten

Neben den Schriften unserer wissenschaftlichen Vorgänger brauchen wir für unsere eigene Arbeit in aller Regel auch noch Daten und Fakten zum untersuchten Gegenstand. Diese erzeugen wir entweder durch Experimente oder Feldversuche selbst oder wir rufen sie aus vorhandenen Quellen wie Kirchenbüchern, Zeitungsarchiven, Galerien und Museen, Briefen, Videobändern, Disketten, Kassetten, Filmen oder Schallplatten ab. Auch diese Quellen bringen Probleme mit sich, nämlich erstens, wie man sie dokumentiert (dazu später mehr), und zweitens, wie man sie findet.

Statistiken

Die wohl wichtigsten Datenquellen überhaupt sind private und amtliche Statistiken. Vor allem die Wirtschafts- und Sozialwissenschaften sind ohne diese heute nicht mehr denkbar. Angenommen zum Beispiel, wir schreiben eine Arbeit über Umweltschutz und

49

wollen wissen, wieviel Haus- und Sperrmüll im Jahre 1990 auf öffentlichen Deponien des niederrheinischen Landkreises Kleve abgeladen worden ist. Wie und wo ist diese Zahl zu finden?

Dazu sollte man zunächst wissen, dass hierzulande jedermann zu jedem Thema Statistiken erheben und verbreiten darf. Und genau das tun dann auch tausende von Privatpersonen und Organisationen mehr oder weniger systematisch und gekonnt: Versicherungen und Krankenkassen, Parteien und Verbände, Zeitungen und Zeitschriften, Banken, Wirtschafts- und Meinungsforschungsinstitute, das Kraftfahrt-Bundesamt in Flensburg, die Deutsche Bahn AG, das Bundes-Wetteramt, der Deutsche Fußballbund und viele andere mehr – alle sammeln Daten und erstellen Statistiken.

Leider kommt man als Student an viele dieser Daten nur sehr schwer heran. Ich glaube z. B. kaum, dass die Deutsche Bank uns freiwillig die Höhe der Sichteinlagen aus Saudi-Arabien verraten wird. Andere private Datensammler wiederum wie etwa Meinungsforscher informieren nur gegen Honorar, sodass auch diese Datenquellen, sofern die Umfrageergebnisse nicht in der Zeitung stehen, für Studenten kaum in Frage kommen.

Amtliche Statistik

Die amtliche Statistik ist immer und ohne große Kosten dienstbereit. Oft ist sie daher die erste Anlaufstelle, wenn man für eine Abschlussarbeit Daten braucht. Sehen wir also zuerst im bekanntesten Produkt der deutschen amtlichen Statistik, dem jährlich vom Statistischen Bundesamt in Wiesbaden herausgegebenen »Statistischen Jahrbuch« nach. Es steht in jeder Bibliothek. Das uns betreffende Kapitel 26: »Umweltschutz« informiert z. B. über Waldschäden und Schadstoffemissionen, auch über eher esoterische Dinge wie die Ein- und Ausfuhr von Reptilien sowie, und das scheint für unsere Zwecke relevant zu sein, auch über Abfallbeseitigung und Müll.

Leider finden wir in diesem Kapitel aber nur die Gesamttonnage des jährlich auf deutschen Hausmülldeponien abgeladenen Schutts. Unsere Frage nach dem Müll am Niederrhein beantwortet das Jahrbuch leider nicht.

50

Als Nächstes sehen wir daher im »Statistischen Jahrbuch des Landes Nordrhein-Westfalen« nach. Zusätzlich zum »Statistischen Jahrbuch« für die gesamte Republik geben nämlich die statistischen Landesämter nochmals eigene Jahrbücher heraus, die im Wesentlichen die gleichen Daten wie das Jahrbuch für die ganze Republik, aber in tieferer regionaler Gliederung enthalten. Und hier finden wir dann auch, was wir suchen: Seite 672 des Jahrbuchs für 1994 etwa meldet uns, dass 1990 insgesamt 98 797 Tonnen Müll im Landkreis Kleve angefallen sind.

Neben der regionalen Aufschlüsselung in den statistischen Jahrbüchern der Bundesländer bietet die amtliche Statistik in den sogenannten »Fachserien« auch noch die folgenden themenbezogenen Spezialveröffentlichungen an:

1. *Bevölkerung und Erwerbstätigkeit:* Geburten, Sterbefälle, Arbeitslose, Ausländer, Wahlergebnisse.
2. *Unternehmen und Arbeitsstätten:* Jahresabschlüsse von Kapitalgesellschaften, Kostenstrukturen, Insolvenzen, Arbeitsplätze.
3. *Landwirtschaft:* Viehbestände, Anbauflächen, Produktion von Nahrungsmitteln.
4. *Produzierendes Gewerbe:* Auftragseingang, Produktion und Beschäftigte in verschiedenen Zweigen von Handwerk und Industrie.
5. *Bauen und Wohnen:* Baubewilligung und Wohnungsbestand, Wohnsituation der Haushalte.
6. *Handel und Gastgewerbe:* Umsatz und Beschäftigte, Wareneingang, Lagerbestände und Investitionen in Groß- und Einzelhandel.
7. *Außenhandel:* Außenhandel nach Waren und Ländern (wer wissen will, wie viele Tennisbälle im Mai 1998 von Südkorea nach Deutschland geliefert worden sind – hier ist es nachzulesen).
8. *Verkehr:* Verkehrsunfälle, Passagiere und Frachtaufkommen auf Schienen, Straßen, Wasser, Luft.
9. *Geld und Kredit:* Aktienkurse und -umsätze, Bankguthaben, Schulden.

10. *Rechtspflege:* Strafverfahren und Urteile. Belegung der Gefängnisse.
11. *Bildung und Kultur:* Schüler und Studenten nach Fächern und Art der Bildungseinrichtung, Personal an Schulen und Hochschulen.
12. *Gesundheitswesen:* Meldepflichtige Krankheiten, Schwangerschaftsabbrüche, Todesursachen, Kosten der Gesundheit und Personalentwicklung bei Gesundheitsberufen.
13. *Sozialleistungen:* Sozialhilfe, Wohngeld etc. nach Haushaltsgröße, Wohnort und Geschlecht, Rehabilitierungsmaßnahmen, Statistiken zur Jugendarbeit.
14. *Finanzen und Steuern:* Einnahmen und Ausgaben öffentlicher Haushalte.
15. *Wirtschaftsrechnungen:* Einnahmen und Ausgaben privater Haushalte (dient als Grundlage für den Standardwarenkorb im Preisindex für die Lebenshaltung).
16. *Löhne und Gehälter:* Arbeitszeiten, Löhne und Gehälter in verschiedenen Wirtschaftszweigen.
17. *Preise:* Preisindex für Lebenshaltung, Grundstoffe, Bauland, Importe, Exporte und Verkehr. Falls Sie glauben, der berühmte Preisindex für die Lebenshaltung aus dem Fernsehen sei der Einzige, den es gibt: Schauen Sie einmal in diese Serie hinein.
18. *Volkswirtschaftliche Gesamtrechnung:* Volkseinkommen und Bruttosozialprodukt, Staatsausgaben und Entwicklungshilfe, Investition und Konsum, Exporte, Importe und Zahlungsbilanz.
19. *Umweltschutz:* Müll und Abfallbeseitigung, Ausgaben für Umweltschutz. Wasserversorgung und Schadstoffemission.

Diese Fachserien – oft in Unterserien (»Reihen«) aufgeteilt – erscheinen teilweise mehrmals pro Jahr. Auch die folgenden periodischen Publikationen des Statistischen Bundesamtes sollte jeder empirisch arbeitende Wissenschaftler kennen:

• *Wirtschaft und Statistik:* Monatszeitschrift. Bringt neben Aufsätzen zur Methodik auch verschiedene reine Statistiken. Vor allem für aktuelle Daten wichtig.

52

- *Statistisches Jahrbuch für das Ausland:* Erscheint seit 1989 regelmäßig als Ergänzung zum »normalen« statistischen Jahrbuch. Statistiken aus aller Welt.
- *Statistischer Wochendienst:* Aktuelle Daten aus diversen kurzfristigen Statistiken (Preise, Auftragseingang etc.).
- *Lange Reihe zur Wirtschaftsentwicklung:* Erscheint jedes zweite Jahr. Verschiedene Zeitreihen vom Beginn der Bundesrepublik bis zur Gegenwart.
- *Umweltinformation der Statistik:* Erscheint jedes zweite Jahr. Bereitet vor allem Ergebnisse aus Fachserie 19 auf.

Weitere themenbezogene periodische Querschnittspublikationen betreffen unter anderem »Die Lebensverhältnisse älterer Menschen« (1990), »Strukturdaten über Ausländer« (1994), »Familien heute« (1995) oder »Frauen in Deutschland« (1998). Solche Spezialstatistiken werden im »Veröffentlichungsverzeichnis« des Statistischen Bundesamtes oder im Anhang des »Statistischen Jahrbuchs« nachgewiesen.

Auch die Statistischen Landesämter bieten solche themenbezogenen Daten an, nur geografisch detaillierter, wie die umfangreichen Daten zur Berufsbildung (etwa Lehrlinge und Gesellenprüfungen nach Handwerkskammern aufgeschlüsselt), zur Jugendhilfe (Pflegekinder, Vormundschaften etc.) oder zu Berufspendlern des Landesamtes für Datenverarbeitung und Statistik Nordrhein-Westfalen in Düsseldorf. Sollten wir das Gewünschte dann immer noch nicht finden, bleibt als letzter Ausweg eine persönliche Anfrage in Wiesbaden (schriftlich, per Internet oder telephonisch beim Allgemeinen Auskunftsdienst des Statistischen Bundesamtes, Tel. 0611/752405) oder bei einem der Landesämter (Adressen in Anhang b).

Nichtamtliche Statistik

Neben der »offiziellen« amtlichen Statistik bieten auch Behörden, Firmen und Körperschaften alle möglichen Daten an. Leider sind diese Publikationen vielen nicht bekannt und in Bibliotheken oft auch recht versteckt. Hier sind einige davon:

- *Arzneiverordnungs-Report:* Periodische Publikation des Wissenschaftlichen Instituts der Ortskrankenkassen mit Mengen, Preisen und Umsätzen am deutschen Pharmamarkt.
- *Basisdaten des Gesundheitswesens:* Vom Bundesverband der Phamazeutischen Industrie zusammengestelltes Kompendium nationaler und internationaler Statistiken zu allen Bereichen des Gesundheitswesens.
- *Fischer Weltalmanach:* Handliches jährliches Kompendium internationaler Daten und Fakten aus allen Bereichen des modernen Lebens (analog auch von anderen Verlagen).
- *Hoppenstedt Börsenführer:* Grundkapital, Anlagevermögen, Bilanzsumme etc. sämtlicher deutscher Aktiengesellschaften. Jährlich.
- *Monatsberichte der Deutschen Bundesbank:* Geldmenge, Devisen, Kredite, Renditen von Aktien und anderen Wertpapieren, Zinsen, Steuereinnahmen, Wechselkurse.
- *Statistische Beihefte zu den Monatsberichten der Deutschen Bundesbank:* Das Gleiche detaillierter.
- *Statistik der Energiewirtschaft:* Jährliche Zusammenstellung der »Vereinigung industrieller Kraftwirtschaft« von Produktion und Verbrauch sowie Im- und Export von Kohle, Gas, Öl und Elektrizität.
- *Statistisches Jahrbuch Deutscher Gemeinden:* Jährliche Zusammenstellung wichtiger Daten des kommunalen Bereichs (Steuern und Finanzen, Abfallbeseitigung, Bevölkerung und Wohnungsbau). Tiefe regionale Gliederung.
- *VDR-Statistik Rentenzugang:* Jährliche Erhebung des Verbandes deutscher Rentenversichererungsträger zu Höhe und Verteilung von Rentenzahlungen.
- *Zahlenbericht des Verbandes der Privaten Krankenversicherung e. V.:* Jährliche Übersicht von Einnahmen und Ausgaben (getrennt nach Leistungsarten und Alter der Patienten) der privaten deutschen Krankenversicherungen.

Internationale Daten

Die beste Adresse für internationale Daten, sofern im »Statistischen Jahrbuch für das Ausland« nicht vorhanden, sind die statistischen Jahrbücher der betreffenden Länder selbst. Falls diese in Ihrer Universitätsbibliothek nicht vorhanden sind (der Normalfall), kann die Aufsicht Ihnen Ersatz-Bibliotheken nennen.

Alternativ bieten sich auch die folgenden Publikationen internationaler Organisationen an:

- *Eurostat-Jahrbuch:* Das statistische Jahrbuch der EU. Daneben veröffentlicht das Statistische Amt der Europäischen Gemeinschaften noch zahlreiche weitere Datenquellen wie das »Statistische Jahrbuch der Regionen«, die »Monatlichen Energiestatistiken« und viele andere nützliche Quellen von Zahlen und Fakten zur EU.
- *Statistical Yearbook:* Das Statistische Jahrbuch der Vereinten Nationen.
- *Demographic Yearbook:* Jährliche Datensammlung der Vereinten Nationen zu Bevölkerung, Geburt und Tod.
- *Geographical Distribution of Financial Flows to Developing Countries:* Periodische Erhebung der OECD der Herkunft und Verteilung von Entwicklungshilfe.
- *Handbook of International Trade and Development:* Jährliche Statistik der Unctad (United Nations Conference on Trade and Development) zum internationalen Warenverkehr.
- *World Development Report:* Jährlicher Bericht der Weltbank über Verschuldung, Sozialprodukt und Außenhandel von Entwicklungsländern.

Daneben existieren noch zahlreiche weitere Quellen internationaler Daten, vom »Annual Report« der »Cement and Concrete Association of Australia« über den »Cigar Association Statistical Record« der amerikanischen Zigarrenfabrikanten oder das »Statistische Jahrbuch der Hongkonger Gemüsehändler« (kein Scherz – gibt es wirklich) bis zu »Rubber World« (alles über Gummi und Plastik) oder das »Zuckerjahrbuch von Südafrika«. Welche Daten auf unserem Globus also auch anfallen – es scheint immer jemanden zu geben, der sie sammelt und sie publiziert.

An Daten mangelt es dem empirischen Arbeiter also wahrlich nicht. Das Problem ist eher, ob diese wirklich erfassen, was man wissen will, aber das steht auf einem anderen Blatt.

Gesetze und Verordnungen

Viele Arbeiten in den Rechts-, Wirtschafts- und Sozialwissenschaften erfordern neben Zahlen und Fakten auch noch eine Befragung der einschlägigen Gerichtsurteile und Gesetze. Für Juristen ist das eine Kleinigkeit, aber wo schlägt der fachliche Außenseiter am besten nach?

Auf keinen Fall in der Zeitung. Auch nicht in den zahlreichen Kommentaren und Taschenbuchausgaben, die es heute zu fast allen Gesetzen gibt, sondern wenn immer möglich im Original, d. h. dort, wo ein Gesetz amtlich bekannt gegeben wird. Die wichtigsten Quellen sind dabei die folgenden:

- *Bundesgesetzblatt (BGBl):* Wichtigste Quelle für alle Bundesgesetze, in unregelmäßigen Abständen vom Bundesminister der Justiz herausgegeben.
- *Bundesanzeiger (BA):* Täglicher Anzeiger des Bundesministers der Justiz. Bringt die nicht im Bundesgesetzblatt verkündeten Rechtsverordnungen, Verwaltungsvorschriften und Abkommen sowie Handelsregistereintragungen und Mitteilungen der Deutschen Bundesbank.
- *Bundessteuerblatt (BStBl):* Entscheidungen des Bundesfinanzhofes und Verlautbarungen des Bundesministers der Finanzen.
- *Verhandlungen des Deutschen Bundestages und Bundesrates:* Anfragen und Debatten des Deutschen Bundestags.
- *Amtsblatt der Europäischen Gemeinschaften:* EU-Äquivalent des Bundesgesetzblatts.

Daneben wuchert noch ein wahrer Dschungel weiterer Organe für die Rechtsprechung der Bundesländer sowie verschiedene Ministe-

56

rial- und Amtsblätter mit Verwaltungsvorschriften und Rechtsverordnungen der Kommunen und anderer staatlicher Behörden, in dem sich nur Experten auskennen. Am besten nimmt man sich, wenn man für eine Arbeit solche Quellen braucht, einen in dergleichen Quellen ausgewiesenen Führer mit. Haben Sie insbesondere keine Hemmungen, die Mitarbeiter der Bibliothek um Hilfe zu bitten, denn schließlich werden diese von unseren Steuergroschen genau dafür bezahlt.

Rechtsprechung

Die höchstrichterliche Rechtsprechung ist nachzulesen in den jeweiligen Entscheidungen, die fortlaufend in ein bis zwei Bänden pro Jahr von den folgenden Verlagen publiziert werden: Mohr in Tübingen für das Bundesverfassungsgericht (BverfGE), Heymanns in Köln für den Bundesgerichtshof in Zivilsachen (BGHZ), den Bundesgerichtshof in Strafsachen (BGHSt), das Bundessozialgericht (BSGE) und das Bundesverwaltungsgericht (BVerwGE), Stollfuß in Bonn für den Bundesfinanzhof (BFHE) und de Gruyter in Berlin für das Bundesarbeitsgericht (BAGE).

Auch die Entscheidungen vieler nachgeordneter Gerichte sind in eigenen Sammlungen festgehalten, die Ihnen die Bibliotheksmitarbeiter im Bedarfsfall gerne zeigen.

Beispiel: Die Kostenexplosion im Gesundheitswesen

In diesem Abschnitt betreiben wir Literatur- und Datensuche nicht abstrakt, sondern konkret. Ich versetze mich in einen Studenten der Wirtschafts- und Sozialwissenschaften, der eine Arbeit zur sogenannten Kostenexplosion im Gesundheitswesen zu schreiben hat. Vorher hat er darüber nie etwas gehört, außer dem, was man nolens volens in den Medien mitbekommt. Auch die einschlägige

Fachliteratur ist ihm bisher fremd. Wie und wo finden wir in dieser Lage die Daten, die wir brauchen, und die einschlägige Literatur?

Im Folgenden stelle ich eine solche Recherche möglichst realistisch nach. Dabei ignoriere ich zunächst das Internet wie auch die sonstigen EDV-gestützten Recherchemöglichkeiten, die es heute in fast allen Hochschulbibliotheken gibt, wie auch die Spezialbibliographie zu ökonomischen Problemen des Gesundheitswesens von Anderson und v. d. Schulenburg, die uns schon weiter oben begegnet ist. Unter der Überschrift »Die Kostenexplosionsdebatte« dokumentiert diese Bibliographie mehr als 30 Schriften zu unserem Thema, sodass uns wohl kaum eine deutsche Schrift (außer denen der letzten Jahre) zu ökonomischen Aspekten der Kostenexplosion entginge. Da wir aber nicht immer eine solche Hilfe haben, verzichte ich bei meiner Beispielrecherche ebenfalls darauf.

Stattdessen suche ich »zu Fuß«. Während ich diese Zeilen schreibe, ist es vier Uhr nachmittags. Ich sitze in der Universitätsbibliothek von D. und fange mit der Suche an. Um 18 Uhr schließt die Bibliothek. Mal sehen, was bis dahin zustande kommt.

Als Erstes konsultiere ich den trotz EDV und Internet in vielen Bibliotheken immer noch vorhandenen Schlagwortkatalog. Er gibt, wie schon sein Name sagt, zu den verschiedensten Schlagwörtern die Fundstellen der zugehörigen Bibliotheksbestände an. In D. ist der Katalog sehr kompakt in einem Stahlschrank gleich neben dem Bibliothekseingang aufgestellt. Ich beginne mit dem Schlagwort »Kosten«. Dazu finde ich im Katalog: Kostenarten, Kostengesetz, Kosten-Nutzen-Analyse, Kostenrechnung, Kostenstellen, Kostentheorie, Kostenträgerrechnung. Dann fährt der Katalog mit »Kostümkunde« fort. Leider kein Eintrag von »Kostenexplosion«.

Als Nächstes sehe ich also unter »Gesundheitswesen« nach. Tatsächlich existiert dafür eine Karteikarte, die aber neben dem Schlagwort selbst nur die Zahlen 614 und 362.1 vermerkt.

Diese Zahlen verweisen auf den ausführlichen »Systematischen Katalog« gleich neben dem Schlagwortregister. Dort suche ich zunächst den Karteikasten mit der Nummer 614, der sich als Heimat von bibliographischen Hinweisen zum Thema »Öffentliches

58

Gesundheitswesen – Umweltschutz« entpuppt. Das ist zwar nicht exakt das, was ich meine, aber unter den zugelassenen Stichwörtern wohl noch das passendste. Darüber hinaus dokumentiert der gleiche Karteikasten noch Literatur zu den Unterpunkten 614.1 (»Bevölkerung, Entvölkerung [?], Gesundheitswesen«), 614.2 (»Organisation des Gesundheitswesens«), 614.3 (»Lebensmittelüberwachung, Sanitätsüberwachung«), 614.4 (»Bekämpfung ansteckender Krankheiten«) und 614.7 (»Umweltschutz«). Die zugehörigen Karteikarten – ungefähr 100 Stück – blättere ich nun eine nach der anderen durch. Eine typische Karteikarte hat dabei die folgende Gestalt:

```
                                          L 12301
   GELHAUSEN, Udo:
   Gelhausen, Udo: Jagd auf Kranke : zur
   Strukturreform im Gesundheitswesen
   Frankfurt a.M. :
   Nachrichten-Verlags-Gesellschaft, 1988. - 112
   S. : Ill., graph. Darst.
   (Nachrichten-Reihe ; 46)
   ISBN 3-88367-077-4
   2 Bz 0189
   614.2

   1197403                            31.01.1989
```

Abb. 2: Bald nur noch ein Museumsstück? Eine typische Karteikarte aus einem Bibliothekskatalog.

Diese Karte ist nach den sogenannten »Regeln für die Alphabetische Katalogisierung« (RAK) angelegt, an die sich seit 1983 alle wissenschaftlichen Bibliotheken in Deutschland halten sollten. Die sogenannte »Signatur« in der rechten oberen Ecke bezeichnet dabei den Standort des Buches im Magazin. In unserem Fall steht L für »Biologie, Naturschutz, Umweltschutz« und 12301 für die laufende Nummer innerhalb dieses Themenbereichs. Mit anderen Worten: Das Buch von Gelhausen ist das 12301ste zu Biologie und Umweltschutz in dieser Bibliothek.

Die nächste Zeile enthält das sogenannte »Ordnungswort«.

Darunter ist das Werk im großen Bibliothekskatalog alphabetisch einsortiert. Das kann der Name des Autors (der Regelfall), aber auch der Sachtitel sein. Es folgen Autor (eigentlich überflüssig, da auch schon Ordnungswort), Titel, Untertitel, Verlagsort und Verlag sowie Erscheinungsjahr – alles Angaben, die bei korrekter Dokumentation auch in ein späteres Literaturverzeichnis gehören.

Die dann folgenden Zusatzinformationen zu Umfang und graphischen Darstellungen sowie zu einer möglichen Reihe, innerhalb derer das Werk erschienen ist, werden dagegen seltener genutzt. Auch die Buchnummer (ISBN steht für »International Standard Book Number«) ist vor allem für Bibliothekare interessant. Sie ist sozusagen der Fingerabdruck eine Buches, sein eindeutiges internationales Kennzeichen, und hat folgendes Format:

$$\text{ISBN x-yyy-zzzzzzz-p.}$$

Die Ziffer x am Anfang ist die sogenannte Gruppennummer – für Bücher aus Deutschland, Österreich und der deutschsprachigen Schweiz etwa eine 3. Die zweite Zifferngruppe kennzeichnet den Verlag, und die dritte das Buch inklusive Auflage und Ausstattung (gebunden oder Taschenbuch). Zusammen sind diese Zahlengruppen immer acht Ziffern lang. Die letzte Ziffer leitet sich auf komplizierte Weise aus den anderen Ziffern ab und dient nur der Kontrolle, ob die Nummer korrekt ist.

Das Kürzel nach der Buchnummer dient dem internen Bibliotheksbetrieb. Vermutlich kennzeichnet es den für diese Karte verantwortlichen Mitarbeiter. Dann folgen die Schublade im Sachkatalog (hier 614.2 oder »Organisation des Gesundheitswesens«), eine weitere interne Kennziffer (Anschaffungsnummer?) und zum Abschluss das Produktionsdatum der Karte, welches uns hier sagt, dass obige Karte am 31. Januar 1989 geschrieben worden ist.

Analog sind auch die meisten anderen Karten angelegt. Zuweilen finde ich aber auch Außenseiter wie in Abb. 3.

Das Ordnungswort ist hier der Titel und nicht der Autor, und die ungewohnte Signatur weist auf die Bereichsbibliothek für Statistik (BS) hin, wo das Buch unter der Nummer 7400/VON eingeordnet ist. Auch die in der Zeile »Akzessionsnummer« eingetragenen Bibliotheksinterna sehen anders aus und die handschriftli-

```
1 )                                          Bereichsbib;
                                             Statistik    BS
                                             7400/VON
VON Gesundheitsstatistiken zu
Von Gesundheitsstatistiken zu
Gesundheitsinformation / hrsg. von Elisabeth
Schach. Mit Beitr. von J. G. Brecht ...
Berlin [ u.a. ] : Springer, 1985. - XXIV, 299
S. : graph. Darst.
(Medizinische Informatik und Statistik ; 61 )
Text teilw. dt., teilw. engl.
ISBN 3-540-15997-5
Akzessionsnummer: BS 86/122 * 17 or/li 0986

   1115628                               18.09.1986
```

Abb. 3: *Eine Karteikarte außerhalb des üblichen Formats: Das Ordnungswort ist der Titel.*

che 312.6 am unteren Rand steht für die Schublade »Gesundheitsstatistik« im Sachkatalog, wo ich dieses Buch ebenfalls hätte finden können.

So überfliege ich kurz eine Karte nach der anderen und merke neben den beiden obigen noch 13 weitere Texte als potentiell bedeutsam vor.

Nach der Ziffer 614 suche ich jetzt den Kasten 362.1, der, wie sich herausstellt, Bücher zum Thema »Gesundheitsfürsorge« dokumentiert. Dort finde ich nochmals rund 30 Quellen, oft dieselben wie unter 614, aber auch zusätzliche Literatur, wie etwa G. Frank: *Sozialstaatsprinzip und Gesundheitssystem,* Frankfurt 1983, die ich meiner Liste beifüge.

Ich habe diese Katalogrecherche hier etwas abgekürzt. Wenn Sie sichergehen wollen, keine relevante Literatur zu übersehen, sollten Sie unter weiteren Schlagwörtern suchen (etwa »Gesundheitspolitik« oder »Medizin«). Wie ich aus eigener Erfahrung als Bibliotheksbeauftragter eines Institutes weiß, werden manche Bücher von wohlmeinenden Bibliothekaren gerne in falsche Schubladen gelegt (Abhandlungen zur mathematischen Spieltheorie etwa in die Schublade »Sport und Freizeit«, wo sie aber nichts zu suchen haben). Eine wirklich gründliche Katalogrecherche sollte also nicht bei zwei Schlagwörtern stehenbleiben. Da jedoch der Bibliotheksschluss naht, höre ich hier auf und begebe mich auf die Suche nach den Büchern selbst.

Zum Glück sind in D. die Bücher freihand aufgestellt – ich darf also selbst in den Regalen stöbern und in den Büchern baden – ein wahres Hochgefühl. Das ist direkter Kontakt zur Wissenschaft. Bei Magazinaufstellung müsste ich jetzt Leihscheine ausfüllen und bis morgen warten. So aber habe ich noch mehr als eine Stunde Zeit.

Die Signaturen der notierten Bücher führen mich in den ersten Stock. Hier wartet eine kleine Enttäuschung. Leider stehen Bücher zum Gesundheitswesen nicht zusammen, sondern weit verstreut unter den Dächern »Wirtschaft« und »Umweltschutz«. Schon die Signaturen hätten mir das sagen können. Zu jedem Gebiet werden also alle Bücher in der Reihenfolge ihres Eintreffens ohne weitere Untergliederung ins Regal gestellt – für die Bibliothekare angenehm, denn sie sparen dadurch Stellplatz ein, für den Benutzer aber ärgerlich. Je nach Feinheit der Sortierung ersetzt ein Streifzug durch die Regale nämlich oft einen Katalog: Man sieht sich die vorhandene Literatur an Ort und Stelle an. So habe ich selbst schon ungeahnte Schätze aufgespürt. Nichts ist spannender als ein solcher Raubzug in fremde Gedankenwelten, als dieser direkte Kontakt zum kumulierten Wissen eines Fachs. Eine Stunde vor einem Bücherregal ersetzt oft ein Semester Studium.

In D. geht das leider nicht. Hier sind die Bestände nach dem Kraut-und-Rüben-Prinzip aufgestellt. Bücher zum Gesundheitswesen lagern hier neben Untersuchungen des Aktienmarktes und Abhandlungen zum optimalen Marketing. Mit meiner Liste in der Hand irre ich also lange Regalreihen auf und ab.

Kaum habe ich so zwei Schriften aufgespürt, kommt der nächste Schlag: Ein Gong ertönt und eine freundliche Frauenstimme gibt über Lautsprecher die Schließung der Bibliothek bekannt. Alle Besucher werden zum Ausgang gebeten, in fünf Minuten wird geschlossen.

Klar, jetzt fällt es mir wieder ein. Kein Bombenalarm, sondern Semesterferien. Dann schließt die Bibliothek nicht um sechs, sondern

62

schon um fünf. Zu dumm. In Amerika wäre das unmöglich. Dort sind die Bibliotheken für die Studenten da und nicht umgekehrt. Ich verdränge meinen Ärger, stelle die beiden Bücher ins Regal zurück und beschließe, am nächsten Morgen wiederzukommen.

Manche Bibliotheken mit Freihandaufstellung erlauben das Stapeln von Büchern an einem Arbeitsplatz; dann entfällt das lästige Ein- und Aussortieren jeden Tag. In meinem Fall ist das Problem aber nicht allzu groß. Am nächsten Morgen habe ich die Bücher vom Vortag schnell gefunden und nach weiteren 20 Minuten auch fast alle übrigen. Zwei Bücher auf meiner Liste sind an ihrem Standort nicht zu finden – ausgeliehen. Andere sind in Bereichsbibliotheken ausgelagert oder werden in einem gesonderten Magazin für Dissertationen aufbewahrt. Diese merke ich für später vor.

Mit meiner Beute suche ich einen freien Tisch. Heute morgen ist die Bibliothek fast leer. Das wiederum ist der Vorteil an Semesterferien – außer mir und dem Bibliothekspersonal ist fast niemand da. Ich staple die Bücher auf einen freien Arbeitsplatz, rücke einen Stuhl zurecht und fange mit dem Sortieren an.

Einige Stücke entpuppen sich sofort als unbrauchbar – teils reine Polemiken ohne wissenschaftlichen Gehalt, teils fleißig zusammengetragene, aber zähe Dissertationen, die nur Spezialfragen behandeln; sie sind vielleicht für spätere Detailprobleme wichtig. Auch einige durchaus interessante Bücher, die das Thema vor allem aus soziologischer Sicht behandeln, sortiere ich jetzt aus: Wer steht hinter den einschlägigen Gesetzen, welche Interessengruppen gibt es, welche Sanktionen drohen bei missliebigem Verhalten etc. ... Alles sehr interessant, aber für eine ökonomische Betrachtung eher sekundär.

Die übrigen Bücher, insgesamt acht, merke ich zum Entleihen vor. Einige sind Konferenz- oder Tagungsbände mit Beiträgen verschiedener Autoren, was die dadurch neu erschlossenen Quellen nochmals multipliziert. Als wahre Goldgrube für weiterführende Literatur entpuppt sich ein Sammelband meines Konstanzer Kollegen Gäfgen zum technologischen Wandel im Gesundheitswesen. Schon beim Lesen der Überschriften merke ich: Diese Sprache verstehe ich, hier bin ich unter Gleichgesinnten. Dieses Buch kommt also in der Lektüre-Warteschlange auf den ersten Platz.

Noch fehlt jedoch der Überblick über die einschlägige Zeitschriften-Literatur. Einen ersten Einstieg verschafft mir das bisher zusammengetragene Material: Fast überall werden auch Aufsätze aus Zeitschriften zitiert. Davon ausgehend könnte ich nun mit der Methode der konzentrischen Kreise auch die Zeitschriften-Literatur aufrollen. Wegen der möglichen Verzerrung durch Zitierkartelle verzichte ich jedoch darauf und beschließe stattdessen eine systematische Suche über bibliographische Hilfsmittel. Außerdem komme ich so auch an neuere Literatur heran.

Ich beginne mit dem »Social Science Citation Index« (Mediziner und Naturwissenschaftler fangen hier mit dem »Science Citation Index« an, in dem die Suche völlig analog verläuft). Nicht alle Bibliotheken halten ihn, weil er nicht billig ist und man wegen der in Deutschland immer noch recht zaghaften Nutzung diese Kosten scheut. Zum Glück ist er in D. jedoch vorhanden. Ich lasse mir von einem freundlichen Bibliotheksbediensteten den Standort zeigen und fange mit dem Suchen an.

Dabei hilft der »Social Science Citation Index« auf mehrfache Art. Die erste Methode nimmt einen Autor als Ausgangspunkt, der zu dem jeweiligen Thema bereits etwas geschrieben hat. So verfahre ich zunächst auch hier. In dem Sammelband von Gäfgen wird nämlich ein Aufsatz des Schweizer Gesundheitsökonomen Robert Leu aus der Zeitschrift »Social Science and Medicine« zitiert, mit der These, dass Rauchen das Gesundheitswesen billiger statt teurer macht. Diese Debatte interessiert mich sehr. Wo wurde dieser Aufsatz später noch zitiert, was haben andere dazu gesagt?

Diese Frage beantwortet der »Citation Index« im engeren Sinne. Er listet zu jedem Artikel die Nachfolge-Artikel auf, die diesen zitieren (gesetzt, ein Artikel wird überhaupt zitiert. Das ist alles andere als selbstverständlich – drei Viertel aller wissenschaftlichen Literatur verschwindet nach dem Druck in einem großen schwarzen Loch). Der Aufsatz von Leu gehört aber nicht dazu – ein Jahresregister listet fünf andere Arbeiten auf, die Leu zitieren.

Für eine bibliographische Dokumentation sind diese Hinweise aber viel zu knapp. Der erste etwa liest sich so:

Goodin RE Ethics R 99 574 89.

64

Das ist nicht sehr hilfreich. Mit der Anleitung am Anfang des Index' entziffere ich diese Nachricht. Sie sagt, dass Herr oder Frau R. E. Goodin in dem 1989 erschienenen Band 99 der Zeitschrift »Ethics« auf den Seiten 574 ff. auf den Artikel von Leu Bezug genommen hat. Das Kürzel R verweist darauf, dass dieser Aufsatz eine Bibliographie oder ein Übersichtsartikel ist (»Review«), also genau das, was ich suche, und deshalb frage ich gleich im sogenannten »Source Index« weitere Informationen zu diesem Artikel von R.E. Goodin ab.

Der »Source Index« ist die Heimat der aktiv Zitierenden. Jeder, der einen sozialwissenschaftliche Artikel in einer halbwegs respektablen Zeitschrift schreibt, findet dessen Titel und Literaturverzeichnis einige Monate später zwischen den Einbanddeckeln des »Source Index« abgedruckt. Hier können Sie z.B. nachsehen, was Ihr Betreuer (Institutsdirektor, Klinikchef) alles schreibt. Auch den obigen Aufsatz von R.E. Goodin finde ich sofort. Er heißt »The Ethics of Smoking« und entpuppt sich als wahrer Schatz mit mehr als 50 weiteren, ebenfalls im »Source Index« dokumentierten Quellen und liefert mir fast die gesamte einschlägige Literatur.

Nach diesem Erfolg verschnaufe ich zunächst. Die Verfolgung der anderen Einträge im »Citation Index« verschiebe ich auf später. Schon jetzt schüchtert mich die reine Masse der Literatur gehörig ein. Wann soll ich das alles lesen? Gibt es die zitierten Zeitschriften überhaupt in D.? Sollte man die Arbeit nicht besser auf ein Teilgebiet wie etwa die »Ökonomie der Prävention« beschränken? Mir schwirrt der Kopf.

Vorerst suche ich aber zum Generalthema weiter, fahre aber anders, nämlich mit dem sogenannten »Subject Index« fort. Dieser schlüsselt die Literatur nach Stichwörtern statt nach Autoren auf, ähnlich dem Schlagwortkatalog, mit dem ich meine Suche am Tag zuvor begonnen hatte. Leider kann ich hier meine deutschen Schlagwörter nicht übernehmen, denn der »Social Science Citation Index« ist wie die meisten internationalen Bibliographien auf Englisch abgefasst. Daher übersetze ich »Gesundheitskosten« mit »Health Care Costs« und schlage unter diesem Schlagwort nach. Im ersten Trimesterband 1990 z.B. finde ich dazu in Spalte

1652 vier sehr karge Einträge. Der erste sagt zum Beispiel nur »Berman P« und sonst nichts.

Auch hier ist wieder der »Source Index« für weitere Informationen zuständig. Unter »Berman P« finde ich dort den im »Bulletin of the World Health Organisation« publizierten Aufsatz »The Costs of Public Primary Health Care Services in Rural Indonesia«. Hmm. Das Nachschlagen der weiteren Einträge und die Recherchen unter alternativen Stichwörtern verschiebe ich auf später.

Stattdessen halte ich kurz ein und überlege mir: Was würdest du ohne »Social Science Citation Index« tun? Schließlich ist er nicht in jeder Bibliothek vorhanden. Was also ist die beste Ersatzstrategie?

Eine erste Alternative ist die »Kieler Bibliographie der Wirtschaftswissenschaften«, hier gleich neben dem »Social Science Citation Index« aufgestellt. Ich nehme das neueste Exemplar und blättere im Stichwortkatalog. Für meinen Zweck erscheinen die Stichwörter »Gesetzliche Krankenversicherung«, »Gesundheitswesen« und »Kosten und Nutzen der Gesundheitsfürsorge« am treffendsten. Dort schlage ich als Erstes nach und finde ungefähr 50 Beiträge zum Thema, von denen mir der Band von Lothar Hanisch: *Gesundheit: Vorschläge zur Kostendämpfung*, das mir bisher entgangen ist, am interessantesten erscheint. Auch der Aufsatz von Douglas Weber: »Krankheit, Geld und Politik: Zur Geschichte der Gesundheitsreformen in Deutschland« aus der Zeitschrift »Leviathan« merke ich mir für später vor. Vorerst breche ich jedoch auch diese Recherche ab, und begebe mich in den Zeitschriftenlesesaal.

Dort blättere ich die aktuellen Hefte verschiedener Journale durch. Deren Inhalt ist ja bei meinen bisherigen Recherchen unsichtbar geblieben, da auch die schnellsten Bibliographien ihren Quellen immer nur mit einigen Monaten Abstand folgen können. Frische Fische fängt man also nur in den Journalen selbst. So entdecke ich etwa in der Zeitschrift »The Quarterly Review of Economics and Business« einen Aufsatz mit dem Titel »The effect of prospective payment and DRG's on the market value of hospitals« mit viel zusätzlicher Literatur zur Kostenexplosion im Krankenhaus. Ich notiere auch diesen Titel, werfe noch einen Blick in das letzte Heft von »Current Contents« (nichts Interessantes) und wende mich den Daten zu.

Wie hoch sind unsere Gesundheitskosten eigentlich, wie werden sie gemessen, erfasst und abgegrenzt? Schon meine gestrige Katalogrecherche hat einen Hinweis auf die Fachserie 19 (Gesundheitswesen) des Statistischen Bundesamts eingebracht. Diesem gehe ich jetzt nach und konsultiere im Zeitschriftenlesesaal, wo alle Fachserien des Statistischen Bundesamtes lagern, das letzte Heft der Serie 19. Dabei sehe ich, dass die Fachserie 19 in 8 sogenannte *Reihen* aufgespalten ist: »Ausgewählte Zahlen für das Gesundheitswesen«, »meldepflichtige Krankheiten«, »Schwangerschaftsabbrüche«, »Todesursachen«, »Berufe des Gesundheitswesens«, »Krankenhäuser«, »Kranke und unfallverletzte Personen«, »Ausgaben für Gesundheit« (diese Zahlen suche ich) und »Fragen zur Gesundheit«. Ich vergewissere mich, dass die Reihe »Ausgaben für Gesundheit« tatsächlich auch vorhanden ist und begebe mich erschöpft, aber zufrieden in die Mensa zum Mittagessen.

Nachmittags teste ich dann noch eine weitere Zugriffsmöglichkeit: Literaturrecherche per elektronischer Datenbank.

In meinem Büro steht ein PC, der mit dem Zentralrechner der Universität verbunden ist, der wiederum den Bibliothekskatalog gespeichert hat. Nur aus Neugier, um zu sehen, wie das funktioniert, wiederhole ich meine Literaturrecherche jetzt per EDV. Ein freundlicher Mitarbeiter zeigt mir, wie das funktioniert, ich fange an (genauso loggt man sich per Internet und Telnet auch in Bibliotheken auf der anderen Seite der Erdkugel ein; dazu im nächsten Kapitel mehr).

Leider klappt aber nichts so einfach wie erhofft. Zunächst stellt sich der Rechner dumm – was ich auch eintippe, er rührt sich nicht. Ich fühle mit allen Menschen, die Computer hassen. Hilfe wird geholt (falsches Passwort!), der Rechner umgestimmt. Aber auch dann kann ich mit der Suche nicht beginnen, denn jetzt verweigert sich das Datenbanksystem. Auch dessen eingebautes Hilfe-Kommando stiftet nur Verwirrung und hilft mir nicht. Ein erneut herbeigerufener humaner Helfer klärt den Fehler auf, aber die Datenbank bleibt weiter störrisch wie ein Esel. Ein Experte für Datenbanken wird geholt, der sich wundert, dass solche benutzerfeindlichen Systeme nicht schon längst verboten sind, aber schließlich doch dessen passiven Widerstand überwindet und nach zwei Stunden habe ich die Universitätsbibliothek tatsächlich elektronisch angezapft: Auf dem Bildschirm erscheint die Aufforderung:

Anwendung UBOK bitte durch die Eingabe von UBOK starten.

UBOK steht dabei für »Uni-Bibliothek Online Katalog«. Ich gebe also UBOK ein. Auf dem Bildschirm erscheint eine Willkommensbotschaft des Datenbanksystems. Ich werde gefragt, ob ich Daten suchen oder die Datenbank verändern will.

Ich will Daten suchen, finde aber das nötige Kommando nicht sofort. Ich versuche mich an die Ratschläge meiner Helfer zu erinnern und produziere nach einigem Experimentieren tatsächlich die erfreuliche Meldung

Search Mode – Begin your query.

Die letzten beiden Stunden waren also nicht umsonst. Jetzt ernte ich die Früchte meiner ersten Frustration.

Als Erstes gebe ich »Gesundheitswesen« ein. Und endlich entfaltet die Elektronik ihr ganzes Potential: Nach 3 Sekunden meldet der Rechner, dass zu diesem Stichwort 139 Dokumente in der Bibliothek vorhanden sind, und fragt, ob ich Näheres dazu wissen oder die Suche unter einem anderen Stichwort wiederholen will.

Einhundertneununddreißig Dokumente sind mehr als ich bei meiner manuellen Suche gefunden habe. Offenbar sind viele Titel im Schlagwortkatalog falsch abgelegt. Dem Rechner sind diese Schubladen egal: Er meldet jedes Buch, ganz gleich wo es einsortiert ist, in dessen Titel das Wort »Gesundheitswesen« vorkommt. Das ist einerseits umfassender, da auch unter »Sport« oder »Pädagogik« einsortierte Bücher so gemeldet werden, andererseits auch restriktiver, da längst nicht jedes Buch zum Gesundheitswesen auch dieses Wort im Titel führt.

Bevor ich jedoch unter alternativen Stichwörtern suche, fordere ich zunächst weitere bibliographische Details zum aktuellen Fang, die der Rechner auch sofort für ein Dokument nach dem anderen auf den Bildschirm bringt. Eine typische Bildschirmseite hat dabei die Gestalt wie in Abb. 4.

68

```
. •
. •   MONO00021899 DOCUMENT=        1 OF      1   PAGE =    1 OF      1
. •
      JAHR     = 1983
      SIGNATUR = Fn 19827
      STANDORT = •UB•
      ISBNISSN = 3-540-12694-5
      N1       = 312.8
      N2       = 362.1.08
      N3       = 362.1
      N4       =
VERFASSER Camphausen, Bernd
TITEL     Auswirkungen demographischer Prozesse auf die Berufe und die Kosten
          im Gesundheitswesen : Stand, Struktur u. Entwicklung bis zum Jahre
          2030
IMPRESSUM Berlin (u.a.) : Springer, 1983. - XIV, 292 S. : graph Darst.
TITELZS   (Medizinische Informatik und Statistik ; 44)
R0601 • END OF DOCUMENTS IN LIST - ENTER RETURN OR ANOTHER COMMAND.
```

Abb. 4: Typische Bildschirmseite eines Online-Kataglogs. Die Informationen sind im Wesentlichen die gleichen wie auf einer normalen Karteikarte, nur elektronisch aufbereitet.

Ich habe hier also im Wesentlichen eine elektronische Karteikarte. Sie liefert kompakt alle Informationen, die ich später für ein ordentliches Literaturverzeichnis brauche, und noch einige andere mehr wie Signatur, Umfang und Buchnummer. Außerdem sehe ich, dass dieses Buch im Sachwortkatalog unter den Ziffern 312 und 362 abgespeichert ist, was mich etwas überrascht. Schließlich habe ich einen Tag vorher selbst unter 362 nachgesehen und das Buch dort nicht entdeckt. Vielleicht fehlt die Karteikarte oder ich habe sie nur übersehen. Solche Fehler macht der Rechner nicht.

Diese elektronischen Karteikarten lasse ich nun am Bildschirm eine nach der anderen vorüberziehen. Viele kenne ich bereits. Aber auch neue Titel sind dabei. Einige Bildschirmseiten drucke ich an Ort und Stelle aus, als Basis für die Dokumentation. Danach versuche ich noch einige andere Suchwörter bzw. Kombinationen. Bei der Suchwortkombination »Gesundheitswesen *and* Kosten« etwa werden nur Dokumente nachgewiesen, die unter beiden Stichwörtern gemeldet sind (davon gibt es drei). Aber auch andere logische Verknüpfungen sind erlaubt. Bei »Gesundheitswesen *not* Deutschland« etwa werden mir nur Bücher zum Gesundheitswesen des Auslands angeboten. So spiele ich noch etwas am Computer herum und schließe dann meine Literatur-Recherche ab.

Bevor ich aber die Akten dieses Versuches endgültig schließe, sehe ich noch im letzten Band von Forschungsarbeiten in den Sozialwissenschaften nach, wer sonst noch im deutschen Sprachgebiet zu meinem Thema forscht, und finde unter »Gesundheitspolitik-Kostendämpfung« eine Doktorandin an der Juristischen Fakultät der Universität Erlangen-Nürnberg, die über Festbetragsregelungen in der Gesetzlichen Krankenversicherung promoviert, oder unter »Gesundheitswesen-Gesundheitsökonomie« eine Forschungsarbeit an der Universität Bayreuth über alternative Systeme der Gesundheitssicherung im Allgemeinen. Insgesamt sind unter den Stichwörtern »Gesundheit«, »Gesundheitspolitik«, »Gesundheitsvorsorge« und »Gesundheitswesen« 126 laufende Forschungsprojekte registriert. Bei einer größeren Arbeit, etwa einer Habilschrift, kommt man auch um deren zumindest teilweise Beachtung nicht herum, aber für eine studentische Abschlussarbeit ist das wohl zu viel verlangt.

Weiterführende Literatur

Fast alle Fächer haben heute spezielle Führer zur einschlägigen Literatur: Mette und Schöppl (1995) für die Wirtschaftswissenschaften, Heidtmann (1985) für die Sozialwissenschaften allgemein, König (1988) sowie Lagler und Heidtmann (1993) für Mathematik und Informatik, Joswig (1981, 1984, 1987) für die Ingenieurwissenschaften (Maschinenbau, Elektrotechnik usw.), Schwinge (1994) für die Theologie, Müller (1997) für Recht, Gullath (1992) für die Altertumswissenschaften, Junge und Heidtmann (1989) für Ethnologie, Feldmann und Schultze (1995) für Geschichte, Wilk-Mincu (1992) für die Kunstwissenschaften, Heidtmann und Ulrich (1988) für die Film- und Theaterwissenschaften, Korwitz und Heidtmann (1995) für Medizin und Pharmazie, Nicolin und Heidtmann (1988) für Biologie, Andreesen und Heidtmann (1986) für Slawistik, Schnelling und Heidtmann (1986) für die Germanistik, Ulrich (1980) für Anglistik und Ulrich und Heidtmann (1981) für Amerikanistik, um nur einige der Werke aufzuzählen, die man heute in gut sortierten Hochschulbibliotheken findet. Für Chemiker interessant ist auch die kostenlose Broschüre

70

des Verlags Chemie (VCH) »Suchstrategien in der gedruckten CA«.

Auch zu Daten weisen vielerlei Leitfäden den Weg: Für Normen und Patente siehe Bresemann u. a. (1995), für Daten aus den Naturwissenschaften siehe Barth (1992), für Daten aus den Wirtschaftswissenschaften siehe Boni (1994), für alles, was Europapolitik betrifft, siehe die Kommission der EU (1994).

Wie man eine Bibliothek benutzt, kann man bei Grund und Heinen (1996) oder Eco lernen (1993, Kap. 3). Hier führt der Autor von »Der Name der Rose« eine beispielhafte literaturwissenschaftliche Quellensuche vor. Nützliche Hinweise zum Aufspüren entlegener Literatur liefert Marcia Bates (1979, 1984). Da diese Aufsätze selbst in Zeitschriften erschienen sind, die an Ihrer Heimatuniversität vermutlich nicht gehalten werden, können man bei deren Bestellung auch gleich die Fernleihe üben. Lengenfelder (1984), von Keitz und Zimmermann (1986), das Deutsche Bibliotheksinstitut (1990) und ganz besonders der »World Guide to Libraries« (1995) des Münchener K. G. Saur Verlags (letzterer auch auf CD-ROM) liefern nützliche Adressen und Bestände von Bibliotheken, Archiven und Museen. Zur schönen neuen Welt des elektronischen Publizierens schließlich siehe Grötschel und Lüger (1995), Zimmer (1998) oder Stix (1995).

3.
Recherchieren mittels EDV

*»Computer helfen uns, Probleme zu lösen,
die wir ohne sie nicht hätten.«*
(Anonymus)

»Who is General Failure? And why is he reading my harddisk?«
(aus http://www.arcsite.de/hp/dragon/spr.htm)

Elektronische Datenbanken

Fast alle im letzten Kapitel aufgeführten Quellen sind heute auch elektronisch anzuzapfen, sei es direkt (»online«), sei es über CD-ROM oder sei es über eines der zahlreichen Fachinformationszentren, die es heute für viele Fächer und an vielen Orten republikweit gibt. Auf diese Zugriffsarten komme ich weiter unten noch ausführlich zu sprechen.

Bei EDV-gestützten Datenbanken muss man sogenannte »nummerische« oder Fakten-Datenbanken, Volltext-Datenbanken und bibliographische Datenbanken unterscheiden. Nummerische Datenbanken speichern Zahlen und Fakten, wie Börsenkurse, Konzernbilanzen, Adressen, Telefonnummern, Wahlergebnisse, aber auch Patente oder die Zusammensetzung chemischer Substanzen, so wie die des Zuckeraustauschstoffes ASPARTAM aus der Datenbank ABDA-PHARMA des Deutschen Instituts für Medizinische Dokumentation und Information (DIMDI) in Köln (Abb. 5).

Andere Fakten-Datenbanken sind BEILSTEIN, GFI, HODOC oder PLASPEC in der Chemie, ASYLDOC-CASE (Gerichtsurteile zu Asylverfahren), DIAGNOSIS und INTOX (Medizin), CONF und EVENT-LINE (Tagungen und Konferenzen), MARPAT (Markenzeichen und Patente), MONUDOC (Denkmalschutz), PHAR (Arzneimittelforschung) oder VADEMECUM (die elektronische Version des gleichnamigen Kompendiums deutscher Lehr- und Forschungsstätten).

Von diesen Fakten-Datenbanken zu unterscheiden sind die

72

```
1.00/000001 DIMDI: -ABDA-PHARMA /COPYRIGHT ABDA
CAS REGISTRY NUMBER: 22839-47-0
N1 IN ABDA-STO      : Aspartam    INN.L11.D;INN.L11.F
SYNONYME            :
  Aspartamum  INN.L11.L;NFN;    Aspartame  INN.L11.E;USAN;BAN;NF16;
  Aspartamo  INN.L11.S;    N-(L-alpha-Aspartyl)-L-phenylalaninmethylester
  3-Amino-N-(alpha-carboxyphenethyl)succinamic acid N-methyl ester  WHO;
  (S)-3-Amino-N-((S)-alpha-(methoxycarbonyl)phenethyl)succinamsaeure  IUPAC;
  Asp-Phe-OCH3
SUMMENFORMEL        : C14-H18-N2-O5
INDIKATIONEN STO    : Diaetetikum (Suessstoff)
MOLEKULARGEWICHT    : 294,30
SCHMELZPUNKT        : 246-247 Grad C aus Wasser (Merck Index 10)
SPEZIFISCHE DREHUNG: (alpha)22/D -2,3Grad  (1NHCl) (Merck Index 10)
LOESLICHKEIT        : wenig loeslich in Wasser von pH 5,2;    besser loeslich
  in sauren Loesungen und heissem Wasser;   schwer loeslich in Ethanol;
  sehr schwer loeslich in Chloroform;
  praktisch unloeslich in Oelen (Martindale 28)
BASIZITAET          : Feuchtigkeit bewirkt Hydrolyse und somit
  Verlust an Suesswert. Loesungen mit pH 4,3 sind am stabilsten
DOSIERUNG           : Oral: 200 mal suesser als Glukose
  1 g entspricht 17 KJ (4 Kcal) (Martindale 28)
```

Abb. 5: Beispielausdruck aus ABDA-PHARMA: ausgewählte Eigenschaften einer chemischen Substanz.

nummerischen Datenbanken im engeren Sinn, wie Börsendienste oder die Datenbank des Deutschen Wetterdienstes in Offenbach, die vor allem reine Zahlen liefern. Dazu gehören auch die Datenbanken des Statistischen Amtes der EU (etwa CRONOS mit mehr als einer Million Zeitreihen aus allen Bereichen von Wirtschaft und Gesellschaft oder REGIO mit sozialen und demographischen Informationen zu den verschiedenen Regionen der EU), die Datenbank ISIS (Integriertes Statistisches Informationssystem) des österreichischen Statistischen Zentralamtes und ganz besonders die Datenbank STATIS-BUND des Statistischen Bundesamtes in Wiesbaden, die für Studierende in Deutschland wohl zuallererst in Frage kommt. Wer es leid ist, stundenlang in papierenen Datenfriedhöfen nach Zahlen zu graben, findet hier alles in Computerspeichern vor, was die deutsche amtliche Statistik bietet.

73

Volltext-Datenbanken speichern den kompletten Text eines Dokuments. Wie bei nummerischen Datenbanken gehen auch hier die Chemiker voran. Die Datenbanken CJACS (für »Chemical Journals of the American Chemical Society«), CJAOAC (für »Chemical Journals of the Association of Official Analytical Chemists«), CJRSC (für »Chemical Journals of the Royal Society of Chemistry«) und CJWILEY (für »Chemical Journals of John Wiley & Sons Inc.«) z. B. stellen auf Knopfdruck vollständige Aufsätze bereit.

Auch viele wissenschaftliche und nichtwissenschaftliche Zeitungen und Zeitschriften (»Focus«, »Spiegel«, »Welt«, »Zeit« usw.) liegen heute auf Volltext-Datenbanken auf. Zu den wissenschaftlich interessanteren gehören UMEDIA mit Presseberichten und Zeitungsartikeln zum Umweltschutz oder PSYTKOM, ein Kompendium psychologischer Testverfahren mit allen Fragebögen und Methoden, das vom DIMDI angeboten wird. Da sich dieses Angebot fast stündlich erweitert, hat es keinen Sinn, an dieser Stelle ausführlich darauf einzugehen.

Literaturdatenbanken

Am wichtigsten für studentische Abschlussarbeiten sind wohl immer noch die sogenannten »bibliographischen« Datenbanken, die unter den mehreren tausend heute weltweit angebotenen elektronischen Datenbanken auch den größten Anteil halten. Beispiele sind ASYLDOC-LIT mit Literatur zu Asylverfahren, BIOSIS mit internationaler Literatur aus allen Bereichen der Biowissenschaften oder POPLINE mit internationaler demographischer Literatur (zu den Zugriffsmöglichkeiten siehe weiter unten). Anders als Volltext-Datenbanken liefern die meisten dieser bibliographischen Datenbanken nur Autor, Titel, Fundstelle, Erscheinungsdatum sowie eventuell einige Schlagwörter und eine Kurzfassung, aber nicht den eigentlichen Text – den müssen wir uns, falls gewünscht, auf andere Weise besorgen.

Hier sind – ohne Anspruch auf Vollständigkeit – noch ein paar weitere für Studierende interessante bibliographische Datenbanken:

74

- AGRIS: Internationale technische und wissenschaftliche Literatur aus den Agrarwissenschaften (ab 1975), zusammengestellt von der »Food and Agriculture Organisation« der Vereinten Nationen. Inzwischen mehrere Millionen Dokumente. Monatliche Fortschreibung.
- ANTE: Kurz für »Abstracts in New Technologies and Engineering«. Nachfolger des »Current Technology Index«; wertet mehrere hundert Fachzeitschriften, aber auch die Wissenschaftsseiten von Publikumszeitungen und -zeitschriften aus.
- AWIDAT: Kurz für »Abfallwirtschaftsdatenbank«. Deutsche Daten und Literatur zur Abfallbeseitigung, gesammelt vom Berliner Umweltbundesamt.
- ASSIA: Kurz für »Applied Social Sciences Index and Abstracts«. Wertet über 600 englischsprachige Journale aus.
- BIBLIODATA: Fächerübergreifende Sammlung aller bei der Deutschen Bibliothek in Frankfurt registrierten selbstständigen Druckwerke (ab 1972). Wöchentliche Fortschreibung.
- BLISS: Online-Version der »Betriebswirtschaftlichen Zeitschriftendokumentation« (siehe oben).
- BLL: Kurz für »Bibliographie linguistischer Literatur«; zusammengestellt von der Stadt- und Universitätsbibliothek Frankfurt.
- CA: Online-Version der »Chemical Abstracts«, mit deren Inhalt von 1967 bis zur Gegenwart. Internationale Literatur zu Chemie und chemischer Verfahrenstechnik mit über zehn Millionen Quellen.
- COMPENDEX: Kurz für »Computerized Engineering Index«. Online-Version des »Engineering Index« (siehe oben) mit mehreren Millionen Quellen.
- COMPUSCIENCE: Bibliographische Informationen und Kurzfassungen, vor allem deutsche Literatur zur Informatik (Aufsätze, Bücher, Dissertationen, Habilschriften, Konferenzberichte). Monatliche Fortschreibung.
- CURRENT CONTENTS SEARCH: Online-Version von »Current Contents« (siehe oben). Fächer- und länderübergreifende Universalbibliographie der aktuellen Forschung. Unentbehrlich, wenn man wirklich wissen will, was anderswo geschieht.

- ECONIS: Kurz für »Economics Information System«. Der elektronische Zugang zur Bibliothek des Instituts für Weltwirtschaft in Kiel.
- ENERGY: Internationale Bibliographie zur Energieforschung und Energietechnik (ab 1974). Mehrere Millionen Quellen.
- ERIC: Online-Version des »Current Index to Journals of Education« (siehe oben) und der »Resources in Education«, eine Bibliographie »grauer Literatur« in den Erziehungswissenschaften. Angeboten vom »Education Research Information Centre« (ERIC) in den USA.
- GA: Kurz für »Geotechnical Abstracts«. Von der Bonner »Bundesanstalt für Straßenwesen« herausgegebene Bibliographie (mit Kurzfassungen) deutscher und internationaler Literatur zu Geowissenschaft und Straßenbau. Monatliche Fortschreibung.
- GEOREF: Internationale Bibliographie der Geowissenschaften. Wertet nordamerikanische Literatur seit 1785 und sonstige Literatur seit 1933 aus. Vertrieben vom »American Geographical Institute« in Alexandria, USA.
- INIS: Online-Version des INIS-Atomindex (siehe oben) mit über 1 Million Hinweisen.
- INSPEC: Kurz für »Information Services in Physics, Electronics and Computing«. Dokumentiert internationale Literatur (ab 1969) aus Elektrotechnik, Informatik und Physik. Wertet rund 4 000 Zeitschriften mit aktuell rund vier Millionen Quellen aus.
- JURIS: Das juristische Informationssystem für die Bundesrepublik Deutschland. Über 2 Millionen Dokumente in 29 Datenbanken zu allen Gebieten des deutschen und internationalen Rechts
- MATH: Online-Version des »Zentralblattes für Mathematik/Mathematical Abstracts«. Wertet 1 700 Zeitschriften und Serien aus (seit 1972).
- MATHDI: Online-Version der »Bibliographie Informatik«.
- MATHDOC: Mathematische Datenbank der „American Mathematical Society« mit über 900 000 zum Teil vollständigen Artikeln und Rezensionen aus der mathematischen Fachliteratur. Umfasst auch Ostblock-Literatur.
- MATHSci: Dokumentiert über eine Million Quellen (Aufsätze,

Bücher, Konferenzberichte; seit Juli 1979 mit Kurzfassung) aus den »Mathematical Reviews«, »Current Index to Statistics«, »Computing Reviews und ACM-Guide to Computing Literature«. Monatlich 7 000 Neuzugänge. Auch auf CD-ROM.

- MEDLARS: Online-Version des »Index Medicus« (siehe oben).
- MEDLINE: Die weltweit größte medizinische Datenbank. Wertet internationale Literatur seit 1972 aus und enthält mehrere Millionen Zitate. Zweiwöchentliche Fortschreibung. Vertrieben von der »National Library of Medicine« in Bethesda, USA.
- PHYS: Internationale Datenbank von Literatur aus Physik, Astronomie und Astrophysik, mit besonderer Berücksichtigung unkonventioneller sowie slawischer bzw. asiatischer Literatur. Wertet seit 1979 rund 2 000 Zeitschriften mit aktuell mehr als einer Million Einträgen aus.
- PSYCINFO: Online-Version der »Psycholgical Abstracts« (siehe oben).
- PSYNDEX: Online-Version des »Psychologischen Index« (siehe oben).
- RILA: Online-Version des »International Repertory of the Literature of Art« (siehe oben).
- SOLIS: Kurz für »Sozialwissenschaftliches Literaturinformationssystem«. Zusammengestellt und verwaltet vom »Informationszentrum Sozialwissenschaften« in Bonn. Dokumentiert deutschsprachige Literatur zu Soziologie, Sozialpolitik, Wirtschaftswissenschaften, Demographie und Publizistik. Liefert neben bibliographischen Daten auch Kurzreferate der meisten Quellen.
- OMED: Online-Version der »Dokumentation Sozialmedizin« (siehe oben).
- ULIDAT: Kurz für »Umweltliteraturdatenbank«. Bibliographische Angaben und Kurzfassungen deutschsprachiger Umweltliteratur.
- VLB-AKTUELL: Online-Version des »Verzeichnisses lieferbarer Bücher« der »Buchhändler-Vereinigung GmbH« in Frankfurt am Main.

Der Zugriff auf diese Datenbanken, ob nummerisch, Volltext oder bibliographisch, geschieht im Wesentlichen auf vier Arten:

Erstens: Wir wenden uns direkt an den Anbieter oder Vermittler einer Datenbank (»Host«) und bitten um eine Recherche zum Thema unserer Wahl. Dieses Rechercheverfahren erfordert weder EDV-Kenntnisse noch PC – für Computerhasser also ideal – verliert aber mit der zunehmenden Verbreitung von PCs mit Internet-Verbindung rasch an Bedeutung.

Die wichtigsten »Hosts« in Deutschland sind das »Scientific & Technical Information Network« (STN) in Karlsruhe, das »Deutsche Institut für Medizinische Dokumentation und Information« (DIMDI) in Köln und das »Informationszentrum Sozialwissenschaften« in Bonn (Adressen im Anhang). Hier liegen fast alle wichtigen nationalen und internationalen Datenbanken auf. Der »Host« schickt dann das Ergebnis der Recherche nach ein paar Tagen mit der Post.

Abb. 6 zeigt ein typisches Bestellformular für eine Recherche zum Thema »Arbeitsmarkt«. Der Anbieter (Host) ist hier das Institut für Arbeitsmarkt- und Berufsforschung in Nürnberg, das verschiedene Datenbanken zu Erwerbs- und Berufsstatistik, Berufswahl, Arbeitsmarktstatistik und ähnlichen Themen unterhält; diese Quellen stehen allen Interessierten zur Verfügung.

Zweitens: Wir schalten eine sogenannte »Informationsvermittlungsstelle« ein, die es inzwischen an fast allen Hochschulbibliotheken und Forschungsinstituten gibt. Diese Informationsvermittlungsstelle sucht dann als unser Agent sowohl den passenden »Host« als auch die passende Datenbank und recherchiert dort für uns. Auch hier werden uns alle EDV-spezifischen Rechercheschritte abgenommen, wie bei Direktanfragen an einen »Host« erhalten wir das Ergebnis nach ein paar Tagen mit der Post. Für eine solche Recherche zahlen Studierende an meiner Universität derzeit 30 Mark (Recherche in maximal zwei Datenbanken).

Drittens: Wir bestellen uns die Daten oder Quellen auf Diskette oder CD-ROM (»Compact Disk – Read Only Memory«) zur Auswertung auf dem eigenen PC ins Haus (ersatzweise: Wir recher-

Bestellschein
»Individuelle Recherche«

Bestellanschrift Institut für Arbeitsmarkt- und Berufsforschung
Arbeitsbereich »Dokumentation und Information«
Regensburger Straße 104
90327 Nürnberg

Thema der Recherche Ich/Wir bestelle(n) hiermit eine individuelle
Recherche zu folgendem Thema der
Arbeitsmarkt- und Berufsforschung:

_____

_____

_____

Inhalt der Recherche mit Nachweisen aus folgenden Datenbanken:
☐ Literaturdatenbank ab Erscheinsjahr 19
☐ Forschungsprojektdatenbank mit
   ☐ geplanten, laufenden und abgeschlossenen
      Forschungsprojekten;
   ☐ geplanten, laufenden und nach 19
      abgeschlossenen Forschungsprojekten;
   ☐ geplanten und laufenden Forschungs-
      projekten;
☐ Institutionendatenbank;
☐ Zeitungsausschnittarchiv.

Suchfragen- formulierung: Die Suchfrage für die Recherche soll eher
☐ eng angelegt   ☐ breit angelegt sein.

Sortierung Die Sortierung der Nachweise soll nach dem
☐ Erscheinungsjahr abwärts (Literatur)
☐ Autor/Bearbeiter bzw. der Institution
   alphabetisch
☐ _____
   erfolgen (bitte ergänzen)

Ergänzung der Recherche Die individuelle Recherche soll regelmäßig
aktualisiert werden und zwar
☐ vierteljährlich
☐ halbjährlich
☐ jährlich
bis auf Widerruf.

*Abb. 6: Ein typischer Bestellschein für eine elektronische Daten-
bankrecherche: Thema und Art der Datenbanken, Art der
Suche etc. ...*

79

chieren auf einer öffentlichen CD-Station in einer Bibliothek). Diese Option wird immer populärer, sie spart Porto, Zeit und Telefongebühren. Dazu im nächsten Abschnitt mehr.

Viertens: Wir suchen selbst. Auch diese Option wird mit dem Siegeszug des Internets zusehends populärer, sie wird wohl im Verein mit CD-ROM-Recherchen das Quellensuchen in der Zukunft dominieren. Auch wenn noch nicht alle der oben aufgeführten Datenbanken per Internet erreichbar sind, es werden immer mehr, und immer mehr Studierende verlassen sich darauf. Auf die wachsende Bedeutung des Internets auch für studentische Recherchen geht der übernächste Abschnitt näher ein.

Daten und Literatur auf CD-ROM

Am bequemsten erreicht man elektronisch gespeicherte Literatur und Daten immer noch über CD-ROM. Diese Zugriffsart wird auch in solchen Wissenschaften immer populärer, in denen man es zunächst kaum erwarten würde. So lese ich etwa von einer Altphilologin an der Universität Lausanne und deren Doktorarbeit über den antiken Ursprung verschiedener anonymer mittelalterlicher Texte. Durch intensives, mehrjähriges Studium alter Schriften hatte sie schon rund 600 Quellen gefunden, gerade ausreichend, wie sie glaubte, um ihre Arbeit abzuschließen. Dann fiel ihr eine CD-ROM des »Thesaurus Linguae Graecae« in die Hände, eine riesige elektronische Datenbank mit sämtlichen Texten von mehr als 3 000 antiken griechischen Autoren, worin sie in wenigen Minuten die gesammelten Früchte ihrer jahrelangen Arbeit wiederfand, plus einige hundert Quellen mehr, die ihrer Recherche »von Hand« bislang entgangen waren.

Wer solche Überraschungen vermeiden möchte, erkundigt sich bei Zeiten, ob relevante Quellen oder Quellenlisten auch auf CD-ROM zur Verfügung stehen. Von der Bibel bis zu den gesammelten Werken Shakespeares, von Goethes Faust bis zur gesamten englischen Versliteratur vor 1900 (ein elektronisches Kompendium von mehr als 4 000 gedruckten Gedichtbänden, für rund

80

100 000 DM käuflich zu erwerben) – immer mehr Texte und Textverweise sind heute auf CD-ROM zu haben. Sie bieten grundsätzlich die gleichen Informationen wie Quellen aus Papier – nur machen sie das Suchen leichter. Und zwar sehr viel leichter. Um etwa herauszufinden, wie oft in der Bibel das Wort »Gott« erscheint, genügt die Eingabe des Wortes, dann nennt der Rechner in Sekunden alle einschlägigen Bibelstellen und ähnlich schnell findet er auch in anderen Dokumenten alle, und zwar wirklich *alle* Texte, Textfragmente oder Daten, die man sucht.

Gewisse Forschungsprojekte in der Linguistik, wo man u. a. sämtliche Werke eines Autors auszählt und die Worte nach Häufigkeit klassifiziert, wären ohne diese Hilfe des Computers überhaupt nicht möglich. So weiß man etwa heute, dass Shakespeare im Laufe seines Lebens insgesamt 884 647 Wörter schriftlich hinterlassen hat, davon 31 534 verschieden, wobei das häufigste Wort – *the* – rund doppelt so oft auftritt wie das zweithäufigste, dreimal so oft wie das dritthäufigste, viermal so oft wie das vierthäufigste, fünfmal so oft wie das fünfthäufigste etc. (das »Zipf'sche Gesetz« der Linguistik), was den Linguisten etwa hilft, bei neuentdeckten Texten zu entscheiden, ob sie von Shakespeare stammen oder nicht (falls von Shakespeare, darf die Anzahl neuer Wörter, die im bisher bekannten Wortschatz Shakespeares nicht vorkommen, gewisse Grenzen nicht überschreiten).

Aber auch für andere Zwecke sind CD-Rom-Recherchen nützlich. Angenommen, ich schreibe eine Examensarbeit im Fach Germanistik und suche dafür Rezensionen aus der Feder des bekannten Kritikers Marcel Reich-Ranicki. Dazu könnte ich in der Bibliothek in den Beständen der »Frankfurter Allgemeinen Zeitung« nach Reich-Ranicki suchen. Das kostet mich drei Nachmittage. Oder ich besorge mir die FAZ auf CD-ROM und tippe »Reich-Ranicki« ein. Das kostet mich drei Minuten und liefert ein weit besseres Ergebnis. Abb. 7 zeigt das Resultat der Recherche für das erste Quartal 1994 – zwölf FAZ-Artikel mit dem Namen Reich-Ranicki. In den meisten wird er lediglich zitiert, aber einige, wie »Oh sink hernieder, Nacht der Liebe«, eine Besprechung der frühen Lyrik Thomas Manns, hat er auch selbst geschrieben. Diese Dokumente kann ich entweder sofort als Volltext drucken oder

Nr	Datum	Seite	Titel
1	4.1.1994	25	Weltwachgeister
2	5.1.1994	22	Alleswisser, Trauerkloß
3	6.1.1994	21	Der Softie als Rambo
4	11.1.1994	27	Kein Wintermärchen
5	11.2.1994	37	Weitermachen
6	14.2.1994	30	Getümmel im Bett der Liebsten auf der Straße
7	21.2.1994	34	Die Schlingen der Aufklärung
8	19.2.1994	B1	O sink hernieder, Nacht der Liebe
9	10.3.1994	36	Vielfalt und Reichtum
10	10.3.1994	38	Romane und Erzählungen aus slawischen und anderen Sprachen (Fortsetzung Haff,
11	14.3.1994	37	Briefe und Autobiograpisches (Fortsetzung) de Beauvoir, "Kriegstagebuch
12	22.3.1994	34	Max Frisch

Abb. 7: Eine typische Zusammenfassung einer CD-ROM-Recher-
che: Datum, Seitenzahl und Titel aller FAZ-Artikel des
1. Quartals 1994, in denen der Name Reich-Ranicki er-
scheint.

auf Diskette oder Festplatte speichern – auf jeden Fall gehe ich mit dieser Suchmethode sicher, keine je von Reich-Ranicki in der FAZ publizierte und auf CD-ROM erfasste Zeile zu verpassen.

Quasi als Nebenprodukt liefert diese Suchmethode auch noch alle Artikel, in denen Reich-Ranicki nicht als Autor, sondern als Objekt erscheint – für meine aktuelle Untersuchung unerheblich, aber für eine Arbeit etwa zum Einfluß Reich-Ranickis auf die deutsche Nachkriegsliteratur durchaus von Interesse. Das lücken-lose Auffinden solcher »Sekundärquellen« per Durchkämmen al-ler Jahrgänge der FAZ »von Hand« ist praktisch ausgeschlossen – solche Recherchen werden durch den Rechner nicht nur erleich-tert, sondern überhaupt erst möglich.

Auch Lexika lassen sich heute mit dem Computer weit schneller als von Hand durchsuchen, auch wenn die Vorteile der elektroni-schen Recherche hier weit weniger ins Auge stechen (denn Lexika sind ja schon nach Stichwörtern sortiert). Gebe ich etwa in meiner CD-ROM-Enzyklopädie »Encarta« das Stichwort »Dortmund« ein, sehe ich nicht nur wie in einem »normalen« Lexikon den ein-schlägigen Stichwortartikel, sondern zusätzlich auch noch eine Liste sämtlicher anderen Stichwortartikel – insgesamt 16 –, die Dortmund ebenfalls erwähnen. Auf diese Weise erfahre ich etwa,

82

dass hier am 4. Mai 1772 der Kaufmann und Verleger Friedrich Arnold Brockhaus, der Begründer der berühmten Brockhaus-Enzyklopädie, geboren wurde, eine Information, die mir in der Enzyklopädie des Hauses Brockhaus selbst wohl entgangen wäre (es sei denn, ich hätte direkt unter »Brockhaus« nachgeschlagen, aber darauf wird beim Stichwort »Dortmund« von allein wohl niemand kommen).

Literaturdatenbanken auf CD-ROM

Für die meisten Studierenden am wichtigsten sind aber immer noch die bibliographischen Datenbanken auf CD-ROM, also die Quellennachweise der einschlägigen Fachliteratur. Abb. 8 zeigt beispielhaft das Ergebnis einer Recherche zum Stichwort »Armut« auf der CD-ROM-Version von ECONLIT, der elektronischen Ausgabe des »Journal of Economic Literature«. Von den insgesamt vier dort aufgeführten wissenschaftlichen Arbeiten erfahren wir den Titel, den Autor und die Quelle (SO = »source«). Darüber hinaus hätte ich auch noch diverse andere Informationen ausdrucken lassen können, z. B. ob auch eine elektronisch abrufbare Kurzfassung (»abstract«) des Artikels exisitiert oder in welchem Land die Arbeit ursprünglich erschienen ist, aber diese wahlweisen Ergänzungen habe ich hier der Kürze halber weggelassen.

Bei der Eingabe des englischen Suchbegriffes »poverty« anstatt »Armut« hätte ECONLIT über 4 000 Quellen angezeigt; da diese Datenbank vor allem das englischsprachige Schrifttum sichtet, bleibt sie naturgemäß zu deutschsprachigen Arbeiten verhältnismäßig unergiebig.

Wie bei den meisten CD-ROM-Recherchen kann man hier auch nach Autoren, Titeln, Zeitschriften, Schlagwörtern, Erscheinungsjahren bzw. nach Kombinationen davon suchen (etwa nach Aufsätzen zu »poverty« von W. Krämer zwischen 1990 und 1999). Bei der aktuellen Recherche war der Rechner angewiesen, ohne zeitliche und sonstige Beschränkung sowohl in den Titeln wie in den Schlagwortlisten aller Aufsätze nach »Armut« zu suchen und die gefundenen Aufsätze so wie in Abb. 8 am Bildschirm anzuzeigen.

```
Record 1 of 4 / EconLit 1982-3/98
TI:  Armut, Armutsgefahrdung und Armutsbekampfung in der
     Bundesrepublik Deuschland. (Poverty, Poverty Risk and
     Anti-Poverty Policy in Germany. With English
     summary.)
AU:  Hauser,-Richard
SO:  Jahrbucher-fur-Nationalokonomie-und-Statistik; 216(4-
     5), July 1997, pages 524-48.
Record 2 of 4 - EconLit 1982-3/98
TI:  Vermeidung von Armut im Alter durch eine obligatori-
     sche beitragsfinanzierte Mindestversicherung--Leopold
     Krugs Plan einer »Armenassekuranz« von 1810. (Avoi-
     ding Poverty in Old age by an Obligatory Contribution
     Financed Minimum Insurance--Leopold Krug's Proposal
     for a »Poor Man' Insurcance« of 1810. With English
     summary.)
AU:  Schmahl,-Winfried
SO:  Jahrbucher-fur-Nationalokonomie-und-Statistik; 209
     (3-4), March 1992, pages 323-36.
Record 3 of 4 — EconLit 1982-3/98
TI:  The poverty of nations: A guide to the debt crisis--
     From Argentina to Zaire
AU:  Altvater,-Elmar et-al., eds.
SO:  Translated by Terry Bond. London: Zed Books; distri-
     buted in the U.S. by Humanities Press International,
     Atlantic Highlands, N.J., 1991, pages 282.
Record 4 of 4 - EconLit 1982-3/98
TI:  Wirtschaftliche Armut in der Schweiz
AU:  Buhmann,-Brigitte; Leu,-Robert-E.
SO:  Wirtschaft-und-Recht; 40(3), 1988, pages 253-83.
```

*Abb. 8: Das typische Ergebnis einer CD-ROM-Literaturrecher-
che; die Anzeige lässt sich bei Bedarf um weitere bibliographische Merkmale erweitern.*

Was die fachspezifischen Referateorgane für Zeitschriften, ist
die Deutsche Nationalbibliographie für Bücher. Während man in
der gedruckten Fassung jeweils getrennt nach Autoren, Titeln oder
Schlagwörtern suchen muss, und dabei leicht etwas Wichtiges
übersieht, reicht in der CD-ROM-Version die Eingabe eines einzigen Suchbegriffs und der Rechner sucht in allen von uns angegebenen Sparten nach relevanten Dokumenten. Und anders als wir
selbst übersieht er dabei nichts.

84

Abb. 9 zeigt beispielhaft ein Teilergebnis einer CD-ROM-Recherche in der »Deutschen Nationalbibliographie« zum Thema »Trennkost« – eines von insgesamt 17 Büchern; da längst nicht alle das Wort »Trennkost« explizit im Titel führen, wären viele davon bei einer klassischen Recherche übersehen worden.

Trotz aller Vorteile garantiert allerdings auch eine CD-ROM-Recherche noch keine erschöpfende Auswertung der Literatur. Denn unser Computer kann nicht mehr aus diesen Scheiben herausholen, als die Produzenten hineingeben. Wenn es etwa in der Werbung heißt: »Diese und jene Zeitschriften wurden von dann bis dann ausgewertet«, so ist oft nicht klar, ob alle oder nur einige der angegebenen Journale über diesen Zeitraum ausgewertet wurden, und wie ausgewertet worden ist: komplett, nur auszugsweise, mit oder ohne Leserbriefe, Konferenzberichte oder Rezensionen, alle Hefte eines Jahrgangs oder nur einzelne. Viele Anbieter wissen allerdings selbst nicht, »was auf ihren Scheiben eigentlich drauf ist«, wie ein erfahrener Beobachter der Szene einmal kommentierte. Hier gilt also wie immer: So nützlich der Computer auch als Helfer ist, schreiben und verantworten muss jeder seine Arbeit immer noch allein.

```
                    1993 A 30815 DBL: 1993 A 30815
Paschen, Ursula: Fit durch Trennkost : alles über diese
gesunde Ernährungsform ; mit zahlreichen Rezepten / Ursula
Paschen. - Orig.-Ausg. - München : Heyne, 1993. - 205 S. ; 18
cm.
- (Heyne-Bücher : 07, [Heyne-Koch- und Getränkebücher] ; 4653
:
Heyne-Kochbuch) @ ISBN 3-453-06329-5 kart. : DM 9.90, sfr
10.90, S
77.00
   DBN 93.105511.3
NE: Heyne-Bücher / 07
SW: Haysche Trennkost ; Kochbuch
SG: 33 Medizin ; 40 Hauswirtschaft, Hotel- und
Gaststättengewerbe
```

Abb. 9: Das Ergebnis einer CD-ROM-Recherche in der Deutschen Nationalbibliographie: Autor, Titel, Verlag, Erscheinungsjahr, Buchnummer, Schlagwörter, Sachgebiete.

Daten und Literatur im Internet

Das Internet ist ein internationaler Verbund von Rechnern und Rechnerbenutzern, dem sich jeder anschließen kann und darf, dessen Rechner die Internet-Sprache versteht (das sogenannte »Internet-Protokoll/Transmissions-Controll-Protokoll«, kurz IP/TCP). Es ist aus einem Rechner-Verbund der amerikanischen »National Science Foundation« entstanden, hat aber inzwischen alle nationalen Grenzen überschritten und verbindet heute dutzende von Millionen Rechnern auf dem ganzen Erdball miteinander. Insbesondere sind fast alle deutschen, österreichischen und Schweizer Universitäten und Fachhochschulen über ihre lokalen Rechenzentren oder über sonstige Institute mit dem Internet verbunden. Diese größeren Rechner bilden dann den Mittelpunkt weiterer lokaler Netze, aus denen sich die Angehörigen der Hochschule, zunächst einmal die Hochschullehrer und -lehrerinnen und ihre Mitarbeiter, zunehmend aber auch Studierende ins Internet einwählen können.

Weitere Wege ins Internet führen über die großen Online-Dienste T-Online, AOL und CompuServe oder über einen der zahlreichen speziellen Internet-Anbieter (»provider«), die es heute republikweit gibt. Dazu braucht man einen Rechner, ein Modem beziehungsweise eine ISDN-Karte, eine Telefonleitung und etwas Geld – neben festen Gebühren für den Anschluß auch noch die Gebühren für das Telefon (meistens Ortstarif, aber bei längeren Sitzungen läppert sich auch hier einiges zusammen) – weshalb die meisten Studierenden diese zweite Art des Zugangs wohl eher über ihre Eltern nutzen.

Anders als das Angebot der kommerziellen Online-Dienste ist das Internet kein organisiertes Kaufhaus, wo man Küchenmesser, Taschenlampen oder Unterhosen an bestimmten Orten findet; es ist mehr ein wilder Flohmarkt mit vielen Überraschungen, zuweilen aber auch Enttäuschungen: Man findet nicht immer alles, was man sucht. Ich weiß z. B. heute, wo ich die Zahl Pi bis auf eine Million Stellen nach dem Komma oder sämtliche Drehbücher von Monty Python finde, aber dafür habe ich zum Thema »Quality adjusted life years«, das mich im Rahmen einer gesundheitsökonomischen Untersuchung zum Wert und Unwert konkurrierender

86

Maßnahmen in der Medizin beschäftigt, trotz langer Suche nichts gefunden; ich bin dann wie früher zu Fuß in unsere Bibliothek gegangen. Angesichts des ständig wachsenden Angebots im Internet und der ebenfalls ständig wachsenden Effizienz der Suchprogramme, die uns durch diesen Riesen-Flohmarkt leiten (siehe unten), werden solche Enttäuschungen in Zukunft aber immer seltener werden.

Der große Vorteil des nichtkommerziellen Internets wie auch der kommerziellen Online-Dienste besteht vor allem in einem durch keine Öffnungszeiten, Warteschlangen und örtliche Distanzen gebremsten Zugang zu Tausenden von Bibliotheken und Datenbanken auf der ganzen Welt, und zwar nicht nur zu den Katalogen von Bibliotheken und Archiven, sondern immer öfter auch zu den Dokumenten selbst. Wenn wir etwa den Text der amerikanischen Unabhängigkeitserklärung, des Kommunistischen Manifestes von 1848 oder des GATT-Abkommens suchen – wir finden sie im Internet. Auch die Dramen und Gedichte Shakespeares, die Bibel, Goethes Faust, die Werke Ciceros und Caesars oder klassische chinesische Gedichte (in orginal-chinesischen Schriftzeichen) kann jeder heute via Internet auf seinen Bildschirm bringen und dieses Angebot nimmt stündlich zu.

Im übernächsten Kapitel über Schaubilder und Tabellen sehen wir zum Beispiel eine Grafik zum Anteil der Frauen in den ersten 13 deutschen Bundestagen, die ich selbst an einem Samstagabend in meinem häuslichen Arbeitszimmer angefertigt habe. Beziehungsweise ich wollte sie anfertigen, dann fiel mir beim Zusammenstellen der nötigen Daten auf, dass der Frauenanteil für den 13. Bundestag fehlte. Was tun? Im Freundeskreis herumtelefonieren, ob jemand diese Zahlen weiß? Zwecklos. In alten Zeitungen suchen, ob zufällig ... Vergebliche Liebesmühe. Oder bis Montag warten, dann in der Bibliothek im »Statistischen Jahrbuch« nachsehen? Ärgerlich, wenn man gerade so schön bei der Arbeit ist und das Projekt am Wochenende gern beenden würde.

Die Lösung: Rechner einschalten, T-Online anwählen, die Seite des Deutschen Bundestages aufrufen, das Stichwort »Frauen« anklicken, und auf dem Bildschirm erscheint die folgende Statistik (Abb. 10): Frauen im Parlament, insgesamt und nach Parteien, ge-

87

nau das, was ich suche. Die Angabe »0,00 DM« rechts oben sagt mir, dass diese Auskunft mich nichts kostet, die Zahl 474721323a unten rechts nennt mit die Nummer, unter der diese Seite auch direkt erreichbar ist, und das Zeichen »#« hinter »finanzielle Entschädigung« bedeutet, dass ich auf Wunsch auch noch eine Statistik der Abgeordnetenbezüge abfragen könnte.

Für solche Spontanrecherchen ist der Internet-Vorgänger T-Online (vormals Btx) eine gute Lösung: übersichtlich, einfach zu bedienen, auch für Computerneulinge schnell zu erlernen. Wenn man weiß, wonach man sucht, und wenn das Gesuchte irgendwo im Btx-System vorhanden ist (ein großes Wenn!), so findet man es ohne große Mühe.

Von den meisten Kunden wird das T-Online-Angebot der Telekom aber vor allem als Einstieg in das »eigentliche« Internet genutzt (daneben vielleicht noch für das sogenannte »Telebanking« und für Fahrplanauskünfte der Bundesbahn). Die sonstigen auch für Studierende interessanten Angebote wie die Seiten des Statistischen Bundesamtes und verschiedener statistischer Landesämter oder Literaturdatenbanken wie GENIOS mit Volltextarchiven der »Süddeutschen Zeitung« und des »Handelsblatts«, werden zunehmend abgebaut und in das »eigentliche« Internet verlegt.

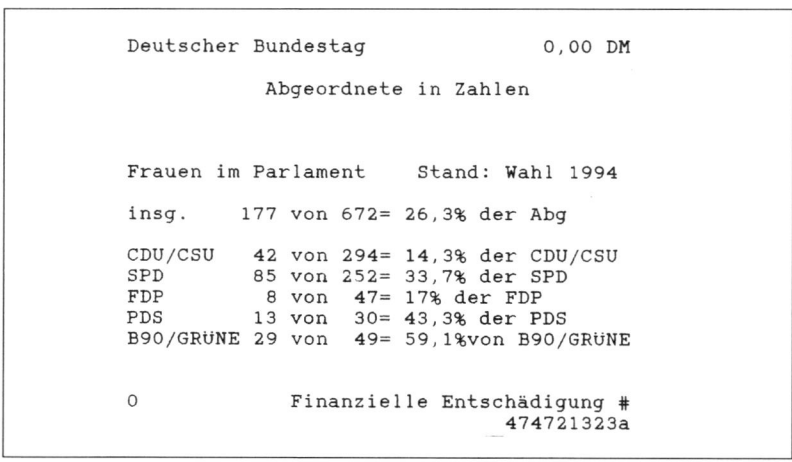

Abb. 10: Eine typische T-Online-Auskunft (auf dem Bildschirm bunt).

88

Fernbesuch in Bibliotheken

Eine erste Möglichkeit, das Internet zu nutzen, besteht im ungestörten Stöbern in einer weit entfernten Bibliothek (besser: in den Katalogen weit entfernter Bibliotheken). Abb. 11 z. B. zeigt das Ergebnis einer Recherche zum Thema »Fettsucht« in der Bibliothek der Australian National University in Canberra, Australien, rund 19 000 Kilometer von meiner Heimatuniversität entfernt. Dort liegt die Zeitschrift »Current contents« online auf und ich kenne von einer früheren Australienreise noch die nötigen Passwörter und Befehle, um mich im Rechner der dortigen Universitätsbibliothek zu bewegen. Die Quelle in Abb. 11 zeigt eines von 28 Dokumenten, die der Rechner zum Unterthema »Obesity and Germany« auf meinen Bildschirm brachte (vor allem als Test, ob die Verbindung überhaupt funktioniert; ansonsten verlangt die Internet-Etikette, immer den nächstgelegenen Rechner anzuwählen).

Dieses Einwählen in fremde Rechner geschieht mit dem Programm Telnet; dieses verwandelt unseren eigenen PC in ein ge-

```
DOCUMENT=      8 OF      28     PAGE =     1 OF     2
 PUBDATE  = 9307            INDATE   = 930814
RT       I
UI       LN076-0007
TI       THE PRUDENT BODY WEIGHT
AU       MERTZ D P (Reprint).
AD       ROSENBERG 44, D-79238 EHRENKIRCHEN, GERMANY (Reprint).  KLIN PK BAD
         MEINBERG, BAD MEINBERG, GERMANY
SO       MEDIZINISCHE WELT, 1993 JUL, v44, n7 p.452-455
AB       Only in a minority of overweight risk patients the desirable body
         weight is identical with the individual ideal body weight. Usually
         long-term results of trials to reduce the body weight of such
         patients by dietary measures are unsatisfactory unless disappointing.
         Analogous to a >>prudent<< diet it is proposed to change the
         treatment goal to a >>prudent<< body weight. In patients who are
         strongly overweight modest weight losses of as little as 10 per cent
         of the body weight show long-term benefits in order to diminish
         clearly the risk factors profile. Indeed, this concept of
         intervention does not agree with the generally accepted medical
         theory but contains a better long-term result by favourable
         psychological effects and therefore it is more realistic.
------------------------  Press ENTER to see more  ------------------------
 /H:Help       /P:Previous step  /A:Database menu        /S:Search menu
 /U:Scroll up  /F:Print offline  /Q:Quit  /O:Other options  /N:STAIRS  Cmd: _
                            ALT-F10 for HELP
```

Abb. 11: Online-Information aus einer 19 000 Kilometer entfernten Datenbank: aus »Current Contents« herausgelesene bibliographische Daten und Kurzfassung eines Artikels über Fettsucht und Diät.

wöhnliches Terminal des angewählten Ferncomputers. Dafür sind natürlich gewisse Mindestkenntnisse der lokalen Passwörter und Sitten nötig, die die meisten Studierenden nicht haben. Aber wenn man sich mit Telnet etwas eingearbeitet und die Passworthürde überwunden hat, fühlt man sich bald in vielen Bibliotheken auch außerhalb der eigenen zu Hause.

Die meisten Internet-Einsteiger benutzen aber fast ausschließlich das sogenannte »World Wide Web«. Das ist eine riesige und täglich weiter wachsende Menge von informationsgefüllten Internetadressen, die man mühelos durch Mausklick anwählt und die für viele schon zum Inbegriff des Internets überhaupt geworden ist. Unter der folgenden WWW-Adresse kann z. B. jeder Interessierte einen zunächst in der »Welt« publizierten Aufsatz von W. Krämer zu Studiengebühren an deutschen Universitäten finden:

http://www.statistik.uni-dortmund.de/lehrst/wssoz/walterk/
aufsatz5.htm

Dabei steht »http« für »Hypertext Transfer Protocol«; dieses Kürzel sagt der Internetsoftware Ihres PCs, wie die Adresse anzuwählen ist (eben mit dem »Hypertext Transfer Protocol«; es gibt auch andere Methoden wie zum Beispiel das »File Transfer Protocol« ftp). Mit »www« wird ausgedrückt, dass die anzuwählende Adresse zum World Wide Web gehört; mit »statistik.uni-dortmund.de« ist der Internet-Rechner des Fachbereichs Statistik der Universität Dortmund gemeint, auf dem das gesuchte Dokument gespeichert ist. Der Rest der Adresse sagt, wo genau auf diesem Rechner man die Quelle findet (das abschließende Kürzel html bedeutet, dass dieses Dokument mit der für das World Wide Web typischen »Hypertext Markup Language« geschrieben worden ist).

Gibt man die obige Anschrift in das Adressfeld eines passenden Programmes ein, erscheint in wenigen Sekunden auf dem Bildschirm der gesuchte Text; diesen kann man dann ausdrucken, auf dem eigenen PC speichern oder auch nur lesen und danach vergessen.

Dabei habe ich vorausgesetzt, dass der eigene PC an das Internet angeschlossen und mit einer geeigneten Software (»Browser«) zum Herumstöbern im World Wide Web versehen ist. Die bekanntesten Programme sind der Navigator bzw. Communicator von

Netscape und der Internet Explorer von Microsoft; sie werden heute mit vielen PCs fast standardmäßig mitgeliefert. Klickt man diese Programme an, wird zunächst eine vom Benutzer wählbare Startseite aufgerufen; von der aus kann man dann zu beliebigen weiteren Adressen springen.

Recherchieren mittels Suchmachinen

Vorausgesetzt natürlich, dass man diese anderen Adressen kennt. Und das ist trotz der vielen nützlichen Internet-Adressbücher, die es heute gibt, oft nicht der Fall. Hier helfen die sogenannten »Suchmaschinen«. Das sind Programme, die für uns in den hunderten von Millionen WWW-Adressen nach Stichwörtern suchen. Und das nicht nur im Titel, sondern im kompletten Text des Dokuments. Durch das Anklicken der Schaltfläche »Internet-Suche« im Netscape Navigator bietet dieser eine ganze Liste von Suchmaschinen wie Yahoo, Excite, Lycos usw. zur Auswahl an.

Oder man wählt eine Suchmaschine direkt an. Mit http://www.altavista.com oder http://www.altavista.digital.com zum Beispiel landet man bei der wohl besten Suchmaschine für das Internet, dem Programm Altavista der Elektronikfirma Digital. Keine andere Suchmaschine ist so schnell und aktuell: Altavista durchsucht regelmäßig über 100 Millionen WWW-Seiten und weiß wie kein anderes Programm, wo das, was wir gerade suchen, elektronisch abgespeichert ist.

Als Beispiel habe ich Altavista im Internet nach Dokumenten zur Kostenexplosion im Gesundheitswesen suchen lassen. Dazu gebe ich die Wörter »Kostenexplosion« und »Gesundheitswesen« in das Suchfeld ein, klicke auf »Search«, und nach fünf Sekunden erscheint die Meldung »32 529 sources found«, inklusive kurzer Inhaltsangaben der ersten 10 dieser über 30 000 Dokumente.

Diese Meldung ist typisch: Man wird von einer wahren Informationslawine überrollt (bei dem Stichwort »peace« meldet Altavista über 2 Millionen Dokumente, bei dem Stichwort »war« über 6 Millionen, und wie viele bei dem Stichwort »sex« erscheinen, will ich einmal dem Vorstellungsvermögen meiner Leser und Leserinnen überlassen). Das ist zugleich auch eine große Schwäche einer Suchmaschine wie Altavista: Sie meldet ohne Rücksicht auf sonstigen Inhalt und Bedeutung alle WWW-Dokumente, in denen entweder das Wort »Kostenexplosion« oder das Wort »Gesundheitswesen« vorkommt; ein Artikel über »Kostenexplosion im Baugewerbe« wird genauso aufgeführt wie eine Kurzgeschichte über eine Sommerliebe an der deutschen Nordseeküste, mit einem Helden »aus dem Gesundheitswesen«.

Um aus diesem Info-Müll die interessanten Stücke herauszupicken, tippt man bei Altavista anstelle der ursprünglichen Wortfolge die Zeichenfolge »+Kostenexplosion +Gesundheitswesen« ein. Damit verlangt man Dokumente, in denen sowohl Kostenexplosion als auch Gesundheitswesen vorkommen (andere Suchmaschinen verwenden hier sog. »boolsche Operatoren«: mit »Kostenexplosion AND Gesundheitswesen« erreicht Lycos den gleichen Zweck; mit »German Literature NOT Goethe« sucht man Dokumente zur deutschen Literatur außer solchen, die sich mit Goethe befassen, usw.).

Wie zu erwarten liefert meine neue Suche weit weniger Dokumente: Statt mehr als 30 000 nur noch 230. In Abb. 12 sind die ersten 10 davon wiedergeben, so wie sie Altavista auf den Bildschirm bringt. Man sieht darunter noch immer Quellen von eher zweifelhaftem Wert wie Nummer 1 oder Nummer 8, »No Title«, worin die Freigabe von Cannabis gefordert wird; wie die Stichwörter »Kostenexplosion« und »Gesundheitswesen« hier hinein gekommen sind, müsste erst eine genaue Inspektion des Textes zeigen. Aber es finden sich auch durchaus interessante Hinweise, die ich auf andere Weise nie gefunden hätte: Die Quelle Nummer 5 beispielsweise entpuppt sich als äußerst aufschlussreicher Artikel über die Kostenexplosion des Gesundheitswesens in der Schweiz.

Weitere Einsatzmöglichkeiten für das Internet

Weitere Hilfen bei akademischen Abschlussarbeiten bietet das Internet in Form des Dateisuchprogrammes Archie, mit der Möglichkeit des quasi-Telefonierens (»Relay Chat«) und des elektroni-

92

1. **Pressemitteilung Gesundheit der NATURGESETZ PARTEI**
   Die Naturgesetz Partei. Wahl- und Pressebüro, Schröderstiftstraße
   30. 20146 Hamburg. Tel. 45 40 44, Fax 45 40 93. Presse-Information. Montag, den 13...
   URL: www.naturgesetz.de/pres-ges.htm
   Last modified 8-Aug-96 – page size 5K – in German [Translate]

2. **Jungfreisinnige Schweiz – Generika statt Luxusmedikamente**
   Generika statt Luxusmedikamente. Nein zum SAV-Vorschlag. Bern,
   31. Oktober 1996 – Halbherzige Massnahmen vermögen die
   Kostenexplosion im Gesundheitswesen.
   URL: jungfreisinnige.ch/psheets/generika.htm
   Last modified 27-Feb-97 – page size 5K – in German [Translate]

3. **WISS-ARB-internet**
   Grundlagen der Wirtschaftslehre des Haushalts – Seminar – Inhaltsverzeichnis. Allgemeine
   Hinweise. Seminarthemen. Literaturverzeichnis für die...
   URL: hp1-bbg.fh-anhalt.de/oel/mitarb/msteinel/wlhsa1.htm
   Last modified 6-Apr-98 – page size 35K – in German [Translate]

4. **NAIKAN Selbstheilungsweg aus Japan, Dr. Petra Dey**
   NAIKAN. Angebot eines Selbstheilungsweges aus Japan vorgelegt von Dr. rer. nat. Petra Dey
   Hamburg 1993. Zurück zum Vorwort. Inhaltsverzeichnis. 1.
   URL: www.naikan.de/wolfsb/naikan/dey02.htm
   Last modified 11-Mar-98 – page size 46K – in German [Translate]

5. **HWW-Forum-Anlass zu neuen Arbeitszeitmodellen**
   KVG – Wer soll das bezahlen? Diskussion über die Kostenexplosion im Gesundheitswesen am
   HWV-Forum. Die Krankenkassenprämien in der Schweiz steigen...
   URL: www.hwvolten.ch/forum/hwvforum.htm
   Last modified 20-Mar-98 – page size 5K – in German [Translate]

6. **NAIKAN Selbstheilungsweg aus Japan, Dr. Petra Dey**
   NAIKAN. Angebot eines Selbstheilungsweges aus Japan vorgelegt von Dr. rer. nat. Petra Dey
   Hamburg 1993. Zurück zum Vorwort. Inhaltsverzeichnis. 1.
   URL: www.naikan.de/dey02.htm
   Last modified 11-Mar-98 – page size 46K – in German [Translate]

7. **Inhalt Relativ Aktuelles**
   SGIPT – Gesellschaft für Allgemeine und Integrative Psychotherapie – Deutschland. Internet
   Publikation für Allgemeine und Integrative Psychotherapie...
   URL: www.fen.baynet.de/sgipt/org/aktuell.htm
   Last modified 21-Sept-98 – page size 18K – in German [Translate]

8. **No Title**
   From: Hartwin Rohde Date: 14 Jan 97 23:28:00 To: Mario Frank Msg#: 283 Subj.: Re:
   CANNABIS LEGAL ?! Area: FIDO: CANNABIS.GER – Cannabis & Zubehoer MSGID:...
   URL: www.flina.com/pot/cannabis-politik
   Last modified 5-Nov-97 – page size 15K – in German [Translate]

9. **Inhaltsverzeichnis beständig**
   SGIPT – Gesellschaft für Allgemeine und Integrative Psychotherapie – Deutschland. Internet
   Publikation für Allgemeine und Integrative Psychotherapie...
   URL: www.fen.baynet.de/sgipt/org/bestaen.htm
   Last modified 21-Sept-98 – page size 41K – in German [Translate]

10. **Verein Hausärzte Stadt Zürich VHZ**
    Schweizerische Gesellschaft für Allgemeinmedizin Société Suisse de Médecine Generérale
    Società Svizzera di Medicina Generale. version française. Verein...
    URL: www.sam.ch/fmc/MCvhz.htm
    Last modified 13-Apr-98 – page size 8K – in German [Translate]

Result Pages: 1 2 3 4 5 6 7 8 9 10 11 12 13 14 15 16 17 18 19 20 **[next>>]**
word count: kostenexplosion: 724; gesundheitswesen: 31891

Abb. 12: Eine typische Meldung der Suchmaschine Altavista:
Kurzbeschreibung der ersten gefundenen Dokumente.

93

schen Postversands (e-Post alias »e-mail«) und in Gestalt tausender von Diskussionsforen (»Newsgroups«), die es zu allen möglichen Themen in diesem Netzwerk gibt.

Das Dateisuchprogramm Archie findet auch Dateien, die nicht im World Wide Web gemeldet sind. Das betrifft vor allem große Dateien wie den Text der Bibel oder die täglichen Kurse aller Aktien an der Wall Street ab 1928, die in die Standard-WWW-Seiten nicht hineinpassen. Solche Dateien lädt man mit einem speziellen File-Transfer-Programm wie etwa WinSock FTP auf seinen eigenen PC. Und wer eine eigene Internet-Adresse hat, kann auch mit anderen Internet-Benutzern einen kleinen Schwatz halten oder per e-Post weltweit Briefe schicken und empfangen.

Für studentische Abschlussarbeiten sind die beiden letzten Einsatzmöglichkeiten des Internets vermutlich nicht so interessant (immerhin kann man so viel Porto und Telefongebühren sparen). Potentiell wichtiger, besonders für Studierende, die ihre Abschlussarbeit schreiben, sind die Diskussionsforen, in die man sich einklinken und wo man Rat und Zuspruch von Gleichgesinnten finden kann. Angenommen etwa, Sie schreiben eine soziologische Arbeit über die deutsche Drogen-Subkultur. Wie mir ein Klick auf die Schaltfläche »Nachrichtenzentrale« im Netscape Communicator zeigt, existiert dazu ein Diskussionsforum de.soc.drogen mit weit über tausend Beiträgen, in denen sich Sozialarbeiter, Journalisten und Betroffene zu diesem Thema äußern. Abb. 13 zeigt einen typischen Beitrag, eine Anfrage nach der Verfügbarkeit von »weichen« Drogen in Österreich und eine Antwort darauf. Auf diese Weise, indem wir uns einer zu unserer Arbeit passenden Diskussionsgruppe anschließen, können sich durchaus neue Horizonte auch für studentische Abschlussarbeiten öffnen.

Und wenn Sie Ihre Arbeit verwerten oder publizieren wollen – auch hierbei hilft das Internet. Zum Beispiel bieten gewisse Internet-Firmen die Aufnahme der Arbeit in Kataloge an, die im Internet von jedem durchgesehen werden können; die Firma vermittelt dann den Kauf an Interessierte (gegen eine bestimmte Provision; die Firma »Diplomarbeiten Agentur« – Internet-Adresse http:// www.diplom.de – verlangt die Hälfte des Preises; Letzteren können die Autoren selbst bestimmen). Auch wenn nicht allzu viele

94

```
Betreff:  Re: Österreich-legal?
Datum:   Thu, 5 Nov 1998 00:06:50 + 0100
   Von:  »Paul Buhr« <paulaner@distel.org>
 Firma:  University of Rostock
 Foren:  de.soc.drogen

>Könnt ihr mir die Umstände in Österreich zum Thema QUARZEN ;-)
>sagen?
>Ist es dort erlaubt zu kiffen, mit sich zu führen...
>Kann man dort Samen kaufen?

Samen und Anbau legal, sondern es nicht offensichtlich zum
Rauchen dient. Samen kann man kaufen. Aber man sollte sich mit
seinen Pflanzen nicht erwischen lassen, wenn man nicht
nachweisen kann, daß man sie zu anderen Dingen als zum Konsum
verwendet. Was Kiffen betrifft, sind die Gesetze ähnlich, wie in
D. Bei Nachgewiesenem Eigenkonsum werden Verfahren eingestellt
und bei Nichtgeringen Mengen Geldstrafen. Einzige
Sonderregelung: Gefängnis droht erst bei 125g. In der Schweiz
ähnlich, nur daß man sein Gras (noch) im Laden kaufen kann.

Gruß
Paulaner <http://home.cyberfun.de/buhr/>
```

*Abb. 13: Einer von über tausend Einträgen, die das Diskussions-
forum de.soc.drogen nennt.*

Leute unsere Arbeit kaufen werden – es ist doch schön zu wissen,
dass zumindest der Titel und der Name des Verfassers weltweit
abgerufen werden können. Vor allem für Doktorarbeiten, sofern
nicht ohnehin bereits als Buch erschienen, erscheint mir diese Aus-
sicht interessant.

Weiterführende Literatur

Für eine ausführliche Einführung in Online-Datenbanken empfehle ich vom Kolke (1996). Für eine erste Einführung in das Internet
ist Krol (1994) noch immer unerreicht – an dieser didaktisch ein-
fühlsamen und auch in anderer Hinsicht vorbildlichen Einführung
könnten sich so manche Buchschuster ein Beispiel nehmen, die

hierzulande die Regale der Computerbibliotheken füllen. Für neuere Entwicklungen siehe auch Conner und Krol (1998). Sehr gut auch die kurze Einführung bei Plate (1997).

Grundsätzliches zum Thema »Geist und Internet« findet man beim Börsenverein des Deutschen Buchhandels (1996) oder Zimmer (1998). Nützliche Internet-Adressbücher sind Klau und Klau (1995), Nikkanen (1996), Scheller et al. (1994) oder Weber (1998). Das Internet als Studienhilfe und Recherchewerkzeug ist schön dargestellt bei Babiak (1997), Baumgartner (1998), Freitag und Pelkmann (1998) oder Horvath (1996). Speziell zum Internet als Datenquelle siehe auch Assfalg u. a. (1997) oder das Nordrhein-Westfälische Staatsarchiv (1998). Speziell für Ökonomen interessante Hilfen liefern Boni (1996) sowie v. Ditfurth und Kathöfer (1997); dito Aichner (1997), Feuerhelm (1998) und Korff (1997) für Mediziner und Pharmazeuten, Batinic (1997) und Günther (1997) für Psychologen, Cölfen u. a. (1997) für Linguisten, v. Ditfurth (1999) für Historiker, Kröger (1997) für Juristen, Sittek (1997) für Soziologen, Tiedemann (1997) für Philosophen und Kaiser (1996) bzw. Maczewski (1996) für Geisteswissenschaftler allgemein, um nur einige der Spezialführer zum Internet zu nennen, die es heute für fast alle Fächer gibt.

Alle diejenigen schließlich, die im Internet ein Werkzeug des Satans sehen, lesen am besten Frühwald (1996), Stegbauer (1996) oder Stoll (1996).

96

4.
Die äußere Form der Arbeit

»Wie leicht doch bildet man sich eine gute Meinung,
geblendet durch den Glanz der äußeren Erscheinung.«

(frei nach Molière)

Die grobe Gliederung

Die grobe Gliederung einer Abschlussarbeit ist quer durch alle Fächer im Großen und Ganzen gleich; sie umfaßt als ein Minimum die folgenden Teile:

1. Titelblatt
2. Inhaltsverzeichnis
3. eigentlicher Text
4. Literaturverzeichnis
5. Erklärung zur Urheberschaft.

Am Anfang dieses Schemas steht das Titelblatt. Es ist quasi die Visitenkarte einer Arbeit und sollte immer nennen: Thema und Art der Arbeit (Diplom- oder Magisterarbeit, schriftliche Examensarbeit, Doktorarbeit usw.), Verfasser, Gutachter (Betreuer, Referent; bei mehreren genügt der Erstgutachter) und Fakultät bzw. Fachbereich. Abb. 14 zeigt ein solches Titelblatt.

Ob die Verfasserangaben in jedem Fall so ausführlich wie in diesem Beispiel ausfallen müssen, lasse ich dahingestellt. Oft wird auch das Datum der Abgabe angezeigt. Auch Schrifttyp und -größe und die sonstige Gestaltung der Titelseite sind nicht für alle Zeiten festgelegt. So könnte man etwa daran denken, die äußere Erscheinung des Titelblattes durch Zentrieren, Fettdruck oder Ähnliches noch etwas aufzupeppen – das Titelblatt ist schließlich die einzige Seite einer Arbeit, die jeder liest. Sofern also die Prü-

97

Die Konsequenzen der Elimination bestimmter Krankheiten für Sterblichkeit und mittlere Lebenserwartung, dargestellt am Beispiel des Diabetes mellitus

Diplomarbeit
zur Erlangung des Grades eines Diplom-Ökonomen des Fachbereichs Wirtschaftswissenschaften der Universität Hannover

vorgelegt von

Ulrike Reinhardt
geb. am 29. Juli 1961 in Frankfurt / Main

Referent: Prof. Dr. W. Krämer

Abb. 14: Typisches Titelblatt einer Diplomarbeit: Titel, Zweck der Arbeit, Autor, Gutachter, Datum. Diese Daten sollten mindestens vorhanden sein.

fungsordnung kein festes Format verbindlich vorschreibt, bleibt hier durchaus noch Platz für Kreativität.

Nach den nächsten drei Gliederungsteilen – Inhaltsverzeichnis, eigentlicher Text und Literaturverzeichnis –, denen wir uns weiter unten noch ausführlich widmen werden, schließt die Erklärung zur Urheberschaft die Arbeit ab. Anders als beim Titelblatt ist

98

Kreativität hier weniger gefragt; viele Prüfungsordnungen schreiben diesen Text sogar verbindlich vor. In der Regel lautet er so ähnlich wie in Abb. 15.

Unabhängig vom Wortlaut gehören Ort, Datum und Unterschrift auf jeden Fall dazu (Letztere mit Nach- und ausgeschriebenem Vornamen). Manche Prüfungsordnungen verlangen sogar eine Erklärung an Eides statt oder eine zusätzliche Erklärung, dass der Kandidat oder die Kandidatin dasselbe Thema nicht schon früher im Rahmen einer anderen Arbeit (etwa für ein Seminar) behandelt oder anderswo als Prüfungsarbeit abgegeben hat. Falls die Prüfungsordnung Gruppenarbeiten zulässt, gibt jeder Mitarbeiter eine eigene Erklärung ab; daraus sollte u. a. auch der eigene Beitrag zu der Arbeit deutlich werden.

Wahlweise Erweiterungen des Grundschemas

Neben den oben genannten Minimalkomponenten lässt das Ordnungsschema einer akademischen Abschlussarbeit verschiedene Erweiterungen zu; in manchen Fächern sind diese sogar vorgeschrieben, in anderen dagegen nicht. Oft findet man z. B. vor dem Inhaltsverzeichnis noch sogenannte »Paratexte« wie Motto, Widmung, Geleitwort oder Vorwort (in dieser Reihenfolge) eingefügt,

---

```
Ehrenwörtliche Erklärung

Hiermit erkläre ich, daß ich diese Arbeit selbständig
verfaßt und keine anderen als die angegebenen Hilfsmittel
verwendet habe.


                                     Friederike Möller

Buxtehude, den 11. 12. 1991      Friederike Möller
```

Abb. 15: So könnte eine Erklärung zur Urheberschaft aussehen. Wichtig: Originalurheberschaft auf allen Exemplaren.

99

die aber in studentischen Abschlussarbeiten meistens überflüssig sind. Ein Geleitwort etwa – nie vom Verfasser selbst, sondern von einer möglichst hochkarätigen Autorität oder anderweitig prominenten Person – ist ein großes Kompliment für den Autor und wirkt in Diplomarbeiten und ähnlichen Erstlingswerken eher deplaziert. Allenfalls wäre hier ein Vorwort denkbar, das man im Gegensatz zu einem Geleitwort aber selbst schreibt. Es erläutert die Motive für die Arbeit und stattet Dank bei Freunden, Eltern, Großeltern und wem auch immer ab, der Unterstützung geleistet hat (nicht aber bei dem Betreuer der Arbeit; für den gehört das zum Beruf). Ein solches Vorwort, das der eigentlichen Arbeit möglichst nicht vorgreifen sollte, schließt mit Vor- und Zunamen des Verfassers (ohne akademische Titel) sowie Ort und Datum ab.

Bei längeren Inhaltsverzeichnissen, die sich über mehrere Seiten hinziehen, empfiehlt sich zusätzlich eine kurze, maximal einseitige Inhalts*übersicht*. Weitere eigene Verzeichnisse sind ferner denkbar und oft sogar vorgeschrieben für Abkürzungen und Symbole (dazu mehr in Kapitel 7) oder Schaubilder und Tabellen. Diese gehören auf jeweils separate Seiten, am besten zwischen Inhaltsverzeichnis und eigentlichem Text. Weitere Verzeichnisse am Schluss der Arbeit, oft auch Register genannt, sind denkbar für wichtige Schlagwörter sowie Personen und Orte, die im Haupttext vorkommen; sie lohnen sich aber nur bei größeren, zum Druck bestimmten Werken. Oft findet man solche Personen- und Sachregister mangels individueller Masse auch zusammen.

Je nach Fach und Thema empfiehlt sich auch ein Aufteilen des Literaturverzeichnisses in ein Quellenverzeichnis und in eine Liste der zitierten Literatur im engeren Sinn. In manchen sozialwissenschaftlichen und in fast allen juristischen Prüfungsordnungen werden zudem eigene Verzeichnisse der zitierten Gesetze und Urteile verlangt.

Falls nötig hat zwischen letztem Verzeichnis und ehrenwörtlicher Erklärung auch noch ein Anhang Platz. Dorthin gehören Daten, Quellen und Argumente, die den Fluss des eigentlichen Textes stören würden, aber für die Beurteilung der Arbeit dennoch nötig sind. Das können Computerprogramme, technische Zeichnungen, geographische Karten, Fragebogentexte, längere Tabellen und andere Materialien sein, die für den Leser wichtig, für den Hauptteil aber nicht geeignet sind.

Je nach Prüfungsordnung folgt auf die ehrenwörtliche oder eidesstattliche Erklärung am Schluss der Arbeit noch ein Lebenslauf (ohne Seitenzahl und Unterschrift). Damit hat unser Ordnungsschema also folgende Maximalgestalt:

- Leeres Blatt (etwa für persönliche Widmungen)
- Titelblatt
- Motto
- Widmung
- Inhaltsübersicht
- Inhaltsverzeichnis
- Geleitwort
- Vorwort
- Abkürzungsverzeichnis
- Symbolverzeichnis
- Abbildungsverzeichnis
- Tabellenverzeichnis
- Eigentlicher Text
- Literaturverzeichnis
- Rechtsprechungsverzeichnis
- Quellenverzeichnis
- Ortsregister
- Namenregister
- Sachregister (Schlagwortregister)
- Anhang
- Erklärung zur Urheberschaft
- Lebenslauf.

Für die meisten Zwecke ist diese Liste aber unnötig umfangreich; in der Regel kommt man mit weniger Teilen aus. Welche ausgelassen werden dürfen (oder sollten) und welche nicht, variiert aber von Thema zu Thema und von Fach zu Fach und hängt zum Teil auch vom Dozenten ab.

Auch die Reihenfolge der obigen Punkte ist nicht gottgegeben, sie hat sich aber im Lauf der Zeit als zweckmäßig herausgestellt. Oft findet man z. B. das Inhaltsverzeichnis noch am Schluss oder nach allen Vortexten unmittelbar vor dem eigentlichen Text. Das ist aber für die Hauptaufgabe eines Inhaltsverzeichnisses, nämlich die Vorab-Information des Lesers, wenig günstig – wenn man das Inhaltsverzeichnis erst lange suchen muss, kann man sich diese

Übung auch sparen und gleich im eigentlichen Text herumblättern.

Naturwissenschaftler teilen den wichtigsten Punkt des obigen Schemas, den eigentlichen Text, oft noch in einen theoretischen und in einen experimentellen Teil oder sie trennen den theoretischen Teil in die Vorstellung der Ergebnisse auf der einen und deren Besprechung auf der anderen Seite. Solche facheigenen Nuancen erfährt man am schnellsten durch einen Blick in ältere Abschlussarbeiten, die am Fachbereich geschrieben worden sind.

Die Organisation des eigentlichen Textes

Die größte Herausforderung für unser logisches Gliederungsvermögen ist natürlich der eigentliche Text. Davon war bisher noch kaum die Rede und das mit gutem Grund: Hier gibt es keine allgemeinen Regeln. Schön, wenn einer seine Arbeit so gliedern kann wie Hieronymus Jobs seine Predigten: »Er sagte klar und angenehm, was ersten zweitens und drittens käm.« Aber das sind Ausnahmen. Die meisten Bearbeitungen der meisten Themen stecken voller Quer- und Rückverweise, hier muss man oft künstlich einen roten Faden stricken.

Zwingen Sie also Ihre Gedanken in irgendein System. Manchmal ist das einfach. In der Mathematik z. B. heißt es Voraussetzungen – Satz – Beweis. Zuweilen lassen sich die Unterpunkte einer Arbeit auch zeitlich oder sachlich ordnen (»Eine Geschichte der Kreuzzüge«, »Die Milchleistung moderner Rinderrassen«). Wie auch immer, bringen Sie Ordnung in Ihr Material, liefern Sie keinen unsortierten Zettelkasten ab. Der Leser hat das Recht darauf zu sehen, dass unser Gedankengebäude wirklich ein Gebäude ist.

Meiden Sie deshalb unnötige Querverweise. Wenn auf jeder zweiten Seite »siehe Kapitel 3« oder »wie schon in Abschnitt 7.4.8 erwähnt« zu lesen ist, stört das den Lesefluss. Solche Verweise sollten wirklich nur dann erscheinen, wenn der Leser wirklich innehalten und zu der angegebenen Textstelle zurück- oder vorblättern soll. Konfus kommt nämlich keinesfalls, wie viele glauben, von genial. Die logische Struktur und die Richtung unserer Gedanken sollte immer klar nachzuvollziehen sein. Im Idealfall strömt eine Arbeit wie ein Fluss ohne Stauseen und Mäander dem Meer der Erkenntnis zu – von der Quelle bis zur Mündung wird der Leser quasi mitgerissen.

Das Inhaltsverzeichnis

Das Inhaltsverzeichnis ist der wichtigste Schlüssel zu einer Arbeit. Deshalb gehört es möglichst weit nach vorn.

Ein gutes Inhaltsverzeichnis zeigt wie ein Röntgenbild vor allem das Skelett; es enthüllt die logische Grobstruktur des eigentlichen Textes, es zeigt dem eiligen Leser auf einen Blick, worum es in der Arbeit geht.

Leider findet man gerade bei Inhaltsverzeichnissen viele vermeidbare Fehler. Der erste ist eine übertrieben tiefe Gliederung des Materials. Man kann nämlich das logische Ordnen auch auf die Spitze treiben, dann wird Ordnung kontraproduktiv. Das Beispiel in Abbildung 16, die Gliederung einer (hypothetischen) Arbeit über alle Lebewesen dieser Welt, zeigt wie man es *nicht* machen soll.

Von einem solchen Inhaltsverzeichnis bekommt man Kopfweh. Es ist zwar formal korrekt (beruhend auf dem sogenannten »dekadischen System«), aber typographisch ungeschickt und gliedert vor allem viel zu tief. Das Auseinanderdividieren von Unterpunkten wie 2122, 2212 und 2221 macht nicht nur mich ganz krank. Solche Inhaltsverzeichnisse mögen durchaus computerfreundlich sein – menschenfreundlich sind sie nicht. Eine solche Gliederung ist keine Gliederung, sondern ein Labyrinth.

Logik contra Übersicht

Die folgende Fassung (Abb. 17) bessert einige dieser Mängel aus: Die Hauptabschnitte sind typographisch abgesetzt, Gliederungsnummern verschiedener Stufen sind durch einen Punkt getrennt

Inhaltsverzeichnis

1 Einleitung 1
2 Tiere 8
21 Einzeller 8
211 Geißeltierchen 8
212 Wurzelfüßler 12
213 Sporentierchen 14
214 Wimpertierchen 17
22 Mehrzeller 18
221 Schwämme 18
222 Hohltiere 20
223 Weichtiere 23
224 Chordatiere 25
2241 Manteltiere 25
2242 Schädellose 27
2243 Wirbeltiere 30
22431 Rundmäuler 30
22432 Fische 31
22433 Lurche 36
22434 Säugetiere 38
224341 Raubtiere 38
2243411 Hunde 38
22434111 Dackel 38
22434112 Pekinesen 40
22434113 Schäferhunde 41

   .
   .
   .

3 Pflanzen 110

etc...

Abb. 16: Lebewesen 1.

und die Stufen selbst sind auf vier reduziert. Die Einzeller sind nun nicht mehr unterteilt und sie sind – obwohl ein eigenes Unterreich – mit verschiedenen Stämmen und Unterstämmen der Vielzeller auf eine Ebene gestellt. Für etwas Logik tauschen wir damit viel Übersicht.

Aber auch dieses Verzeichnis ist noch längst nicht optimal: Die Gliederungspunkte gleicher Ebene sind noch immer unterschiedlich lang und unterschiedlich fein in Unterpunkte aufgeteilt.

Inhalt

1 Einleitung 1

2 Tiere 8
  2.1 Einzeller 8
  2.2 Schwämme 18
  2.3 Hohltiere 20
  2.4 Weichtiere 23
  2.5 Manteltiere 25
  2.6 Schädellose 27
  2.7 Wirbeltiere 30
    2.7.1 Niedere Wirbeltiere 30
      2.7.1.1 Rundmäuler 30
      2.7.1.2 Fische 31
      2.7.1.3 Lurche 36
      2.7.1.4 Kriechtiere 37
      2.7.1.5 Vögel 39
    2.7.2 Säugetiere 40
      2.7.2.1 Raubtiere 40
      2.7.2.2 Beuteltiere 43
      2.7.2.3 Paarhufer 45

.
.
.

3 Pflanzen 110

  etc...

Abb 17: Lebewesen 2.

Außerdem ist auch dieses Inhaltsverzeichnis wie schon die erste Fassung kein Kandidat für einen Schönheitspreis.

Die nächste Fassung (Abb. 18) setzt daher die Oberpunkte nochmals deutlicher von den Unterpunkten ab. Außerdem reduziert sie die Gliederungsebenen ein weiteres Mal, schiebt möglichst viele Punkte in die höchste Ebene und gruppiert das Material zu Punkten annähernd gleicher Masse und Gliederungstiefe, unabhängig davon, ob die Punkte gleicher Ebene auch wirklich logisch gleichberechtigt sind. Diese kommen jetzt nicht mehr wie Pat und

Inhalt:

1. Kapitel: Einleitung   **1**

2. Kapitel: Einzeller und primitive Vielzeller   **3**

     a) Einzeller 3
     b) Schwämme 5
     c) Würmer 9
     d) Weichtiere 11
     e) Stachelhäuter 15

3. Kapitel: Niedere Chordatiere   **20**

     a) Manteltiere 20
     b) Schädellose 23
     c) Rundmäuler und Fische 27
     d) Lurche und Kriechtiere 30
     e) Vögel 35

4. Kapitel: Säugetiere   **40**

     a) Beuteltiere 40
     b) Insektenfresser 44
     c) Schuppentiere 50

     ⋮

5. Kapitel: Pflanzen   **112**

etc. ...

Abb. 18: Lebewesen 3.

Patachon daher, sie stören nicht mehr unseren Sinn für Symmetrie und Gleichgewicht.

Besonders wichtig scheint mir das häufige Gliedern auf der ersten höchsten Ebene zu sein. Auf dieser Ebene fällt die Übersicht am leichtesten, hier belasten viele Gliederungspunkte unser geistiges Sortiervermögen am wenigsten. Auf den nachgeordneten Ebenen dagegen sollte man die Gliederungspunkte auf höchstens drei bis vier beschränken. Begrenzen Sie aber auf jeden Fall die Gliederungsebenen selbst auf höchstens drei bis vier. Noch besser, Sie schaffen es mit zwei oder kommen gar mit einer aus. Die Bibel hat trotz tausend Seiten auch nicht mehr. Geben Sie dabei den Gliederungspunkten der gleichen Ebene möglichst auch gleiches seitenmäßiges Gewicht (ausgenommen Einleitung und Zusammenfassung). Dazu teilt man notfalls längere Einheiten auf oder man legt wie im obigen Beispiel kürzere zusammen, auch wenn dann Einheiten der gleichen Stufe logisch nicht mehr gleichgeordnet sind – etwas weniger Logik bringt hier einen großen Zugewinn an Übersicht.

Überschriften

Eine zweite Schwachstelle vieler Inhaltsverzeichnisse sind die Überschriften. Diese sollten kurz, prägnant, aber gehaltvoll sein; oft sind sie aber kryptisch, gewunden, nebulös. Eine Überschrift wie:

Beispiele zur Anwendung von »Capture-Recapture«-Methoden in der Medizin: Schätzung der Produktion roter Blutkörperchen durch wiederholte radioaktive Injektion,

die ich kürzlich in einer Diplomarbeit gesehen habe, ist viel zu lang. Hier hätte »Anwendung« vermutlich völlig ausgereicht.

Auch ungewöhnliche Abkürzungen gehören nicht in eine Überschrift. Wenn ich Kapitelüberschriften sehe wie:

NV versus KPV und VP
Die Wahl der Parameter f_1 und f_2

oder (das ist kein Scherz):

RPRIMH

dann fasse ich mir an den Kopf – solche Überschriften sind nur für Eingeweihte da. Wer den Text nicht kennt, versteht sie nicht. Meiden Sie also Formeln in Überschriften wie die Pest. Ein Inhaltsverzeichnis muss auch für den verständlich sein, der die Arbeit noch nicht kennt; wenn es erst durch die Lektüre der Arbeit selbst verständlich wird, hat es seinen Zweck verfehlt.

Inhaltsverzeichnis

1. Einleitung 1

2. Regressionsanalyse 3

2.1. Das lineare Standardregressionsmodell 4
2.2. Der Kleinste-Quadrate-Schätzer 9
2.3. Der verallgemeinerte KQ-Schätzer 12
2.4. Der stationäre AR (1)-Störgrößenprozess 14

3. Relative Effizienz des KQ-Schätzers 17

3.1. Problemstellung 18
3.2. Literaturüberblick 20
3.3. Theorem 23
2.4. Beweis des Theorems 28

4. Simulationsstudie 41

4.1. Alternative Schätzverfahren 42
4.2. Hard- und Software 46
4.3. Erläuterungen zum Programmaufbau 47
4.4. Ergebnisse 50

5. Schlusswort 53

Anhang A: Matrixalgebra 55
Anhang B: SAS-Programm 57
Symbolverzeichnis 61
Literaturverzeichnis 62

Abb. 19: So könnte ein gelungenes Inhaltsverzeichnis aussehen: klare Gliederung, wenig Gliederungsebenen, typographische Betonung der Oberpunkte.

Hier nochmals zwei Beispiele, diesmal nicht erfunden, weil man bekanntlich aus Beispielen am meisten lernt. Das erste, ein leicht überarbeitetes Inhaltsverzeichnis einer an meinem Lehrstuhl geschriebenen Diplomarbeit, gefällt mir gut, vor allem wegen der übersichtlichen Typographie und dem weitgehenden Verzicht auf Fachjargon, das zweite weniger. Es stammt aus einem Lehrbuch zur Wirtschafts- und Sozialstatistik und geht so wie hier gezeigt

Inhaltsverzeichnis

Seite

Einführung: Zum Systemgedanken in der Wirtschafts- und
Sozialstatistik 17

Erster Teil

Gegenstand, Träger und Technik der Wirtschafts- und Sozialstatistik

A. Gegenstand und Bedeutung der Wirtschafts- und Sozialstatistik 25

   Fragen und Aufgaben 27

B. Träger der Wirtschafts- und Sozialstatistik 28

   1. Die Statistik in der Bundesrepublik 28

      a) Die amtliche Statistik 28

         (1) Die allgemeine amtliche Statistik 28

           (a) Historische Entwicklung 28

           (b) Gegenwärtiger Aufbau des allgemeinen
              statistischen Dienstes 29

              (aa) Das Statistische Bundesamt 29

              (bb) Die Statistischen Landesämter 32

              (cc) Die kommunalstatistischen Ämter 33

         (2) Die „nicht ausgelöste" Statistik 34

      b) Die „private" Statistik 35

         (1) Verbandsstatistik 35

         (2) Institutsstatistik 36

         (3) „Betriebsstatistik" 36

   2. Die Statistik der internationalen Organisationen 37

      a) Im weltweiten Rahmen 37

         (1) Das Internationale Statistische Institut (ISI) 37

         (2) Die UN und ihre Organisationen 38

         (3) Sonstige Organisationen 38

Abb. 20: So soll ein Inhaltsverzeichnis nicht aussehen: chaotische Zerfaserung des Materials, viel zu viele Gliederungsebenen, kaum typographische Unterschiede zwischen Ober- und Unterpunkten.

109

noch viele Seiten weiter. Es zeigt nochmals, wohin übertriebenes Zergliedern führt: Durch die sage und schreibe sieben Gliederungsebenen werden die Zusammenhänge zwischen den Unterpunkten nicht erhellt, sondern verschleiert. Solche Inhaltsverzeichnisse zeigen allenfalls, dass der Autor die Zusammenhänge zwischen seinen Textbausteinen kennt, für den Leser aber sind sie eine Qual.

Hier nochmals zusammenfassend, was beim Anlegen eines Inhaltsverzeichnisses zu beachten ist:

- Übersicht: Stellen Sie Haupt- und Unterpunkte auch im Schriftbild klar heraus.
- Maximal drei bis vier Gliederungsebenen.
- Möglichst viele Gliederungspunkte in der höchsten Ebene.
- Mindestens zwei Unterpunkte (falls überhaupt) zu einem Oberpunkt.
- Gleiches Gewicht und gleiche Gliederungstiefe bei Punkten der gleichen Ebene.
- Knappe und prägnante Überschriften.
- Keine unbekannten Formeln und Symbole.
- Seitenzahlen nicht vergessen.

Das Literaturverzeichnis

Das Literaturverzeichnis (alias »Bibliographie«, »Schrifttumverzeichnis« oder »Liste der zitierten Werke«) dokumentiert die zitierte Literatur. Neben dem Inhaltsverzeichnis einer Arbeit ist es oft deren meistgelesener Teil. Auch wer weder Zeit noch Lust zum Studieren des ganzen Textes hat: Das Literaturverzeichnis sieht er oder sie sich gerne an. Mir selbst zumindest geht das so. Das Literaturverzeichnis zeigt sofort, ob der Kandidat oder die Kandidatin sorgfältig oder schlampig arbeitet, ob er oder sie wichtige Referenzen übersehen und auch aktuelle Forschung einbezogen hat, ob er oder sie in Sackgassen oder unwichtige Nebenstraßen abgedriftet ist, kurz: Das Literaturverzeichnis macht deutlich, aus welcher Ecke der Wind in einer Arbeit weht.

110

Stellen Sie also zunächst sicher, dass Ihr Literaturverzeichnis alle im Text zitierten Quellen (aber auch nur diese!) wirklich auch enthält. Das sollte sich eigentlich von selbst verstehen, aber wie die Erfahrung zeigt, übersieht man doch leicht den einen oder anderen im Text zitierten Titel. Neben gedruckten Werken gehören dazu auch sogenannte »flüchtige« Medien (Vorträge, Konzerte, Fernsehproduktionen usw.), mit deren Dokumentation wir uns im 8. Kapitel noch genauer auseinandersetzen. Diese Titel sortieren wir dann so, dass der Leser eine im Text zitierte Quelle ohne großen Aufwand wiederfindet.

Anordnung der Quellen

Bei einem kurzen Literaturverzeichnis ist die eine Anordnung so gut wie die andere. Ich habe aber auch schon Abschlussarbeiten mit mehreren hundert Quellen gesehen, und dann ist etwas Überlegung durchaus angebracht. Zunächst müssen wir entscheiden, ob für die Quellen im engeren Sinn (Statistiken, Rechtsprechung, Gesetze, Patente) eigene Verzeichnisse anzulegen sind. In der Regel wirft man solches Material mit der zitierten eigentlichen Literatur in einen Topf, aber in bestimmten Fächern sind für solche Quellen eigene Verzeichnisse vorgesehen. Das weitere Unterteilen des eigentlichen Literaturverzeichnisses in Bücher, Aufsätze, Konferenzberichte und »graue Literatur« findet man dagegen immer seltener (zu Recht, weil dann nicht mehr alle Werke eines Autors an einer Stelle zusammenstehen).

Als Nächstes sind die Quellen sinnvoll zu sortieren. Dabei setzt sich immer mehr die alphabetische Anordnung nach Ordnungsworten durch – in der Regel der Name des Autors, in der Reihenfolge Familienname-Vorname(n). Präfixe werden dabei meist als Teil des Familiennamens angesehen:

> de Gaulle
> de Sade
> McDonald
> O'Neill

Sankt Augustinus
Van der Waerden.

Ausnahmen sind verschiedene deutsche und ausländische Adelsprädikate:

Costa, Enrico da
Goethe, Johann Wolfgang von
Mühl, Franz zur.

Bei antiken oder mittelalterlichen Namen sowie bei Päpsten, Königen und Fürsten wird der bekanntere Teil zum Ordnungswort:

Caesar, Gaius Julius
Gregor der Siebte
Ivan der Schreckliche
Michelangelo, Buonarotti
Walther von der Vogelweide.

Bei mehreren Werken desselben Autors bietet sich eine zeitliche Ordnung an. Namen wie auch Sachtitel aus fremden Alphabeten (griechisch, kyrillisch, hebräisch, chinesisch) werden in lateinische Schrift übersetzt (»transliteriert«), wobei man bei Unklarheiten zu Vor- und Nachnamen am besten nach den Sitten des Herkunftslandes verfährt:

Mao, Dsedong
Sung, Kim Il.

Bei anonymen Quellen oder Werken ohne Verfasser bzw. Herausgeber wird das Einsortieren schwieriger. Hier wird in der Regel der Sachtitel zum Ordnungswort. Darauf geht das 8. Kapitel näher ein. Beim alphabetischen Sortieren bleiben dabei Artikel wie der, die, das oder einer, eine, eines vor der Tür: »Das Große Zitatenbuch« wird also korrekt unter G und nicht unter D abgelegt. Und wer ganz perfekt sortieren will, behandelt das ß wie ss, die Umlaute ä, ö, und ü wie ae, oe und ue, und alle anderen Buchstaben mit Sonderzeichen (etwa solche mit Akzenten) wie den gleichen Buchstaben ohne Sonderzeichen.

112

Länge des Literaturliste

Viele Examenskandidaten wollen immer wieder wissen, wie viele Titel ein solides Literaturverzeichnis eigentlich umfassen muss. Dabei schwebt das Vorurteil im Hinterkopf, dass im Kielwasser einer seriösen wissenschaftlichen Arbeit immer ein langes Literaturverzeichnis zu folgen habe.

Das ist falsch. Ich kann mir durchaus Diplomarbeiten vorstellen, etwa in der Mathematik oder bestimmten Naturwissenschaften, die ganz ohne Vorarbeiten anderer auskommen und niemandem intellektuell verpflichtet sind. In diesem Fall bliebe das Literaturverzeichnis leer. Es entfällt komplett. Wenn auf der anderen Seite aber in einer Arbeit über den Einfluss der französischen auf die amerikanische Literatur das Literaturverzeichnis nur fünf Titel zählt, so zeigt das klar: Hier ist jemand äußerst oberflächlich vorgegangen.

Einer schlechten Arbeit nützt aber auch das Aufblasen des Literaturverzeichnisses durch »Füllzitate« nichts. Wenn wir etwa in einer Arbeit über Intelligenz und Umwelt schreiben, die geistige Entwicklung eines Kindes werde entscheidend von Letzterer geprägt, und dann zur Rückendeckung zitieren: »siehe Müller (1927), Meier (1931), Hinz (1990) und Kunz (2001)«, so beeindruckt das allein noch niemanden. Ohne weitere Auswertung bleibt das nur ein Füllzitat, das unser Literaturverzeichnis um vier Einträge verlängert.

Man zitiert im Allgemeinen also nur Literatur, die auch wirklich ausgewertet wird. Wie viel das ist, hängt allein von Fach und Thema ab und ist in allgemeinen Regeln nicht zu fassen. Nicht erwünscht sind Literaturverzeichnisse als ein Dokument unserer Belesenheit. Wer meint, das Publikum sei an einer Bibliographie zu einem Thema interessiert, darf diese durchaus als Extra, aber dann unter getrennter Flagge liefern.

Fußnoten

Fußnoten dokumentieren vor allem Quellen und Literatur, sofern nicht schon per Kurzbeleg im laufenden Text geschehen (dazu spä-

113

ter mehr). Wie schon der Name sagt, gehören Sie auf jeder Seite an den Fuß. Das klingt selbstverständlich, ist es aber nicht. Viele gedruckte Bücher etwa bringen heute alle »Fußnoten« zusammen ganz am Schluss – eine grobe Unsitte und eine Zumutung, die den Leser, sofern er diese »Fußnoten« überhaupt zur Kenntnis nimmt, zum ewigen Hin- und Herblättern zwingt; auf keinen Fall sollte diese Unsitte ein Vorbild für eigene Texte sein.

Wenn immer möglich, plaziert man den Fußnotentext vielmehr an den Fuß der Seite (weder früher noch später), auf die sich diese Anmerkung bezieht, und setzt die Fußnoten vom eigentlichen Text auch optisch ab. Die gängige Sitte verlangt dabei wie in folgendem Beispiel einen etwa drittelseitigen Querstrich, gefolgt von einer engeren Zeilenschaltung und linksseitigem Einrücken:

---

gibt es zu Fußnoten verschiedene Meinungen. Umberto Eco etwa hält Sie für unverzichtbar,[1] und auch Theisen empfiehlt sie weiterhin.[2] Andere dagegen fragen, ob eine korrekte

---

1 Siehe Eco (1993, S. 210). Er glaubt, »dass Fußnoten hilfreich sind, wenn sie vernünftig verwendet werden.«
2 Siehe Theisen (1998, Kap. VI).

Jede Fußnote beginnt wie ein normaler Satz, d. h. mit einem großgeschriebenen Wort, und schließt mit einem Satzzeichen ab. Bei mehreren Fußnoten werden diese üblicherweise durch eine halbe Leerschaltung (bzw. deren Gegenstück auf einem Drucker) getrennt. Versuchen Sie dabei, alle zur Textseite gehörenden Anmerkungen noch auf derselben Seite unterzubringen. Falls eine Fußnote dennoch nicht mehr ganz auf ihre Seite passt, so deutet man das mit einem »f.« (eine weitere Seite) bzw. »ff.« (mehr als eine weitere Seite) am Schluss der letzten Fußnote an und fährt am Fuß der nächsten Seite fort.

Bei Schreibmaschinen-Manuskripten (heute kaum noch üblich) zählt man die Fußnoten am besten auf jeder Seite neu, dann muss man beim nachträglichen Einfügen oder Entfernen einer Fußnote nicht alle folgenden Nummern ändern. Bei EDV-Manuskripten dagegen ist eine durchgehende Zählung angebracht, entweder kapitelweise oder für die ganze Arbeit; hier übernimmt die Elektronik ein nachträgliches Umnummerieren automatisch.

Als Fußnotenzeichen verwendet man üblicherweise arabische Ziffern. Diese werden im Text halbhoch unmittelbar hinter das Wort oder die Wortgruppe plaziert, worauf sich die Anmerkung bezieht, noch vor einem Satzzeichen, das möglicherweise folgt. Bezieht sich die Anmerkung dagegen auf den ganzen Satz, wird die Fußnotenziffer dem Satzzeichen nachgestellt. Also:

... wie schon Karl Marx völlig richtig meinte^1, ...

aber:

Das hat schon Karl Marx gesagt.^{1}

Daneben sind noch die folgenden Formate für Fußnotenziffern im Gebrauch:

... wie schon Karl Marx völlig richtig meinte$^{1]}$, ...
... wie schon Karl Marx völlig richtig meinte$^{[1]}$, ...
... wie schon Karl Marx völlig richtig meinte$^{1)}$, ...
... wie schon Karl Marx völlig richtig meinte$^{(1)}$, ...

Auch andere Fußnotenzeichen wie Sternchen (*), Kreuze (+) oder Paragraphen (§), findet man zuweilen noch. Damit setzt man oft Anmerkungen eines Übersetzers oder Herausgebers von denen des eigentlichen Autors ab. Solche Verwicklungen treten aber in studentischen Abschlussarbeiten selten auf.

Ein häufigeres Problem ist dagegen die Abgrenzung von Fußnotenziffern und Formelzubehör. Vor allem in der Mathematik und in den Naturwissenschaften muss man z. B. darauf achten, dass der Leser ein Fußnotenzeichen nicht mit einem Exponenten verwechselt. Wenn Sie etwa den Urheber der bekannten Formel

$$a^2 = b^2 + c^2$$

dokumentieren wollen, so hängen Sie besser kein Fußnotenzeichen an das c^2. Sollten Fußnotenzeichen an Formeln dennoch unvermeidbar sein, so verwenden Sie ein verwechslungssicheres Format (das Sie dann aber auch im Rest des Textes durchhalten müssen).

Wozu überhaupt Fußnoten?

Alle diese Probleme entfallen bei einem generellen Verzicht auf Fußnoten. Eigentlich braucht man sie nämlich nicht. Das populäre Vorurteil, dass erst der reichliche Gebrauch von Fußnoten einer Arbeit den rechten Wissenschaftsgeruch verleihe, ist ganz großer Quatsch. Der Kurzbeleg von Quellen kann genauso gut im laufenden Text geschehen (siehe Kapitel 8), längere Anmerkungen wie etwa Übersetzungen, deren Originale in geisteswissenschaftlichen Arbeiten gern in Fußnoten gegeben werden, haben auch in einem Anhang Platz und sonstige Nebengedanken spart man sich am besten ganz oder übernimmt sie in den eigentlichen Text.

Fußnoten sind in der Regel für eine wissenschaftliche Arbeit so nötig wie ein Kropf. Entweder ist die betreffende Aussage wichtig, dann gehört sie in den Text. Oder sie ist unwichtig, dann hat sie in der Arbeit nichts zu suchen. So wie heute in vielen Arbeiten missbraucht sind Fußnoten oft nur eine Müllkippe für unreife Gedanken, überflüssige Anmerkungen und redundante Besserwisserei und ein stilistisches Brechmittel noch dazu. Sie lenken vom eigentlichen Thema ab, fördern scheinwissenschaftliche Geschäftlhuberei, fressen Zeit und Platz, sind technisch schwierig zu verarbeiten und in aller Regel nur ein fauler Kompromiss von Autoren, die nicht recht wissen, ob das dort Gesagte wirklich wichtig ist. Meine Meinung also: Wenn immer möglich, weg damit!

Weiterführende Literatur

Die sozusagen amtliche Meinung zum Gliedern wissenschaftlicher Texte, die mich aber nicht überzeugt und an die sich zu Recht kaum jemand hält, ist in der Norm DIN 1421: »Gliederung und Benummerung von Texten« kodifiziert. Das Einordnen von Quellen in das Literaturverzeichnis regelt die Norm DIN 5007: »Ordnen von Schriftzeichenfolgen« und das Transliterieren aus fremden Alphabeten wird in den Normen DIN 1460 (kyrillisch), DIN 31634 (griechisch), DIN 31635 (hebräisch) und DIN 31636 (arabisch) erschöpfend dargestellt.

116

5.
Schaubilder und Tabellen

»Ein Bild sagt mehr als tausend Worte«

(Anonymus)

Wissenschaftliche Illustrationen

Zeichnerische Elemente finden wir in wissenschaftlichen Abschlussarbeiten vor allem aus drei Gründen: Erstens als Baupläne, Blaupausen oder Landkarten. Solche Grafiken gehören in der Regel zum Kern der Arbeit; sie erfordern viel Professionalität und weit mehr Spezialwissen als dieser allgemeine Leitfaden vermitteln kann; ich gehe darauf im Weiteren nicht näher ein. Zweitens als Transportmedium für Daten und Fakten in empirischen Arbeiten aller Art (dazu weiter unten mehr) und drittens als wissenschaftliche Illustration, also Veranschaulichung eines Begriffs oder eines Sachverhalts, so wie in Abb. 21.

Letztere ist eine typische wissenschaftliche Illustration; sie zeigt eines der ersten Röntgenbilder einer Hand, von Konrad Röntgen persönlich hergestellt, mit Venen, die durch Färbemittel für die Röntgenstrahlen undurchlässig sind. Dieses Bild hat seinerzeit mehr Mediziner von der Wirkung und dem Nutzen der neuen Strahlen überzeugt als mancher Aufsatz oder Vortrag des Erfinders selbst.

Vor allem in der Medizin und anderen Naturwissenschaften sind solche Bilddokumente in wissenschaftlichen Arbeiten nicht nur nützlich, sie sind unentbehrlich. Angefangen bei den anatomischen Zeichnungen Leonardo da Vincis über die Pflanzenbilder der frühen Botaniker bis hin zu den modernen, mit Kernspintomografen erzeugten Querschnitten des menschlichen Gehirns: Solche Bilder sind für die Botschaft oft wichtiger als jeder Text. Am bes-

117

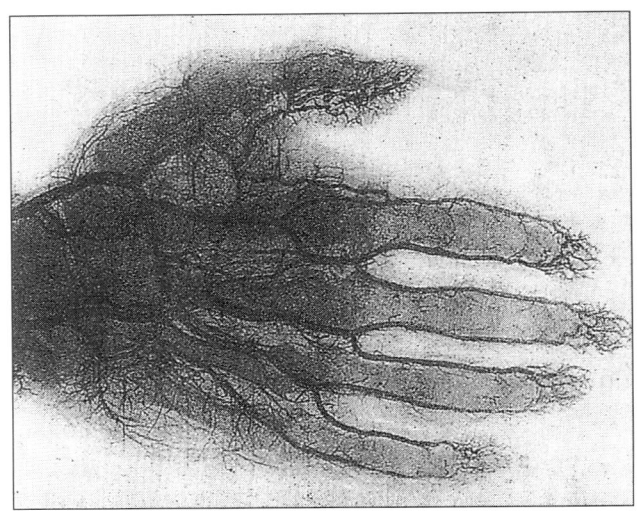

Abb. 21: Eine Grafik als Dokument und Überzeugungshilfe. So wird die Wirkung der Röntgenstrahlen jedem klar.

ten, man schaut hier wie die großen Vordenker eines Faches ihre Thesen illustrieren und macht es ihnen so gut wie möglich nach.

Grafiken als Verständnishilfen

Eine weitere Rolle spielen wissenschaftliche Illustrationen als Verständnishilfe. Zwar soll und muss eine Examens- oder Diplomarbeit kein Lehrbuch sein, aber die eine oder andere optische Krücke schadet selten. Abb. 22 zum Beipiel zeigt die Funktion zweier Variablen

$$f(x,y) = \sin((x^2 + y^2)^{1/2}) / (x^2 + y^2)^{1/2}$$

in einem dreidimensionalen Koordinatensystem; sie illustriert weit besser als jeder Text die Abhängigkeit der Funktionswerte von den Argumenten x und y.

In Abb. 23 zeigt der große Meister Isaac Newton für jeden verständlich und zweihundert Jahre vor dem ersten Sputnik wie Satelliten funktionieren: Eine Kanonenkugel wird waagerecht von ei-

118

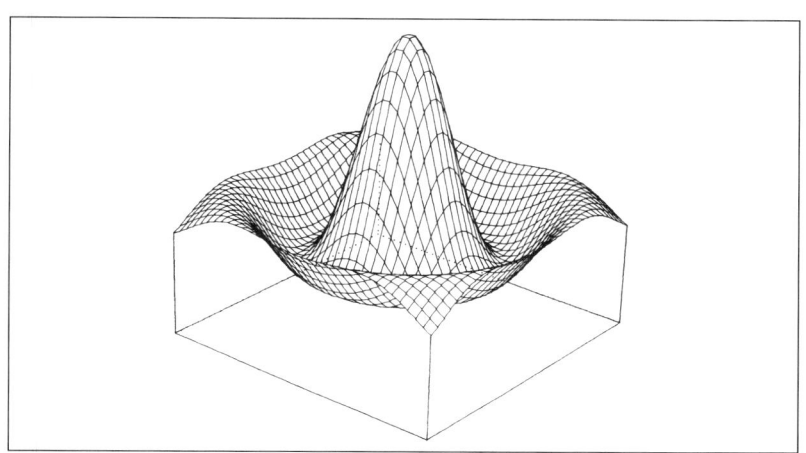

Abb. 22: Eine Funktion zweier Veränderlicher in einem dreidimensionalen Koordinatensystem: So werden Symme-
trien und Funktionsverläufe deutlich sichtbar.

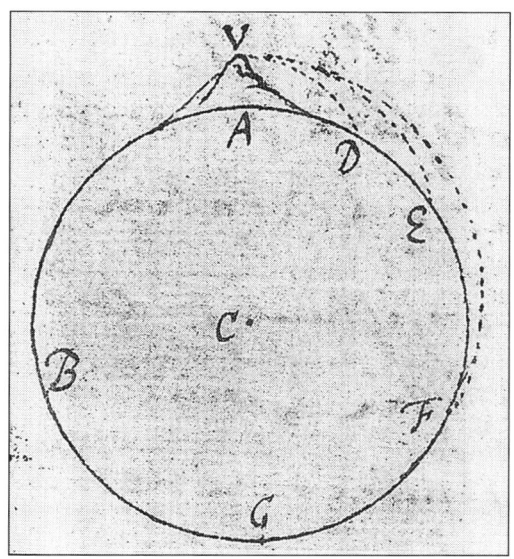

Abb. 23: Eine Skizze Isaac Newtons, mit der er die Umlaufbahn
eines Erdsatelliten erklärt; auch hier ersetzt die Grafik
ganze Seiten Text.

nem hohen Berg geschossen, je schneller desto weiter, und deshalb wird sie bei hinreichend großer Abschussgeschwindigkeit den Kanonier von hinten treffen.

Grafiken als Erkenntniswerkzeug

Grafiken helfen aber nicht nur beim Dokumentieren und beim Überzeugen; sie helfen auch beim Erkennen, so wie die Korrelogramme, Histogramme und Kartogramme in den Abb. 24, 25 und 26.

Abb. 24 vergleicht die Zufriedenheit mit dem Gesundheitswesen und die Pro-Kopf-Ausgaben für Gesundheit in verschiedenen Ländern dieser Erde; sie zeigt, dass die Zufriedenheit mit wachsenden Ausgaben im Allgemeinen wächst. Aus dem Rahmen fallen allein die USA, denn trotz der weltweit höchsten Pro-Kopf-Ausgaben für Gesundheit sind die Menschen dort mit dem Gesundheitswesen nicht zufrieden. Abb. 25 zeigt die Bevölkerungspyramide der Bundesrepublik Deutschland; sie verdeutlicht den berühmten Pillenknick und zeigt außerdem, dass in höherem Alter immer mehr die Frauen dominieren oder dass in wenigen Jahrzehnten im-

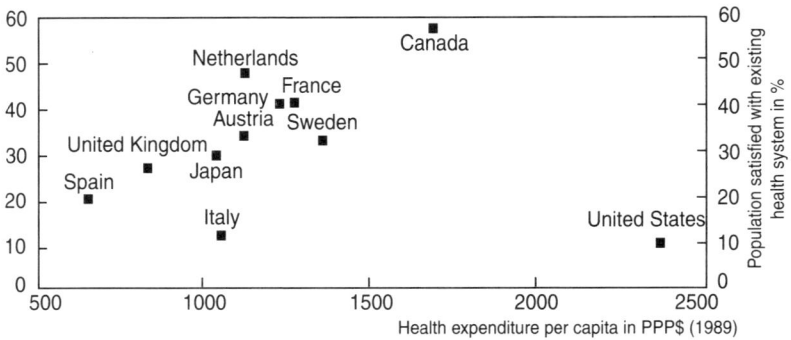

Quelle: OECD Health Systems, Facts and Trends, 1960-1991, Vol. I, Paris 1993, P. 15.

Abb. 24: Ein Korrelogramm zur Identifikation eines Ausreißers: Im Allgemeinen scheint die Zufriedenheit mit dem Gesundheitswesen mit wachsenden Gesundheitsausgaben zuzunehmen, nur nicht in den USA.

120

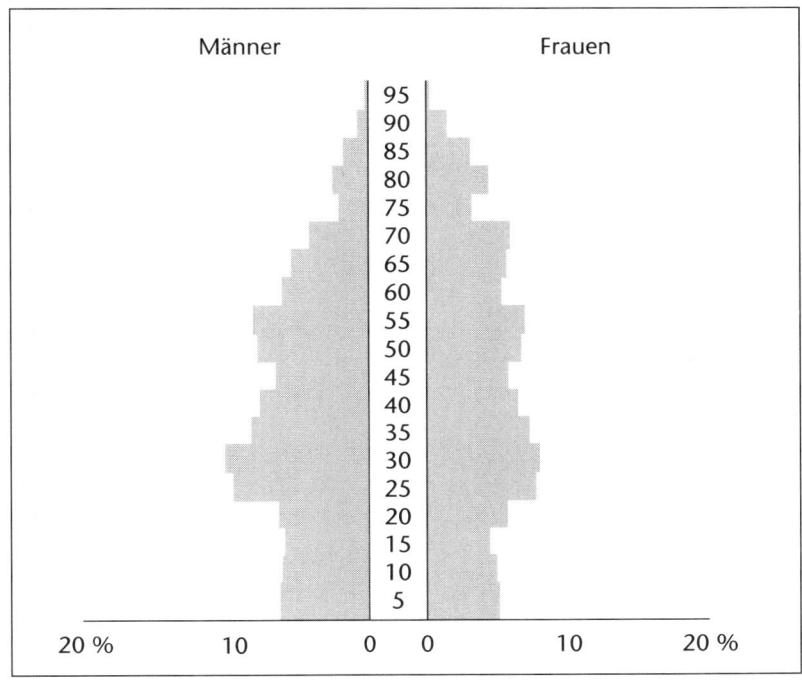

Männer   Frauen

95 90 85 80 75 70 65 60 55 50 45 40 35 30 25 20 15 10 5

20 %   10   0   0   10   20 %

*Abb. 25: Besser als jede wortreiche Prognose: die Bevölkerungs-
pyramide der Bundesrepublik Deutschland 1993.*

mer weniger Berufstätige für immer mehr Rentner werden sorgen
müssen.

Abb. 26 zeigt einen Ausschnitt aus dem Stadtplan von London,
gezeichnet von Dr. John Snow, dem Leibarzt der Königin Viktoria.
In diese Karte hatte Snow die Adressen der während der großen
Epidemie des Jahres 1854 an Cholera Verstorbenen durch Punkte
und die öffentlichen Wasserpumpen als Kreuze eingetragen; man
sieht sofort, dass sich die Todesfälle im Einzugsbereich einer ganz
bestimmten Pumpe, der in der Broad Street, häufen. Das führte
Dr. Snow zu der damals neuen – und, wie wir heute wissen, richti-
gen – Hypothese, dass vielleicht verseuchtes Wasser die Krankheit
übertragen könnte.

121

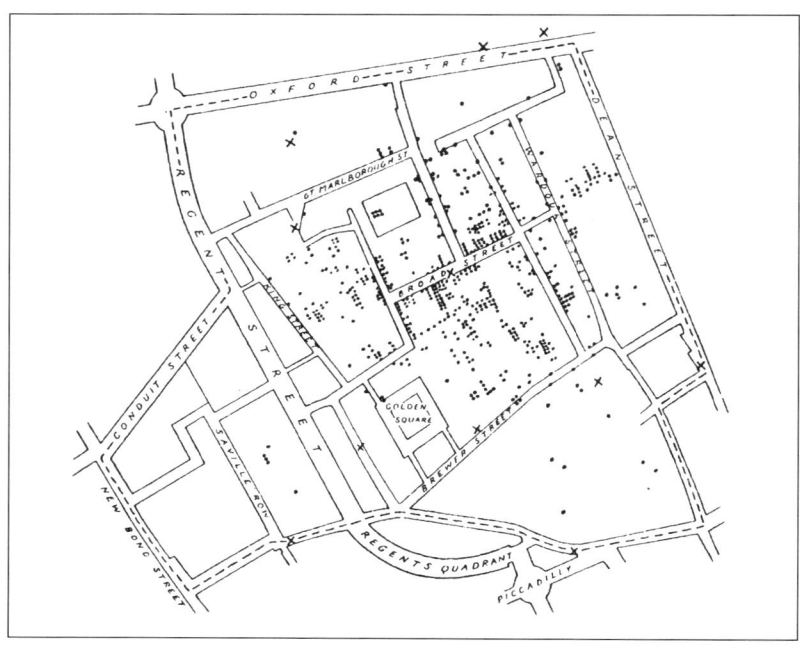

Abb. 26: Eine Grafik als Lebensretter: So fand man die Ursache der Cholera.

Säulen- und Kurvendiagramme

Die für wissenschaftliche Abschlussarbeiten wohl wichtigste Datengrafik ist das Kurvendiagramm. Das Kurvendiagramm in Abb. 27 zeigt den Anteil der Frauen in den ersten 14 deutschen Bundestagen. Es verdeutlicht, wie dieser zunächst etwas steigt, dann in den 60er Jahren wieder fällt, dann wieder steigt, aber immer noch die Hälfte aller Abgeordneten bei weitem nicht erreicht. Solche Kurvendiagramme vermitteln vorzugsweise Zahlen wie Preise, Aktienkurse, Arbeitslose, Geburten, Todesfälle, Krankenstände, also Daten, die zeitlich angeordnet sind.

Dabei versteht es sich von selbst, dass man die Achsen nicht manipulieren, d. h. abschneiden, stauchen oder dehnen darf. Legal ist

122

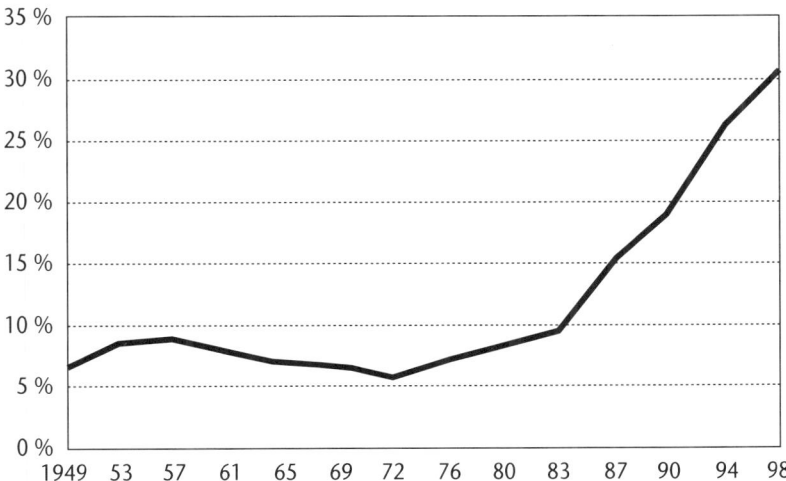

Anteil der Frauen im Deutschen Bundestag

Abb. 27: Kurvendiagramme für Zeitreihen: Sie beleuchten Zyklen oder Trends.

es dagegen, die Fläche unterhalb der Kurve einzufärben, um den Abstand zur waagerechten Achse zu betonen. Solche Grafiken heißen auch »Flächendiagramme«. Oder man kann statt einer Kurve viele getrennte Säulen zeichnen (sogenannte »Säulendiagramme«) (Abb. 28 und 29). Welche Variante hier besser ist, hängt von der zu vermittelnden Botschaft ab. Kurven- oder Flächendiagramme lassen eher Trends erkennen; sie zeigen, woher wir kommen und wohin wir gehen. Säulendiagramme dagegen rücken mehr die Einzeldaten in das Rampenlicht, die in Kurven leicht dem Trend zum Opfer fallen. Sie erleichtern Vergleiche wie: 1969 war der Frauenanteil kleiner als 1965 oder: zwischen 1983 und 1987 ist der Frauenanteil besonders stark gestiegen usw.

Auch bei zwei Datenreihen im gleichen Diagramm sind Säulen oftmals besser. Abb. 30 zum Beispiel suggeriert einen gleichmäßig kleinen vertikalen Abstand der beiden Kurven, während dieser in Wahrheit ganz beträchtlich schwankt: Unser Auge wirft nämlich leicht den sogenannten »orthogonalen Abstand« (die minimale

123

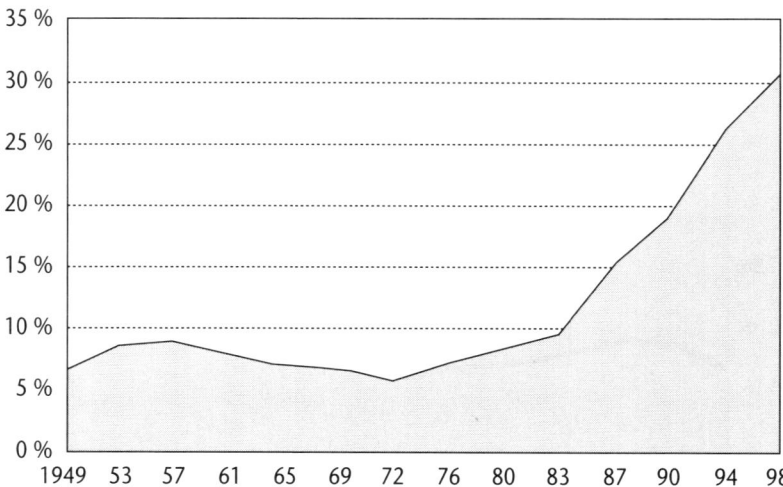

Anteil der Frauen im Deutschen Bundestag

Abb. 28: Das Einfärben der Fläche unterhalb der Kurve betont den Abstand zur waagerechten Achse.

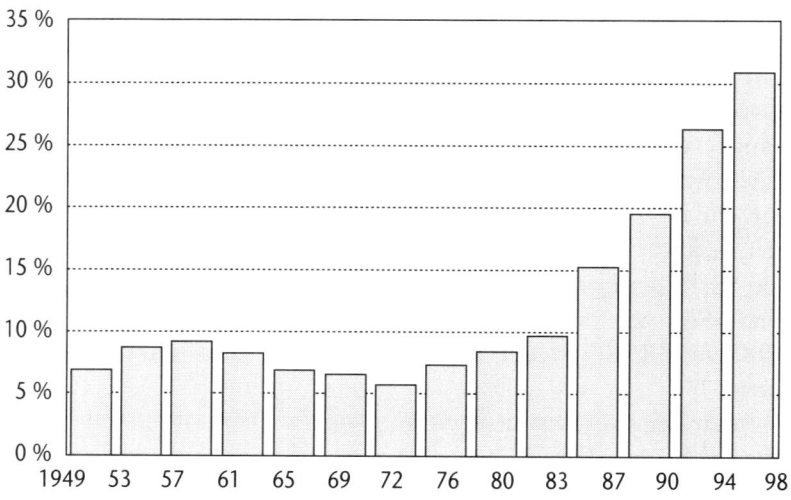

Anteil der Frauen im Deutschen Bundestag

Abb. 29: Säulen statt Kurven erleichtern den Vergleich von Einzeldaten.

124

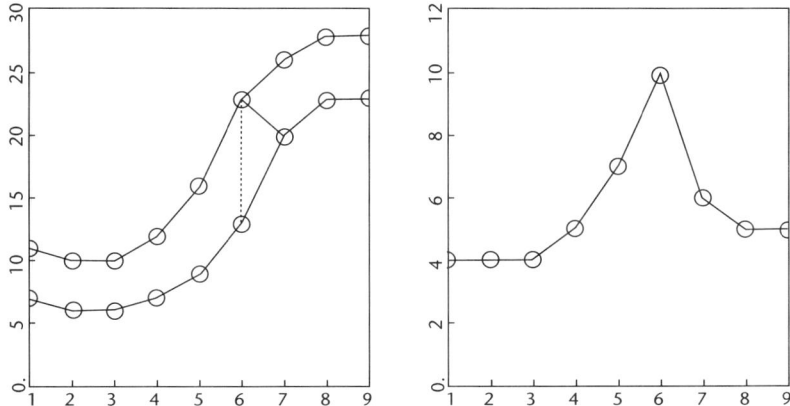

Abb. 30: Die vertikale Differenz zweiter Kurven wird bei parallel ansteigenden Kurven oft unterschätzt.

Entfernung) und den vertikalen Abstand, auf den es in solchen Diagrammen meistens ankommt, irreführend durcheinander. In Abb. 31 dagegen bleibt der Abstand immer gleich, obwohl er scheinbar immer enger wird.

Solche Fehleinschätzungen können bei Säulendiagrammen nicht so leicht passieren – Säulen zwingen unser Auge in die Vertikale. Abb. 32 zeigt zwei Datenreihen im selben Diagramm, deren Abstand aber durch die Säulen immer deutlich sichtbar bleibt.

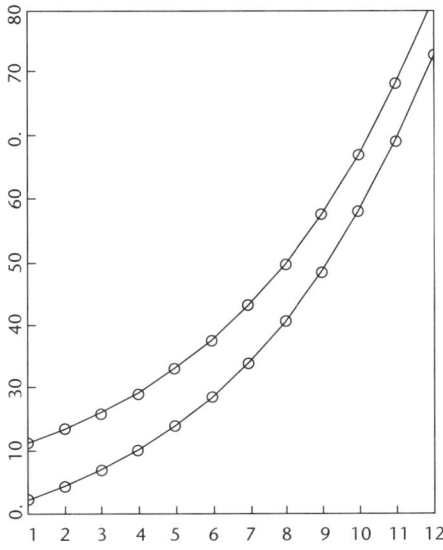

Abb. 31: Zwei Kurven mit gleichbleibendem vertikalen Abstand rücken scheinbar immer enger zusammen.

125

Konsumverhalten von Studierenden in Deutschland West und Ost

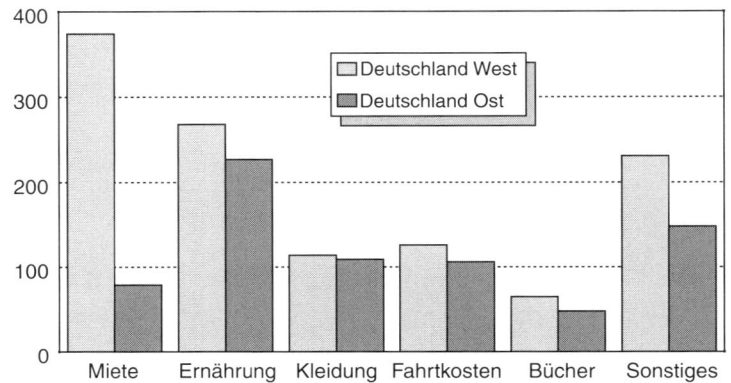

Abb. 32: Ein paralleles Doppelsäulen-Diagramm: zwei Säulen nebeneinander.

Betawerte für BASF AG bei verschiedenen Renditelaufzeiten

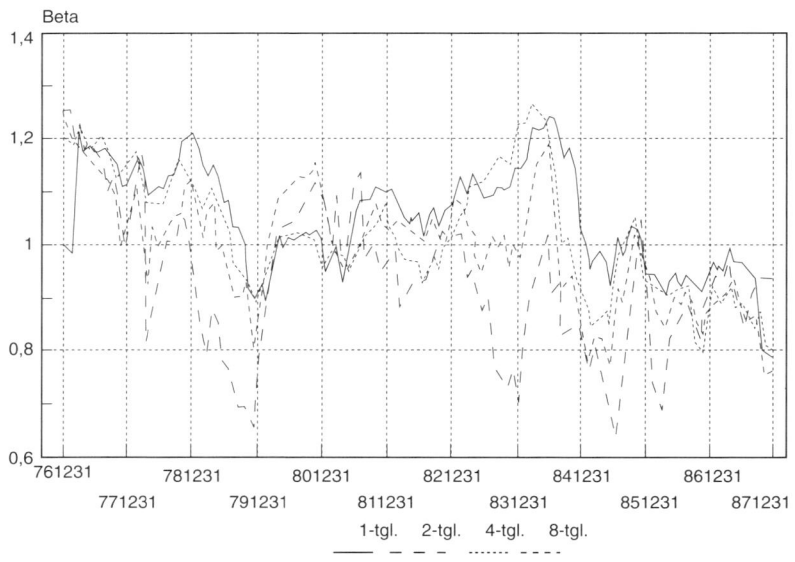

Abb. 33: Zu viele Kurven in einem Diagramm. Außerdem wären die einzelnen Kurven statt über eine Legende besser direkt zu benennen.

126

Vorsicht vor Spaghetti-Diagrammen

Bei mehr als zwei Datenreihen im selben Diagramm wird die Sache komplizierter. Dann geht leicht der große Vorteil von Datendiagrammen verloren, nämlich die Übersicht und das unmittelbare Erfassen der wichtigsten Zusammenhänge. Abb. 33 z. B. zeigt ein solches »Spaghetti-Diagramm«: Im Durcheinander der insgesamt vier Kurven ist keine einzige mehr deutlich zu erkennen, zur Kennzeichnung dient eine völlig überflüssige Legende (stattdessen sollte man besser die einzelnen Kurven durch aufgesteckte Namenschilder auseinanderhalten) und die waagerechte Achse ist außerdem noch unglücklich beschriftet.

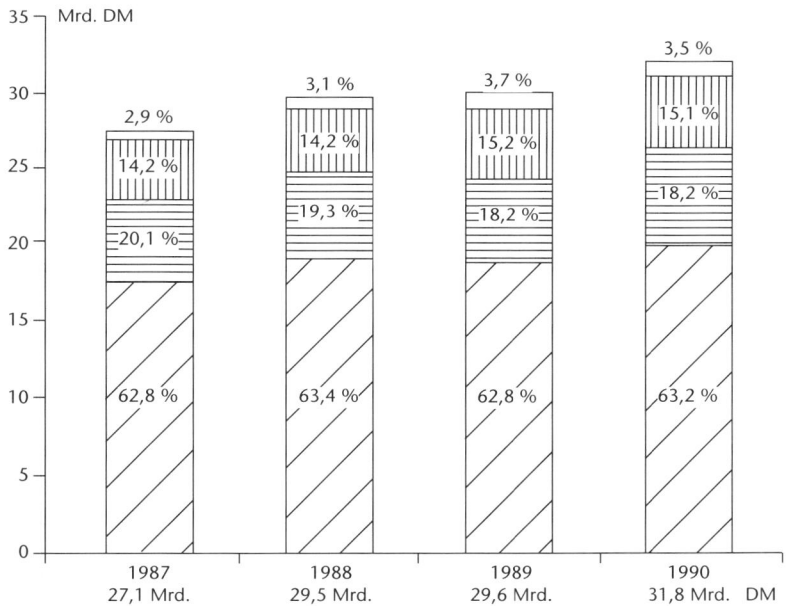

Abb. 3: Der Markt der Arzneimittel 1987-1990 (zu Endverbraucherpreisen). □ = Selbstmedikation mit freiverkäuflichen Arzneimitteln außerhalb der Apotheke; ▥ = Selbstmedikation mit rezeptfreien Arzneimitteln in der Apotheke; ▤ = verordnete rezeptfreie Arzneimittel; ▨ = rezeptpflichtige Arzneimittel. (Quelle: BAH-Geschäftsbericht 1990/91).

Abb. 34: Ein misslungenes additives Vierfach-Säulendiagramm: Die wahren Größenverhältnisse werden durch die Schraffur verzerrt, das Schaubild flimmert vor den Augen.

127

Weitere Fallstricke bei Kurven- und Säulendiagrammen sind unterschiedliche Maßeinheiten für die abgebildeten Variablen oder irritierende Schraffuren. Denn waagerechte Streifen machen kurz und dick, wie jeder Schneider weiß, senkrechte Streifen dagegen lang und dünn und deshalb führen auch die Säulen in Abb. 34 eher in die Irre, als dass sie beim Verstehen weiterhelfen:

Chartjunk

Exotische Schraffuren sind »Chartjunk«, wie Edward Tufte die Teile einer Grafik – z. B: Achsenbeschriftungen, Rahmen, Raster und Legenden – nennt, die von der Botschaft ablenken.

Die schlimmste Art von »Chartjunk«, die mit dem Computer über uns gekommen ist, sind aber dreidimensionale Darstellungen von zweidimensionalen Sachverhalten. Nur selten trägt eine 3-D-Darstellung zu den eigentlichen Daten bei; in aller Regel ist sie nur unnützes Beiwerk, bestenfalls unschädlich, oft aber geradezu kontraproduktiv, nach dem Motto »Guck mal, was mein Computer alles kann«, so wie ein Heckspoiler am Auto ist sie vor allem zum Angeben geeignet (Abb. 36).

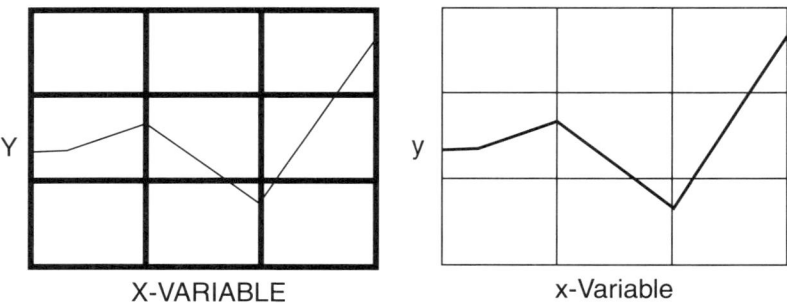

Abb. 35 zeigt, wie man es schlecht und besser macht. Links: schlecht; Achsen und Achsenbeschriftung viel zu aufdringlich. Rechts: besser; Achsen und Achsenbeschriftung dezent im Hintergrund.

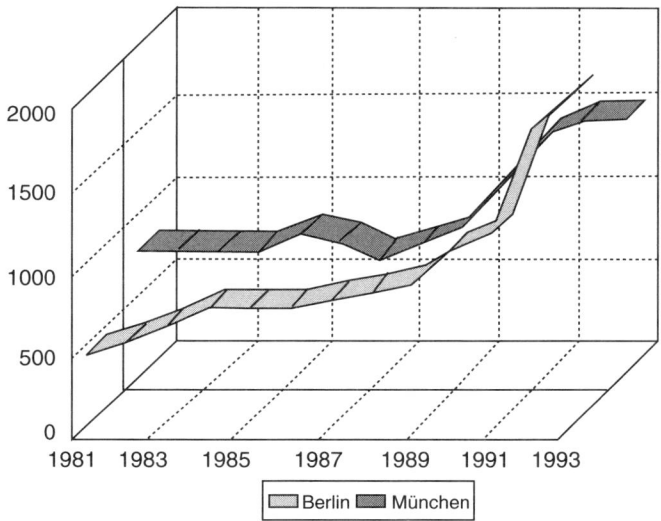

Abb. 36: Eine Erfindung des Teufels: Dreidimensionale Kurvendiagramme.

Weitere Datendiagramme

Kurven und Säulen sind natürlich längst nicht die einzigen Mittel, um Zahlen bildlich darzustellen. Einige Alternativen haben wir weiter oben schon gesehen. Andere, wie Polar- oder Balkendiagramme, sind nur Varianten von Kurven bzw. Säulen, in denen die Daten kreisförmig oder waagerecht statt senkrecht abgetragen werden. Wieder andere, wie sogenannte Box-Plots oder Histogramme, erfordern statistische Vorkenntnisse, die viele Studierende nicht haben und nicht brauchen; sie bleiben in diesem allgemeinen Leitfaden ebenfalls vor der Tür. Und wieder andere, z. B. die schönen Torten, die wir aus den Zeitungen und Illustrierten kennen, oder die sogenannten Piktogramme, in denen Zahlen bildhaft eingekleidet werden, sind zwar zum Wachhalten des Zeitungslesers durchaus nützlich, wirken wegen ihres geringen Informationsgehaltes in wissenschaftlichen Arbeiten aber meistens deplaziert.

129

Kartogramme

Kartogramme stellen Daten mit einem geografischen Bezug in einem Schaubild dar. Ein Beispiel, die grafische Erfassung der Cholera-Epidemie in London 1854, haben wir in Abb. 26 schon gesehen. Die wohl wichtigsten Kartogramme sind jedoch die sogenannten »Dichtekarten« oder »Choroplethen« (von griechisch choros=Ort und plethos=Menge). Sie bilden Daten mit flächenmäßigem Bezug wie Niederschläge, Luftverschmutzung oder Grundstückspreise durch unterschiedliche Schraffuren, Graustufen oder Einfärbungen der entsprechenden Regionen ab. Ein Beispiel ist die Karte der Bevölkerung für die Bundesrepublik in Abb. 37. Sie zeigt, wie viele Menschen in den einzelnen Bundesländern auf einem Quadratkilometer wohnen; die immer dunklere Einfärbung veranschaulicht die zunehmende Bevölkerungsdichte.

Das große Problem bei Dichtekarten ist die optimale Wahl der Intervalle; was wird weiß, grau oder schwarz, wie viele Graustufen will ich überhaupt, und ganz besonders auch: Ab wann wird die Karte hellgrau, ab wann dunkelgrau und ab wann schwarz. Denn je nachdem, wo wir hier die Grenzen ziehen, ist die Kuh anders gescheckt. Auch die Begrenzung der einzufärbenden Gebiete, ob administrativ oder sachlich, z. B. durch Ortslinien konstanter Werte der abzubildenden Variablen vorgegeben, oder auch die Einfärbung selbst, sei es durch Grau- oder Farbskalen oder durch Schraffieren, kann man so oder so gestalten und je nach Auswahl sieht die Grafik anders aus. Hier gibt es leider keine allgemeinen Regeln; wer solche Karten für seine Arbeit plant, sollte vorher einen der Spezialleitfäden fragen, die am Ende dieses Kapitels aufgelistet sind.

Datengrafik mit Computer

Viele Textverarbeitungs- und Tabellenprogramme können heute auch Säulen-, Torten- oder Kurvendiagramme zeichnen. Manche, wie Excel, Word für Windows oder CorelChart (ein kostenloses Anhängsel des beliebten Mal- und Zeichenprogrammes CorelDraw)

130

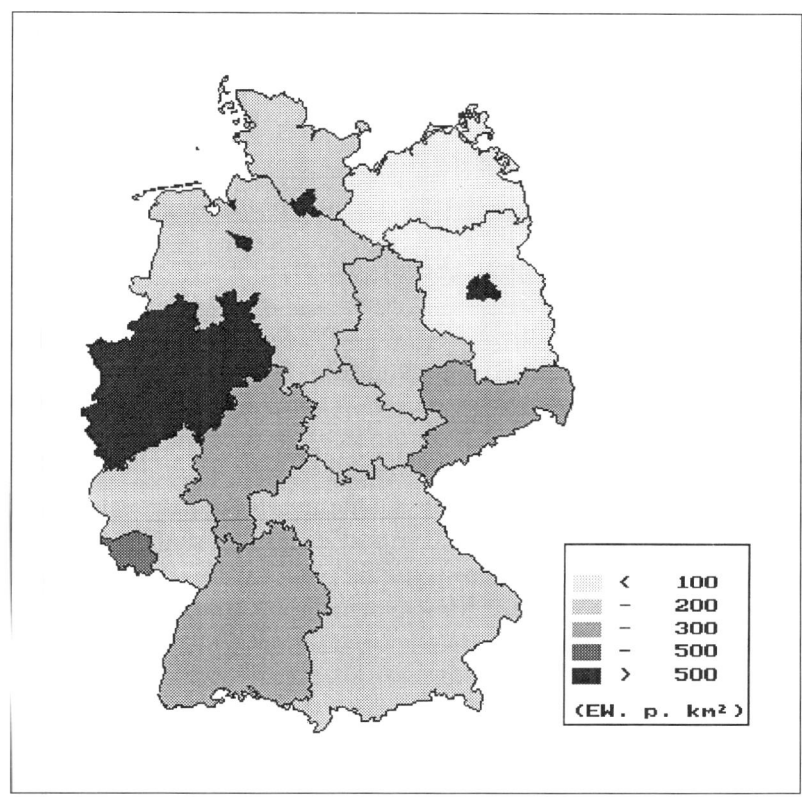

Abb. 37: Eine typische Dichtekarte: die Zahl der Menschen pro Quadratkilometer wird durch eine aufsteigende Folge von Grautönen abgebildet.

kommen in Auswahl und Komfort sogar an spezielle Präsentationssoftware heran; für viele Zwecke reichen diese völlig aus.

Für höhere Ansprüche gibt es ein großes Angebot spezieller sogenannter Präsentationsprogramme: *Charisma, DeltaGraf, Freelance Grafics, Harvard Grafics, Stanford Grafics, Persuasion, Sunrise, Powerpoint* sind die für PCs wohl wichtigsten. Diese Programme sind speziell für das Präsentieren von Daten gezüchtet: Rahmen, Raster und Schraffuren verschwinden, wachsen oder schrumpfen durch einfaches Anklicken der Maus, Texte und ande-

131

re Zutaten sind problemlos einzufügen, Legenden schmerzlos zu verschieben und zu löschen, Überschriften ohne Aufwand zu verändern. Wenn nicht noch die unselige Tendenz hinzukäme, sich gegenseitig mit unnützem Firlefanz wie exotischen Hintergründen und Schraffuren oder dreidimensionalen Kurvendiagrammen auszustechen, könnte man fast von einem ungeteilten Segen für die Datengrafik sprechen.

Trotz ähnlicher Preise und gleichmäßig komfortabler Grundausstattung unterscheiden sich diese Präsentationsprogramme durchaus in den Extras. Wer etwa viel Wert nicht nur auf das reine Präsentieren, sondern auch auf das Bearbeiten, Umschichten, Transformieren usw. seiner Daten legt, ist mit *Stanford Graphics* gut bedient. Dieses Programm kommt einer statistischen Analysesoftware noch am nächsten und passt nicht nur die Grafik an die Daten, sondern auch die Daten an die Grafik an (eine Verlängerung oder Verkürzung einer Säule etwa ändert automatisch auch die dadurch dargestellte Zahl). Wer dagegen ohne Handbuch gern nach 10 Minuten seine erste Grafik produzieren möchte, sollte besser *Freelance Graphics* nehmen, dieses Programm gilt als das einfachste in der Bedienung. Weitere Kriterien sind der Import und Export von Daten, Text und Grafiken (Lassen sich die Grafiken problemlos mit Schreibprogrammen kombinieren? Kann man Grafiken aus anderen Programmen einbauen? Wie leicht lassen sich Daten eingeben und verändern?), die verfügbaren Schriftarten und -größen, die Auswahl an Vorlagen für Piktogramme (sogenannte »Cliparts«), die Möglichkeiten des freien Zeichnens, die Auswahl an Farben, Hintergründen und Schraffuren und last not least natürlich die Auswahl an Grafiktypen selbst. Denn Torten, Säulen, Balken oder Kurven sind in allen Fällen Standard, aber schon Korrelogramme oder Organigramme findet man nicht überall und Kartogramme sind zur Zeit noch großer Luxus, für die man in der Regel nochmals eigene Spezialprogramme braucht. Wer also nicht tausend Mark oder mehr in eine Software investieren will, die genau die Dinge nicht kann, die man wirklich braucht, sollte vielleicht vor dem Ausstellen des Euroschecks einen einschlägigen Softwaretest in einer der vielen Computerzeitschriften befra-

132

gen (Stichworte »Präsentationsgrafik«, »Präsentationsprogramme« oder »Business graphics«), wo man den jeweils letzten Stand erfährt.

Aber selbst die teuersten Spezialprogramme werden vermutlich niemals so flexibel wie wir selbst mit Bleistift und Papier. Ich habe mich z. B. oft über das ansonsten sehr komfortable *Harvard Graphics* ärgern müssen, mit dessen Hilfe die meisten Grafiken in diesem Kapitel entstanden sind, etwa weil sich die Strichstärke bei Kurvendiagrammen zwar prinzipiell verändern lässt (die meisten Amateure können das nicht), aber nur wenn sie durchgezogen sind. Gepunktete oder gestrichelte Linien dagegen gibt es nur als Haarstrich, d. h. bei mehreren Linienformaten im gleichen Diagramm werden alle nur sehr dünn gedruckt, sodass ich schon so manche Kurve von Hand nachzeichnen musste. Wie komfortabel und flexibel ein Präsentationsprogramm also auch immer sein mag, so flexibel wie Lineal und Bleistift wird es nie und deshalb werden auch in Zukunft die großen Meisterwerke der Datengrafik zumindest teilweise von Hand entstehen.

Was macht eine gute Grafik aus?

Eine gute Grafik vermeidet optische Täuschungen. Sie stellt das Wesentliche der Daten klar heraus, sie beschönigt nichts und verschleiert nichts. Überlegen Sie daher zuerst: Worauf kommt es mir bei dieser Grafik an? Welche Information will ich vermitteln? Ist eine Grafik überhaupt dazu geeignet? Und wenn ja, welche grafischen Mittel (Kurven-, Säulen-, Balken- oder Tortendiagramm, zwei- oder dreidimensionale Darstellung, Box-Plots, Karte oder Piktogramm) setze ich am besten ein?

Unabhängig vom Format haben sich dabei die folgenden Regeln durchgesetzt:

1. Überschrift: Jede Grafik (Schaubild, Abbildung) braucht einen Titel bzw. eine Über- oder Unterschrift.
2. Legende: Alle verwendeten Symbole sind in der Grafik selbst (die in der Regel beste Lösung) oder am Fuß der Grafik (weni-

133

ger gut) in einer Legende zu erklären. Eine Grafik muss für sich alleine lesbar sein.

3. Achsen: Alle Achsen sind zu beschriften und geeignet zu unterteilen (weder zu fein noch zu grob).

4. Lesbarkeit. Alles überflüssige Beiwerk (»Chartjunk«) ist zu vermeiden. Eine Grafik soll sich auf das Wesentliche konzentrieren.

5. Informationsgehalt: Grafiken, die nur zwei oder drei Zahlen optisch aufbereiten, sollte man in wissenschaftlichen Arbeiten vermeiden. Eine wissenschaftliche Arbeit ist etwas anderes als ein Artikel für die Bild Zeitung.

Unsere nächste und letzte Grafik verbindet diese Regeln zusätzlich noch mit künstlerischer Kreativität. Sie ist das Werk des französischen Grafikers Charles Joseph Minard und erzählt auf wenigen Quadratzentimetern Napoleons kompletten Rußland-Feldzug nach: Datum, Stärke, Marschrichtung und Aufteilung der Armee, Wetter und Terrain. Das Original ist farbig, und deshalb nochmals eindrucksvoller, aber selbst in dieser Schwarz-Weiß-Reproduktion entfaltet sich Napoleons Desaster vor unseren Augen als wären wir dabei: der breite Strom der Invasionsarmee (422 000 Mann) beim Überschreiten der polnisch-russischen Grenze im Juni 1812, das Abzweigen mehrerer Divisionen nach Norden bald danach, die ständigen Verluste auf dem Weg nach Moskau in zahlreichen kleineren Gefechten mit einem Gegner, der einer Entscheidungsschlacht ausweicht und auf das Wetter und den russischen Winter vertraut, der Einmarsch in Moskau mit nur noch 100 000 Mann, der Entschluß zum Rückmarsch im Oktober, und dann das Desaster des Rückzugs selbst, unter ständigen Verlusten (die größten an der Beresina) zunächst im Regen, dann im Schnee, und schließlich im Dezember (das Kürzel »Xbre« in der Grafik heißt Dezember) die letzten 10 000 Soldaten der »Grande Armee« zurück in Polen, von wo sie 6 Monate vorher ausgezogen waren. Alles in Allem sind in dieser Grafik sieben Variablen dargestellt: die Stärke, Marschrichtung und Größe der Armee, die zwei Koordinaten ihres Aufenthaltsortes und der Zeitpunkt, als sie sich an diesem Ort befand, und zusätzlich am unteren Rand auch noch die Kältegrade während des Rückzugs, mit ihrem Tiefpunkt von $-30°$ Celsius am

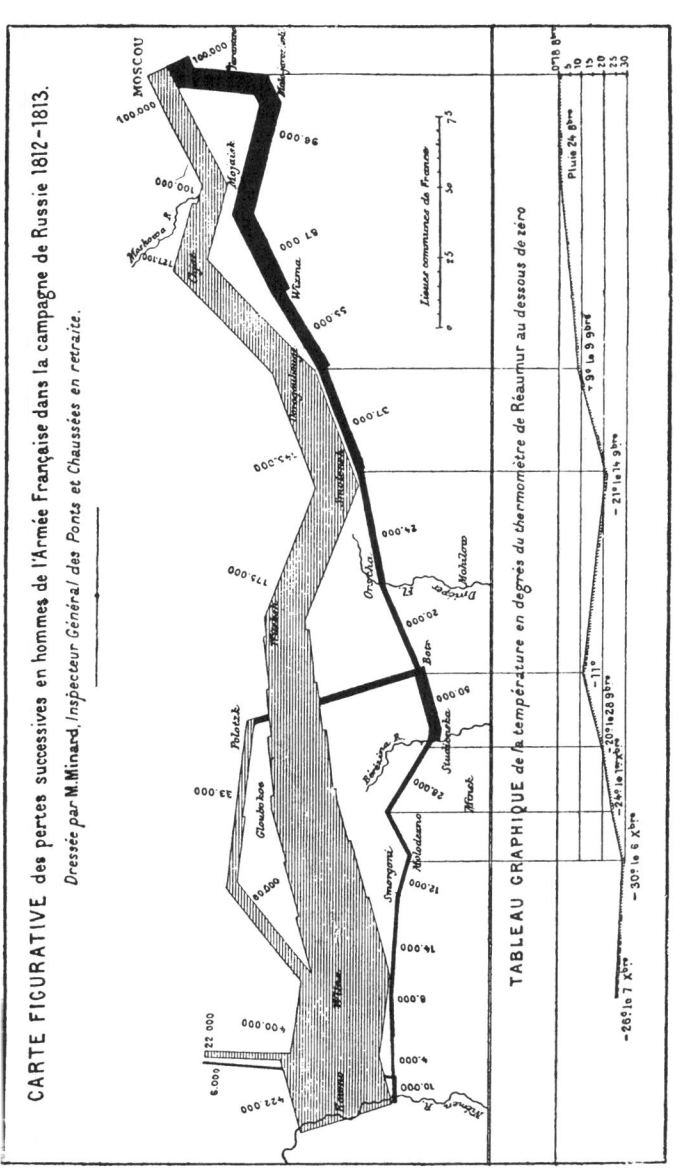

Abb. 38: *Ein grafisches Meisterwerk: Ein 7-dimensionaler Datensatz in einem einzigen Schaubild optisch illustriert.*

135

6. Dezember, als die inzwischen auf 12 000 Mann zusammengeschmolzene Armee in Melodezno schon bis auf 1 000 Kilometer an die rettende polnische Grenze hergekommen war (Napoleon saß zu diesem Zeitpunkt schon hinter seinem Ofen in Paris). Diese Grafik ersetzt mehrere Geschichtslektionen und einen Nachholkurs in Pazifismus noch dazu.

Tabellen

Angenommen, wir wollen wissen, wie viele Menschen bei den diversen Gemetzeln von Napoleons Rußland-Feldzug wirklich umgekommen sind (vorausgesetzt, das wäre überhaupt bekannt). Dafür ist eine Grafik, selbst ein Meisterwerk wie das obige, viel zu grob. Stattdessen bringt man diese Zahlen in einer Tabelle. Kurz gesagt eignen sich Tabellen mehr zur Vermittlung quantitativer und Schaubilder mehr zur Vermittlung qualitativer Informationen. Oder anders ausgedrückt: Wenn Sie wollen, dass der Leser schnell ein komplettes Bild erfasst, dann verwenden Sie eine Grafik; wenn Sie wollen, dass er auch das Kleingedruckte liest, dann nehmen Sie eine Tabelle.

Genauso wie es schlechte Grafiken gibt, gibt es aber auch schlechte Tabellen. Abb. 39 zeigt eine davon – eine Liste der 15 Mitgliedsstaaten der EU mit ihrer jeweiligen Fläche und dem Flächenanteil, der von Wald bestanden ist. Diese Tabelle ist aus verschiedenen Gründen misslungen.

- Erstens ist sie zu exakt. Kein Mensch will wissen, ob die Fläche Finnlands 338 107 Quadratkilometer zählt (ganz abgesehen davon, dass diese Flächen wegen vielfältiger Probleme mit Landesgrenzen und Binnen- wie Küstengewässern ohnehin niemals exakt zu messen sind). Diese Präzision ist überflüssig, platzverschwendend und ermüdend – hier hätten runde Tausender völlig ausgereicht.
- Zweitens ist die Tabelle schlecht sortiert. Die Anordnung der Daten lässt jedes System vermissen, als hätte man sie aus dem Müll gefischt. Und ohne Muster fällt uns das Behalten und Sortieren von Daten erheblich schwerer.

136

Fläche und Waldbestand der Länder der EG

	Belgien	Deutsch-land	Däne-mark	Finnland	Frank-reich	Griechen-land	Groß-britannien	Irland
Fläche(km²)	30519	357336	43075	338107	547107	131944	244046	70283
davon Wald	20 %	29 %	11 %	69 %	27 %	44 %	9 %	5 %
	Italien	Luxem-burg	Nieder-lande	Öster-reich	Portugal	Schweden	Spanien	
Fläche(km²)	301252	2586	41548	84854	92082	450984	504784	
davon Wald	21 %	34 %	8 %	38 %	32 %	62 %	31 %	

Abb. 39: Eine schlecht organisierte Tabelle: horizontale statt vertikale Anordnung, exzessive Präzision, keinerlei vernünftiges System.

- Drittens sind Zeilen und Spalten falsch gewählt. Wir tun uns nämlich erheblich leichter mit dem Vergleichen von Zahlen, die übereinander statt nebeneinander stehen. Vergleichen Sie etwa 61 613 und 123 734 einmal nebeneinander so wie hier und einmal übereinander:

$$123\,734$$
$$61\,613.$$

Jetzt sehen wir sofort, dass die eine Zahl rund das Doppelte der anderen beträgt. Die senkrechte Anordnung der Zahlen macht das Ignorieren von überflüssigen Ziffern leichter und rückt die wichtigen, nämlich die vorderen Ziffern klar ins Rampenlicht. Bei waagrechter Anordnung dagegen lesen wir in der Regel erst eine Zahl komplett zu Ende, bevor wir zur nächsten springen, und das ist weder für das Auge noch für das Gedächtnis angenehm. Wir müssen ja, um zwei Zahlen zu vergleichen, beide zusammen ins Gedächtnis laden und das fällt umso schwerer, je mehr Ziffern wir dabei bedenken müssen. Die meisten Menschen haben beim Vergleich zweier Zahlen mit mehr als drei Ziffern die erste schon vergessen, wenn sie die zweite lesen, und deshalb beschränken gute Tabellen die Zahl der Ziffern, wenn es irgend geht, auf höchstens zwei bis drei.

Die alternative Tabelle (Abb. 40) der Landesflächen trägt diesen Kritikpunkten Rechnung. Sie verzichtet auf alle überflüssigen Zif-

Fläche und Waldbestand der Länder der EG

	Fläche (1000 km²)	davon Wald
Frankreich	547	27 %
Spanien	504	31 %
Schweden	451	62 %
Deutschland	357	29 %
Finnland	338	69 %
Italien	301	21 %
Großbritannien	244	9 %
Griechenland	132	44 %
Portugal	92	32 %
Österreich	85	32 %
Irland	70	5 %
Dänemark	43	11 %
Niederlande	42	8 %
Belgien	31	20 %
Luxemburg	3	34 %

Abb. 40: Eine leserfreundliche Tabelle: Vertikale Anordnung der Zahlen, maximal drei Dezimalstellen, Länder der Größe nach sortiert.

fern, ordnet die Länder der Fläche nach und listet die wichtigen Zahlen untereinander statt nebeneinander auf. Zusätzlich ist auch die Schrift jetzt etwas kleiner, als Zusatzhilfe für das Auge, das dadurch Wege spart. Vielleicht ist diese Tabelle immer noch nicht optimal – besser als die erste ist sie ganz bestimmt.

Halten Sie sich bei Tabellen also an die folgenden groben Richtlinien:

1. Titel bzw. Überschrift: Wie schon Schaubilder brauchen auch Tabellen einen Titel bzw. eine Überschrift (und bei mehr als einer Tabelle in der Arbeit außerdem noch eine Nummer).

2. Ordnung: Daten verlangen nach Struktur. Eine Tabelle ist kein Mülleimer, sondern – im Idealfall – ein appetitlich gedeckter Datentisch. Insbesondere sind daher unredigierte Computerausdrucke in der Regel für eine Arbeit ungeeignet.

138

3. Klarheit: Hände weg von exzessiver Präzision. Von Ausnahmen abgesehen (etwa naturwissenschaftlichen Experimenten, wo es auf jede Dezimalstelle ankommt), ist jede Ziffer nach der zweiten oder höchstens dritten Stelle überflüssig.

Weiterführende Literatur

Anleitungen zum grafischen Aufbereiten von Daten gibt es heute stapelweise (im Buchhandel vor allem unter »Business Graphics« oder »Presentation Graphics« angeboten). Ich selbst habe mich hier an mein eigenes Buch *So überzeugt man mit Statistik* gehalten, aus dem auch einige Passagen übernommen sind (Krämer 1994). Daneben empfehle ich Riedwyl (1987), Zelasny (1988), Geßler (1993) und ganz besonders die drei Klassiker *The visual display of quantitative information, Invisioning information* und *Visual Explanations* von Edward Tufte (1983, 1990, 1997). Wenn Sie einmal rundum schöne Bücher suchen – hier sind drei davon.

Nicht empfehlen kann ich dagegen die zahlreichen Leitfäden zur Computergrafik, die es heute allenthalben gibt, und worunter ich noch keinen gesehen habe, für den ich freiwillig mehr als eine Mark bezahlen würde.

Speziell zum Missbrauch von Datengrafiken siehe auch Monmomier (1991) und Krämer (1997), speziell zu Piktogrammen Koberstein (1973) und speziell zu Kartogrammen Imhof (1973). Bei Tabellen helfen die Norm DIN 55 301: »Gestaltung statistischer Tabellen« oder Ehrenberg (1979, 1981).

6.

Sprachliches Gestalten

*»Nichts ist schwerer, als bedeutende Gedanken
so auszudrücken, dass jeder sie verstehen muss.«*

(Schopenhauer, Über Schriftstellerei und Stil)

Kurze Wörter, knappe Sätze

Ein bekannter römischer Feldherr sandte einmal folgende Meldung in die Heimat:

> Entsprechend den allgemeinen Richtlinien für die Kriegsführung auf dem Lande hat das von mir geführte Expeditionskorps, nachdem es im Territorium des Feindes angekommen war und nach einer allgemeinen Aufklärung der Lage, wobei den geübten Augen unserer Späher eine temporäre Schwäche des Gegners nicht unverborgen bleiben konnte, unter geschickter Ausnutzung dieses taktischen Vorteils die Aufständischen in ein vor allem für sie selbst sehr verlustreiches Gefecht verwickelt, das nach einigem Hin und Her mit ihrer vollständigen Niederlage seinen Ausgang nahm.

Wie wir heute wissen, hat Caesar diese Nachricht aber anders aufgeschrieben:

> Veni, vidi, vici.

Damit haben wir auch schon die erste und wichtigste aller Stilregeln – je knapper, desto besser – in Aktion gesehen.

Natürlich sind Examens- und Diplomarbeiten keine Kriegsberichte. Und vermutlich hat Caesar damals mehr als nur diese drei ganz offenbar auf Wirkung ausgerichteten Worte an den Senat nach Rom geschrieben. Aber dennoch: Diese Botschaft sollte uns als Mahnung dienen, nicht zu schwafeln und stattdessen kurz und knapp zu formulieren.

Kurze Sätze

Diese Regel fängt bei den Sätzen an: Je kürzer, desto besser kann der Leser folgen, je länger, desto länger muss der Leser brüten. Nur selten, wie bei Heinrich von Kleist oder Thomas Mann z. B., kommen lange Sätze daher »wie eine Prozession mit einer Kerze nach der anderen« (Mark Twain). Der Regelfall ist eher die stückweise untergetauchte Seeschlange, der mehrfach verschlungene Spaghettiknoten, so wie das folgende Monster, das mir einmal in einer sozialpolitischen Fachzeitschrift begegnet ist:

> Vor dem Hintergrund der zwischen 1970 und 1978 aufgrund von Wanderungsgewinnen gegenüber dem Ausland gestiegenen Bevölkerungszahl bei gleichzeitig sinkendem Anteil der Kinder und Jugendlichen unter 15 Jahren führt die Quantifizierung des Einflusses der Bevölkerungsentwicklung auf Veränderungen der allgemeinen Morbidität und der Inanspruchnahme von Gesundheitsleistungen zu dem Ergebnis, dass in der jüngsten Vergangenheit die demografische Komponente im Vergleich zu anderen Faktoren kaum in entscheidendem Maße wirksam geworden sein dürfte.

»Da schmieren sie, wie bezahlte Lohnlakeien, hastig hin, was sie zu sagen haben, in den Ausdrücken, die ihnen eben ins ungewaschene Maul kommen, ohne Stil, ja ohne Grammatik und Logik« (Schopenhauer). Bis wir hier zum Kern des Satzes kommen, braucht man schon das erste Aspirin. Die eigentliche Botschaft, dass der demografische Wandel unser Gesundheitswesen nur am Rande berührt, erfahren wir erst ganz am Schluss. Außerdem werden hier viel zu viele Aussagen in einen Satz gepackt: Die Bevölkerung Westdeutschlands ist gestiegen. Der Grund sind vor allem Wanderungsgewinne. Gleichzeitig ist auch der Anteil der älteren Menschen gewachsen. Beides wirkt sich auf die Nachfrage nach Gesundheitsgütern aus, aber verglichen mit anderen Faktoren ist dieser Einfluss eher unbedeutend.

Für sich allein genommen sind alle diese Sätze klar (wenn auch nicht notwendig wahr). Zusammen in einen Topf geworfen stehen sie sich gegenseitig im Weg und machen aus einem klaren Argument einen reichlich verworrenen Salat.

Ein kluger Schreiber packt daher möglichst nur eine Aussage in einen Satz: 1. Die Bevölkerung insgesamt ist gestiegen. 2. Der Anteil und die Anzahl alter Menschen haben sogar noch stärker zugenommen. 3. Beides zusammen lässt die Nachfrage nach Gesundheitsgütern nicht unberührt. 4. Verglichen mit anderen ist dieser Effekt aber vernachlässigbar usw. Besser das alles nicht zu einem einzigen Paket verknoten.

Wenn Nebensätze, dann kurz und möglichst nicht geschachtelt und mit klar getrennten Rollen: Die Hauptsache in den Hauptsatz, die Nebensache in den Nebensatz und nicht umgekehrt. Schreiben Sie also nicht:

> Der unscheinbare Nachbar, der seine Frau mit einer Kreissäge brutal entzweigeschnitten hatte, wohnte nur drei Häuser weiter.

sondern:

> Der unscheinbare Nachbar, der nur drei Häuser weiter wohnte, hatte seine Frau mit einer Kreissäge brutal entzweigeschnitten.

Auch Nebensatzkaskaden wie die folgende verwirren jeden Leser:

> Der unscheinbare Nachbar, der seine Frau, die er im letzten Urlaub, den er in Italien verbrachte, kennengelernt hatte, brutal mit einer Kreissäge entzweigeschnitten hatte, wohnte nur drei Häuser weiter.

Die allgemeine Regel heißt dabei: lange Pausen im eigentlichen Satz vermeiden. Der durchschnittliche Leser verliert nach mehr als zehn Wörtern Zwischentext den roten Faden, er muss zurücklesen. Und wer liest schon gerne zurück? Die Meisten lesen einfach weiter und denken sich ihren Teil. Mit etwas Glück haben sie die Hälfte der Aussage verstanden (und diejenigen, die die Aussage komplett verstehen *müssen*, etwa weil sie die Arbeit zu begutachten haben, sind nach einer Weile reif für das Genesungsheim und werden dem Verursacher gerne dafür danken).

Können Sie den folgenden Satz ohne Zurücklesen verstehen:

> Mit jeder der in Übersicht B.2 aufgeführten Handelsvariablen als endogener Variable wurden für 1978, 1980 und 1982 je drei Modelle geschätzt, die als exogene Variable entweder Sachkapitalintensität, Modernitätsgrad des Anlagevermögens, Facharbeiteranteil und Beschäftigtenanteil in Forschung und Entwicklung – einmal auf Branchen-, einmal auf Systemebene gemessen – oder anstelle der Sachkapitalintensität die entsprechende Größe nach dem Benutzerkonzept ermittelt (nur auf Industrieebene) enthielten.

142

Auch der folgende Satz, über den ich in einer Bundestags-Drucksache gestolpert bin, legt zwischen dem ersten und dem zweiten Teil des Hauptsatzes eine viel zu lange Pause ein:

> Der soziale Wandel – bezogen unter anderem auf Krankheitsbilder und ihre Verlagerung hin zu chronischen Volkskrankheiten sowie deren zunehmenden psychosozialen Verursachungen und Verstärkungen, ebenso aber auch bezogen auf die Entwicklung des Angebots an medizinischen und sozialen Leistungen – läßt die Frage berechtigt erscheinen, ob die Angebote des Sozialleistungs- und Medizinsystems noch problemadäquat sind oder der Weiterentwicklung bedürfen.

Bis wir hier das Prädikat »läßt die Frage berechtigt erscheinen« erreichen, haben wir längst vergessen, wer oder was die Frage eigentlich berechtigt erscheinen lässt.

Am besten denkt man beim Schreiben an eine Person, die einen Text nur hört, aber nicht liest. Kann diese den Gedanken folgen, dann ist der Satz gelungen. Kann diese den Gedanken nicht mehr folgen, dann ist der Satz zu lang. Fragen Sie sich also immer wieder: »Kann man meine Sätze auch dann noch verstehen, wenn sie im Radio vorgelesen werden?« Wenn wir hierauf guten Gewissens mit »ja« antworten können, sind unsere Sätze gut gebaut.

Kurze Wörter

Genauso wie lange Sätze bremsen auch lange Wörter unnötig den Lesefluss. Vielsilber wie Orientierungshilfe, Interdisziplinarität, Gesamtförderungszeitraum, Ursachenzusammenhang oder Auslandsreisekostenverordnung sind genauso hässlich wie überflüssig. Sie sind hässlich, weil sie uns die Zunge verknoten, sodass wir zischen und stottern wie eine Espressomaschine vor dem Explodieren. Sie sind überflüssig, weil sie sich oft durch kürzere Wörter (»Orientierungshilfe« etwa durch »Rat« oder »Ursachenzusammenhang« durch »Grund«) oder durch mehrere weniger hässliche Einzelwörter ersetzen lassen (»Auslandreisekostenverordnung« etwa durch »Verordnung für die Kosten von Auslandsreisen«). Oft sind sie auch wie in den folgenden Beispielen leicht von überflüssigen Silben zu befreien:

unnötig lang	besser
Aufgabenfeld	Aufgabe
Ausnahmefall	Ausnahme
Datenmaterial	Daten
Fragestellung	Frage
Stimmungslage	Stimmung
Erfolgserlebnis	Erfolg
Verbindungslinie	entweder Verbindung oder Linie
Gesundheitszustand	Gesundheit
Planungsprozess	Plan
kriegerische Auseinandersetzung	Krieg
Verwendungszweck	Zweck
Bevölkerungszahl	Bevölkerung
Güteeigenschaften	Güte
Lösungsweg	entweder Lösung oder Weg
Verkehrsaufkommen	Verkehr
Informationsfluss	Information
Grenzlinie	entweder Grenze oder Linie
Gedankengang	Gedanke
Schlussfolgerung	Schluss oder Folgerung
Versprechungen	Versprechen
Zielvorstellung, Zielsetzung	Ziel

Das Non plus ultra an Kürze sind natürlich Einsilber: ich, du er, sie, es, Mann, Frau, Rat, Tat, Glück, Geld, Gold usw. Je mehr davon in einem Satz vorkommen, desto leichter ist dieser Satz zu lesen und desto melodischer klingt er in unseren Ohren. Der unsterbliche Satz von Goethe (aus seinem Gedicht »Der Fischer«):

Halb zog sie ihn, halb sank er hin,

besteht nur aus Einsilbern und zählt vielleicht auch deshalb zu den schönsten je auf deutsch geschriebenen Zeilen überhaupt.

Diese Vollkommenheit des Ausdrucks erreicht eine Examens- und Diplomarbeit natürlich nicht und soll sie auch gar nicht erreichen. Aber je näher wir diesem Ideal kommen, desto dankbarer werden unsere Leser sein.

144

Stopfstil vermeiden

Kurze Wörter und kurze Sätze sind das beste Mittel gegen Sprachverstopfung, den häufigsten Anfängerfehler im schriftlichen Ausdruck überhaupt. Diese Sprachverstopfung entsteht oft aus dem durchaus gut gemeinten Bemühen heraus, einen Sachverhalt besonders klar und deutlich auszudrücken, das aber allzu oft diese Unklarheit überhaupt erst erzeugt. Es ist nämlich eine absolute Illusion zu glauben, dass Präzision des Ausdrucks nur mit viel verbalem Aufwand herzustellen sei. Eher ist das Gegenteil der Fall. Nur wenige Texte wie »veni, vidi, vici« vertragen keine Kürzungen. Die meisten werden durch Entschlacken nicht schwächer, sondern stärker. Drei Viertel der folgenden Anleitung aus meinem Word-Handbuch sind zum Beispiel völlig überflüssig oder sogar kontraproduktiv:

> Wenn Sie einen Text direkt formatieren, speichert Word die angegebenen Formatierungsmerkmale zusammen mit dem Text, dem sie zugeordnet sind; bei indirekter Formatierung mittels Druckformaten jedoch speichert Word zusammen mit dem Text nur den Namen des von Ihnen gewählten Druckformats. Indem Sie einem Text einen Druckformatnamen zuordnen, geben Sie Word die Anweisung, die Formatierungsmerkmale des entsprechenden Druckformats aus der Druckformatvorlage abzurufen und sie zur Formatierung dieses Textes auf dem Bildschirm oder beim Drucken zu verwenden.

Welch ein Wortsalat! Sicher war das alles gut gemeint – nur verständlich ist es nicht. Nicht wegen prinzipieller Unverständlichkeit, sondern wegen zu viel unnötiger Präzision. Der größte Teil dieses Textes ist nichts als funktionsloser, zäher Brei, der einem das Gehirn verklebt. Eher hätte sich Cäsar die Hand amputieren lassen als so zu schreiben.

Diese Anleitung zu meinem Textverarbeitungssystem tut mir genauso weh wie die bekannte Bahnhof-Ansage bei der Einfahrt eines Intercity-Zuges, bei der ich jedesmal gerne den Sprecher wachrütteln würde, damit er nicht nur spricht, sondern auch denkt: »Die Wagen der ersten Wagenklasse halten in den Abschnitten A und B, die Wagen der zweiten Wagenklasse halten in den Abschnitten C bis E. Im hinteren Teil des Zuges befindet sich ein Zugtelefon« etc. Warum lässt er nicht den »Wagen« in »Wagenklasse« und den »Zug« in »Zugtelefon« einfach weg? Cäsar hätte hier sicher nur »Erste Klasse A und B, zweite Klasse C bis E, Telefon hinten« angesagt – und jeder wüsste gleich Bescheid.

Genauso ist auch die obige Word-Anleitung durch Kürzen erheblich zu verbessern:

> Bei direkter Formatierung speichert Word den Text zusammen mit dessen Merkmalen. Bei indirekter Formatierung speichert Word nur den Namen des Formats und fügt die Merkmale selbst erst bei Bedarf hinzu.

Auch diese Version verdient noch nicht den Nobelpreis für Literatur, aber sie ist doch beträchtlich leichter zu verstehen. Warum immer wieder »Druckformatvorlage« schreiben, wenn es außer Druckformatvorlagen keine anderen Vorlagen gibt? Diese Amtsdeutsch-Scheinpräzision ist alles andere als präzise, sie verhüllt statt informiert, sie ermüdet, verstopft unser Gehirn und kostet obendrein noch Platz.

Hier sind einige weitere wortreiche Floskeln, die ohne Schaden durch kürze Wörter zu ersetzen wären:

unnötig lang	besser
die überwiegende Zahl von	die meisten
auf diese Weise	so
in einer nicht unerheblichen Zahl von Fällen	oft
in seltenen Ausnahmefällen	selten
bei Wegfall von	ohne
zeitlich im Vorfeld von	vor
über einen längeren Zeitraum hinweg	lange Zeit

Adjektive und Adverbien

Weitere beliebte Zutaten des teutonischen Stopfstils sind Adjektive und Adverbien. Die meisten, wie bei der »trauernden Witwe« oder dem »strahlenden Sieger«, sind völlig überflüssig, denn dass Witwen trauern und dass Sieger strahlen, weiß man sowieso. Nur wenn die Witwe strahlt und der Sieger trauert, bräuchte man ein Adjektiv. Wiederholt das Adjektiv dagegen nur das Substantiv, so lässt man es wie in den folgenden Beispielen besser weg:

146

schlecht	besser
erhaltene Ergebnisse	Ergebnisse
deskriptive Beschreibung	Beschreibung
durchschnittliche Lebenserwartung	Lebenserwartung
fundierte Grundlagen	Grundlagen
quantitative Abschätzung	Abschätzung
asymptotischer Grenzwert	Grenzwert
resümierende Zusammenfassung	Zusammenfassung
empirische Anwendung	Anwendung
entstandene Situation	Situation
telefonischer Anruf	Anruf

Das Gleiche gilt auch für Adverbien. Oft sind diese wie bei »irrtümlich vergessen« und »nach oben steigen« schon im Verb enthalten und damit überflüssig. Nur wer etwas mit Absicht vergisst oder nach unten steigt, braucht ein Adverb.

Achtung Genitiv

Der nächste Kandidat für den Rotstift ist der Genitiv. Eigentlich zur Umschreibung eines anderen Hauptwortes gedacht, wie in »der Schein des Lichts«, »die Frau des Oberförsters« oder »das Geheimnis der hohlen Nadel«, versteckt statt umschreibt er allzu oft den eigentlich interessanten Begriff: Vor dem Beginn des Frühstücks, nach dem Ende des Abendessens, zur Vornahme einer Kurssicherung, wegen Geltung der Kaufkraftparität, bei Ausbruch eines Feuers usw. In allen diesen Fällen steht das wichtige Wort dort, wo es *nicht* hingehört, nämlich im Genitiv, während der Platz des Meisters von einem belanglosen Füllwort eingenommen wird: Beginn, Ende, Vornahme, Geltung, Ausbruch usw. Dieser Rollentausch verwirrt den Leser und vertuscht zudem, dass der Genitiv hier überhaupt nicht nötig ist: »Vor dem Frühstück«, »nach dem Abendessen«, »zur Kurssicherung«, »wegen Kaufkraftparität« oder »bei Feuer« hätten völlig ausgereicht.

Sagen Sie also: Der IC 705 verspätet sich statt: Die Ankunft des IC 705 verspätet sich und: Der Premierminister hat alle überrascht statt: Die Rede des Premierministers hat alle überrascht. Das Ziel

147

der Europäer ist nicht »die Schaffung eines gemeinsamen Marktes«, sondern ein gemeinsamer Markt, dem nicht »die Probleme der Agrarsubventionen«, sondern die Agrarsubventionen im Wege stehen, wobei auch der amerikanische Dollar und nicht »die Bewegung des Kurses des amerikanischen Dollars« zu beachten ist. Die Postbediensteten in den neuen Bundesländern streiken nicht »zur Unterstützung der Forderung nach Gewährung eines 13. Monatsgehalts«, sondern kurz und bündig für ein 13. Monatsgehalt, und der Krieg am Golf fand nicht »zur Vorbereitung von Maßnahmen zur Befreiung Kuwaits«, sondern schlicht und einfach zur Befreiung Kuwaits statt (und zur Beruhigung der amerikanischen Ölkonzerne natürlich auch).

Diese Beispiele zeigen noch eine weitere hässliche Eigenschaft des Genitivs: Er lädt zum Treppenbilden ein. Die Bewegung des Kurses des amerikanischen Dollars, die Unterstützung der Forderung nach Gewährung eines 13. Monatsgehalts, die Feststellung der Struktur der Menge der beschränkten Funktionen einer Variablen x, die Beschreibung des Verhaltens der Variablen des Modells der Kursänderung der Aktien, die Ermittlung der Höhe der Leistungsausgaben der gesetzlichen Krankenversicherung der Bundesrepublik, die Definition der Bedingungen des Solidarprinzips der sozialen Sicherung und so fort. Manche dieser Treppen scheinen niemals aufzuhören. Der folgende Satz aus einer schon weiter oben zitierten Arbeit bringt es so auf sage und schreibe sieben Stufen, ehe diese Genitiv-Kadenz am Schluss versiegt:

Die hier sehr kurz und damit notwendigerweise auch sehr stark verkürzt angeführten Überlegungen zum Zusammenhang von Faktorausstattung, Faktoreinsatz und Außenhandel liefern die Basis der ökonometrischen Untersuchungen der Bedeutung des Produktionsfaktoreinsatzes für die Ex- und Importe von Industrien des verarbeitenden Gewerbes der Bundesrepublik Deutschland in Abschnitt B2.

Dieser Satz verdeutlicht in mehrfacher Hinsicht, warum ich nach der Lektüre dieser Arbeit reif für einen Urlaub war. Erstens wimmelt er von überflüssigen Adjektiven und Adverbien. Zum Beispiel erhält das Adjektiv »angeführt« bei »Überlegungen«, obwohl selbst schon überflüssig, auch noch die Umstandsbestimmungen »sehr kurz und damit notwendigerweise auch stark verkürzt«, in

148

die selbst nochmals zwei überflüssige Adverbien, nämlich »stark« und »notwendigerweise«, eingeschaltet sind. Zweitens beginnt bei »Basis« ein wahrer Sumpf von Genitiven und sonstigen Objektbestimmungen, in denen jeder Leser wie im Teufelsmoor hilflos versinken muss. Käme nicht der Rettungsanker »in Abschnitt B2« am Ende, fände hier niemand mehr heraus.

Gegen dergleichen Darmverschlingungen hilft nur ein Radikalrezept: Nie mehr als einen Genitiv, falls überhaupt, an einem Stück. Der Satz: »Diese Überlegungen liefern die Basis von Abschnitt B2« hätte im letzten Beispiel völlig ausgereicht.

Aber hat nicht ...

»Aber hat nicht ein Meister der deutschen Sprache wie Thomas Mann in Adjektiven und doppelten Verneinungen, im Passiv, in Hauptwörterei und in Bandwurmsätzen geradezu geschwelgt?« höre ich jetzt viele protestieren.

Ja, er hat. »Die glühende Leere des Himmels fällt mir Tag für Tag zur Last, die Grellheit der Farben, die ungeheure Naivität und Ungebrochenheit des Lichts erregt wohl festliche Gefühle, sie gewährt Sorglosigkeit und sichere Unabhängigkeit von Wetterlaunen und -rückschlägen; aber ohne dass man sich anfangs Rechenschaft davon gäbe, lässt sie tiefere, uneinfache Bedürfnisse der nordischen Seele auf verödende Weise unbefriedigt und flößt auf die Dauer etwas wie Verachtung ein« (Mario und der Zauberer).

Glühend, ungeheuer, festlich, Grellheit, Ungebrochenheit, Sorglosigkeit, Unabhängigkeit, vielsilbige Wörter, Adjektive, lange Sätze und als Krönung die »uneinfachen Bedürfnisse« – Todsünden eine wie die andere, aber dennoch deutsche Prosa wie sie besser niemand schreiben könnte.

Der Grund ist, dass die Faustregeln dieses Kapitels sozusagen nur die »lokale« Klarheit und Verständlichkeit betreffen, die handwerklichen Regeln, einzelne Ideen und Gedanken allgemeinverständlich auszudrücken. Wer das kann, hat auch die Freiheit, diese Regeln so wie Thomas Mann für höhere Zwecke über Bord zu werfen: um eine Stimmung auszudrücken, um Sätze oder ganze Paragrafen besser zu verklammern, um der Sprache Nuancen zu entlocken, die anders nicht beschrieben werden können, aber das ist Kunst und hat mit dem Alltagsgeschäft der wissenschaftlichen Informationsvermittlung nicht mehr viel zu tun.

Verben versus Substantive

Eine der größten Sünden deutscher Texte ist der Nominalstil. Warum, so scheinen sich viele Sprachschuster zu fragen, soll ich ein Verb benutzen, wenn es für den gleichen Zweck auch noch ein schönes Hauptwort gibt? Warum »Bitte zahlen Sie die Rechnung« schreiben, wenn »Um die Bezahlung der Rechnung wird gebeten« auch noch möglich ist? So kommen dann Monster zustande wie »Die Bearbeitung Ihres Widerspruches erfordert die Beibringung eines Steuerbescheinigungs-Duplikats« oder »die Schaffung eines EDV-gestützten Systems für eine anforderungsgerechte Übermittlung und Verarbeitung des warenbezogenen Informationsflusses bei der Deutschen Bundesbahn«, mit dem ein Vorstand dieses Unternehmens einmal seine Aufgaben beschrieb.

Diese Sätze kranken an akuter Hauptwortverstopfung. Zu viele Hauptwörter, vor allem die abstrakten mit -ung, -heit und -keit am Schluss (Bearbeitung, Beibringung, Schaffung) nehmen jedem Satz die Lebensfreude und die Luft. Zuweilen sind sie unvermeidlich, denn jeder Satz braucht in der Regel mindestens eins davon, aber im Übermaß ersticken sie jeden Lesespaß. Von den Ausnahmen »echter« bildhafter Substantive abgesehen (Haus, Baum, Sonne, Himmel, Mutter, Vater etc.) vermitteln Hauptwörter eine Botschaft viel mühsamer als ein Verb: »Der Umsatz wuchs um drei Prozent« klingt besser als »Das Wachstum des Umsatzes betrug drei Prozent«, »A widerspricht B« klingt besser als »A steht im Widerspruch zu B« und »Kapitel 5 schließt die Arbeit ab« klingt besser als »Kapitel 5 bildet den Abschluss der Arbeit«. In allen Fällen drückt das Verb das Gemeinte sowohl kräftiger als auch knapper aus.

150

Erst Verben blasen der Sprache Leben ein, erst Verben bringen Musik in einen Text. Verwenden Sie daher in den folgenden Beispielen statt des müden Tandems Hilfswort-Hauptwort (oder Blassverb-Hauptwort) besser das passende Vollblutverb:

schlecht	besser
Anweisung geben	anweisen
Aufputschmittel sein	aufputschen
Ausdruck geben	ausdrücken
Aussage darstellen	aussagen
Bezahlung vornehmen	bezahlen
Charakterisierung liefern	charakterisieren
Hinweis geben	hinweisen
sich Sorgen machen	sich sorgen
Erlaubnis geben	erlauben
Einfahrt haben	einfahren
Eingang finden	eingehen
Einfluss nehmen	beeinflussen
Ersatz sein für	ersetzen
Entlassung vornehmen	entlassen
Fragen stellen	fragen
Gewinnmitnahmen tätigen	Gewinne mitnehmen
Hinweis geben	hinweisen
schwankenden Verlauf nehmen	schwanken
Kennzeichen sein für	kennzeichnen
Niederschlag finden	sich niederschlagen
Mitglied sein von	gehören zu
einen konvexen Verlauf haben	konvex verlaufen
Rat erteilen	raten
einer Revision unterwerfen	revidieren
Schutz sein vor	schützen vor
Ursache sein für etwas	etwas verursachen
Urteil fällen	urteilen
Verallgemeinerung darstellen	verallgemeinern
Verwendung finden als	dienen als
Voraussetzung sein für	voraussetzen
einen Vorschlag machen	vorschlagen
eine Wahl treffen	wählen
Wirkung entfalten	wirken
Wissen haben über	kennen
Zeichen sein	bezeichnen
Zugriff nehmen	zugreifen
Zusammenfassung sein	zusammenfassen

151

Vermeiden Sie genauso die Konstruktion Hilfsverb-Adjektiv, besonders wenn das Adjektiv aus einem Verb abgeleitet ist. Dann versieht nämlich das Verb, wie in den folgenden Beispielen, auch allein und besser seinen Dienst:

schlecht	besser
ist abhängig	hängt ab
ist angewiesen auf	braucht
ist ansteigend	steigt an
ist atemberaubend	raubt den Atem
ist auffällig	fällt auf
ist ausreichend	reicht aus
ist ausschlaggebend	gibt Ausschlag
ist beruhigend	beruhigt
ist dominierend	dominiert
ist fallend	fällt
ist geeignet	eignet sich
ist gültig	gilt
ist hilfsbedürftig	braucht Hilfe
ist konvergent	konvergiert
ist naheliegend	liegt nahe
ist schmeichelhaft	schmeichelt
ist quälend	quält
ist reagibel	reagiert
ist schwerwiegend	wiegt schwer
ist störend	stört
ist wenig aussagekräftig	sagt wenig aus
ist überraschend	überrascht
ist überzeugend	überzeugt
ist unbefriedigend	befriedigt nicht
ist variabel	variiert
ist verschwommen	verschwimmt

Wann immer Sie wählen können zwischen einem Verb und etwas anderem, nehmen Sie das Verb.

Damit wir uns nicht missverstehen: moderne Silbenkombinationen wie »problematisieren«, »thematisieren«, »standardisieren«, »kommunizieren« etc. sind damit nicht gemeint. Dazu im übernächsten Abschnitt mehr.

Weitere Rezepte gegen Sprachverstopfung

Die besten Mittel gegen Sprachverstopfung sind: kurze Wörter, kurze Sätze, Verben anstatt Substantive. Der Königsweg zum schlechten Deutsch dagegen führt über Nebensätzen, Adjektive und Adverbien. In einer englischen Stilfibel habe ich dazu einmal eine schöne Faustregel gelesen: Wenn schon eine nähere Umschreibung eines der zentralen Satzteile Subjekt, Objekt oder Prädikat, dann nie mehr als eine zugleich.

Also: »Das Sozialprodukt stieg um stolze 10 Prozent«
oder: »Das Sozialprodukt stieg überraschend um 10 Prozent«
oder: »Das preisbereinigte Sozialprodukt stieg um 10 Prozent«,
aber nicht: »Das preisbereinigte Sozialprodukt stieg überraschend um stolze 10 Prozent.«

Wie alle Regeln fordert auch diese Ausnahmen geradezu heraus, aber als grober Schutz vor Sprachverstopfung tut sie durchaus ihren Dienst.

Keine präpositionalen Verschachtelungen

Sätze wie »Im unter einer Hungersnot leidenden Zentralafrika hat es lange nicht geregnet«, »Zwischen über die Steuererhöhung erbosten Bürgern gibt es keine Einigung« oder »Der Dollar stabilisierte sich auf gegenüber dem Vortag ermäßigten Niveau« leiden unter einer sogenannten »präpositionalen Verschachtelung«: Zwei Präpositionen (in, unter, über, zwischen, hinter, vor, nach, gegen) folgen unmittelbar aufeinander und das verkraftet der normale Leser nicht. Daher kommen solche Konstruktionen in der gesprochenen Sprache auch kaum jemals vor. Oder können Sie sich vorstellen, dass ein Seminarleiter eine Sitzung eröffnet, »um über durch in sich vernetzte Computer gefährdete Arbeitsplätze« nachzudenken?

Kein Mensch redet so. Dann schreibt man es auch nicht.

153

Die Dinge beim Namen nennen

Kürzlich ließ ein Wirtschaftsjournalist im Fernsehen verlauten, die Börse kranke gegenwärtig an einer »negativen Erwartungshaltung bezüglich der künftigen Aktienkursentwicklung.« Was er sagen wollte war: Die Makler haben Angst vor einem Börsenkrach.

Viele Studierende schreiben wie der Journalist. Sie schleichen um den heißen Brei herum, schreiben »Großvieheinheit« anstatt »Kuh« (etwas übertrieben formuliert), »metabolisches Diskrepanzerlebnis« anstatt »Hunger« und »bewaffnete Auseinandersetzung« anstatt »Krieg«. Dabei darf und soll man auch in einer wissenschaftlichen Arbeit die Dinge beim Namen nennen. Schreiben Sie also »arm« statt »sozial schwach«, »Müllkippe« statt »Entsorgungspark«, »Lärm« statt »unerwünschter Schall«, »wecken« statt »Überführen in den Wachzustand«, »hässlich« statt »ästhetisch defizient« oder »Mutter« und »Vater« statt »Bezugsperson«.

Ja statt nein

Schreiben Sie positiv statt negativ. Ein Leser will wissen, was ist, nicht, was *nicht* ist. Logisch gesehen macht das keinen Unterschied – jede Aussage ist durch ihre Verneinung eindeutig festgelegt und umgekehrt –, aber für den Leser bedeutet jede Verneinung eine Denkleistung extra, die in der Regel aber völlig überflüssig ist.

»Liebe Tierfreunde«, lese ich in einem Schulaufsatz, »Ihr wist alle das der Koala nur in einigen Australischen Euklaliptus Wäldern vorkommt. Deshalb müssen wir alle ferhindern das er keinen platz mer findet.«

Hier musste ich zweimal hinsehen, um den Sinn zu finden, genauso wie bei dem Interview eines Zoologen, der Tierversuche »nicht generell für unverzichtbar« hält, oder wie bei der Forderung einer Politikerin nach einem »Verzicht auf Steuerreduktion«. In allen Fällen halten überflüssige und missverständliche Verneinungen das Verständnis auf. Überflüssig, weil das Gesagte

154

auch positiv zu sagen wäre, und missverständlich, weil viele Menschen auf Kriegsfuß mit der Logik stehen, die ja beim Verneinen als einer logischen Operation immer zu bemühen ist. Bei der Verneinung einer Verneinung z. B. landet man wieder am Ausgangspunkt, d. h. zwei Verneinungen heben sich gegenseitig auf. Der »Verzicht auf die Steuerreduktion« ist das Gleiche wie der steuerliche Status quo, und wer Tierversuche »nicht generell für unverzichtbar« hält, meint wohl, dass diese manchmal nötig sind. Verneint man dagegen eine doppelte Verneinung noch einmal, ist dieses wieder eine einfache Verneinung und spätestens hier fängt die Verwirrung an. Die meisten Menschen wissen noch, dass »kein Meineid« ein regulärer Eid, »nicht unvermeidbar« das Gleiche wie vermeidbar und »nicht unhöflich« das Gleiche wie höflich ist. Was aber denkt die Braut, die einen Heiratsantrag »nicht ohne Missfallen« entgegennimmt? Ist sie erfreut oder bestürzt?

Hier hilft nur Nachdenken: »Ohne Missfallen« heißt: die Braut freut sich. »Nicht ohne Missfallen« heißt daher: die Braut freut sich nicht. Mit anderen Worten, der Bräutigam hatte keinen Mangel an Misserfolg und war unangenehm enttäuscht.

»Ebenso wenig gibt es unter den Fraktionen dieses Hauses keine, die nicht friedenswillig wäre«, erklärte einmal ein Parlamentarier im Deutschen Bundestag. Gemeint war offenbar: Alle Fraktionen sind friedenswillig. Ausgesagt wurde dagegen: es gibt mindestens eine friedensunwillige Fraktion. Die drei Verneinungen »ebenso wenig«, »keine« und »nicht« lassen logisch keine andere Deutung zu.

Solche Fehldeutungen sind ärgerlich und durch positives Formulieren leicht zu vermeiden. Schreiben Sie also »schweigen« statt »nicht sprechen«, »fasten« statt »nicht essen«, »zweifeln« statt »nicht glauben«, »leer« statt »ohne Inhalt«, »klein« statt »nicht groß«, »erfreut« statt »angenehm enttäuscht«, »verschieden« statt »uneinheitlich«, »Rückgang« statt »negatives Wachstum« oder »krank« statt »nicht gesund«. Diese Positivformen sind anschaulicher, leichter zu verstehen und damit besserer Stil.

Aktiv statt Passiv

Meiden Sie das Passiv. Passivsätze sind Langweiler, sie haben kein Leben und schläfern auf Dauer auch die Leser ein. Unsere natürliche und erste Art des Sprechens ist das Aktiv, nicht das Passiv; dieses wird erst später aufgepfropft. Nicht umsonst lernen Kinder und Sprachschüler die Aktivformen der Verben immer zuerst, die Passivformen hinterher; in der gesprochenen Sprache kommt das Passiv daher auch kaum vor.

Warum dann so häufig in der Schriftsprache? Vielleicht weil es die Sprache der Schreibtischtäter ist, die Sprache der Bürokraten und Feiglinge, weil es die Täter verschweigt und von Verantwortung entbindet: Sie werden hiermit aufgefordert, die Produktion wird stillgelegt, die Suppe wird gegessen, um die Bezahlung der Rechnung wird gebeten, in dieser Arbeit wird gezeigt ...

Eine wissenschaftliche Arbeit ist aber kein Kriminalroman. Der Leser will an jeder Stelle wissen, wer was mit wem gerade tut. Von den wenigen Ausnahmen abgesehen, wo nicht in erster Linie das Subjekt, sondern das Objekt einer Aussage interessiert, ist Passiv einfach schlechter Stil.

Schreiben Sie also nicht: »In dieser Arbeit wird nachgewiesen«, sondern »Diese Arbeit weist nach« bzw., wenn Sie mutig sind, »Ich weise nach«. Nur keine falsche Bescheidenheit! Eine alte akademische Tradition verlangt zwar immer noch die Weitergabe wissenschaftlicher Erkenntnis in der Leideform, aber das ist heute überholt. Im Hintergrund stand dabei die Vorstellung des Forschers als passives Medium, durch den sich die Erkenntnis offenbart: Der Wissenschaftler als erleuchteter Prophet, der nur weitergibt und nicht selbst schafft.

So funktioniert Wissenschaft aber nicht. Wissenschaft wird nämlich nicht passiv erduldet, sondern aktiv gemacht. Die Schöpfer unserer Arbeit sind wir selbst und nicht der Heilige Geist. Warum also dieser Eiertanz? Entgegen einem verbreiteten Vorurteil ist das Wort »ich« auch in der Wissenschaft durchaus erlaubt (aber nicht übertreiben: aufgrund von früheren Fassungen dieses Buches sind wahre Ich-Orgien auf meinem Schreibtisch aufgelaufen und das ist genauso unappetitlich wie das nervtötende Passivgeschraube).

156

Vermeiden sollten Sie dagegen den Pluralis Majestetis, es sei denn, Sie sind wirklich Prinz Charles oder Sie haben die Arbeit mit anderen gemeinsam geschrieben. Ansonsten klingen Floskeln wie »wir betrachten nun ...« oder »daher sehen wir ...« reichlich deplaziert. Wenn ein altgedienter Hochschullehrer so redet, mag das angehen, denn die Wir-Form unterstellt auch immer eine gewisse Überlegenheit desjenigen, der diese Führung übernimmt. Bei Studierenden dagegen wirkt sie eher lächerlich. Außerdem schreiben Sie ja auch nicht im Vorwort »Für die Hilfe beim Tippen dieser Arbeit danken wir auch unserer Frau« (bzw. »Für die Hilfe beim Tippen danken wir auch unserem Mann«).

Keine Bisexualität

In letzter Zeit liest man in wissenschaftlichen Texten immer öfter Sätze wie »in der StudentInnenvollversammlung wurde beschlossen, man/frau möge dieses oder jenes tun.« Hier schießt ein durchaus berechtigter Impuls zur Entmännlichung der Sprache übers Ziel hinaus.

Man kann die Gleichberechtigung der Frau auch ohne Sprachverhunzung sichtbar machen. Kunstwörter wie »StudentInnen«, »BürgerInnen« oder »DozentInnen« mit dem modernen großen »I« in der Mitte sind hässlich und hemmen außerdem den Lesefluss. Ähnlich wie die berühmte »und/oder«-Floskel, etwa in dem Satz: »Echte Bonner sind Bonner Bürger, die in Bonn geboren sind und/oder Bonner Eltern haben«, sind sie nur scheinbar knapp und präzise, in Wahrheit aber reichlich umständlich. Den Satz mit den Bonner Bürgern etwa muss man mehrmals lesen, ehe man ihn versteht, und genauso sind auch andere mehrdeutige Wörter oder Wortkombinationen Gift für guten Stil. Schreiben Sie besser (und das ist einer der wenigen Fälle, wo sich verbaler Mehraufwand lohnt): Die Studenten und Studentinnen ..., die Lehrer und Lehrerinnen ..., die Dozenten und Dozentinnen ...

Fremdwörter und Jargon

Kürzlich fiel mir im Zug eine Broschüre der Deutschen Bank in die Hand. Unter der Überschrift »Delta-Hedging im Market-Making« las ich dort über »Portfolio-Risk- und Asset-Management«, »implizite Volatilitäten«, »Futures« und »Put-Call-Ratios« (zwecks Maximierung von »Performance«, »Yield« sowie »Return«, basierend auf fundiertem »In-House-Research«). Eine andere Broschüre desselben Hauses grüßt den Leser mit Kapitelüberschriften wie »Additional Margin«, »Premium Margin« und »Futures Spread Margin« in einem Artikel, der »Das Risk Based Margining System der DTB« betitelt ist.

Ich weiß nicht wie es Ihnen geht – mir dreht sich hier der Magen um. Außer »das« und »der« gibt es in der obigen Überschrift kein deutsches Wort. Ich frage mich, warum der Autor nicht gleich »The Risk Based Margining System of the DTB« geschrieben hat.

Ähnlich schlimm ist auch der moderne EDV-Jargon. In einer Anleitung zum »Desk-Top-Publishing« musste ich kürzlich lesen, dass »beim Software-Engineering das Human Interface« beachtet werden muss (vermutlich zur »stress-reduction in the workplace« oder etwas Ähnlichem).

Solcher Jargon hat in akademischen Abschlussarbeiten nichts zu suchen, denn er vermittelt nicht, sondern grenzt ab, er begründet keine geistige Gemeinschaft, sondern stellt eine intellektuelle Hackordnung her. Der Experte bin ich und ihr anderen hört mir jetzt alle einmal zu. Der Jargonist will nicht vermitteln, sondern predigen, nicht erläutern, sondern blenden, nicht anderen etwas mitteilen, sondern sich selbst in Szene setzen, nicht Wissen weitergeben, sondern für sich selbst behalten.

Am besten richtet man sich hier nach dem Duden-Fremdwörterbuch (1982, S. 17):

Ein Fremdwort kann dann nötig sein, wenn es mit deutschen Wörtern nur umständlich oder unvollkommen umschrieben werden kann. Sein Gebrauch ist auch dann gerechtfertigt, wenn man einen graduellen inhaltlichen Unterschied ausdrücken, die Aussage stilistisch variieren oder den Satzbau straffen will. Es sollte überall da vermieden werden, wo Gefahr besteht, daß es der Leser oder Hörer, an den es gerichtet ist, nicht oder nur unvollkommen versteht, wo also Verständnis und Verstehen erschwert werden.

Abzulehnen ist der Fremdwortgebrauch da, wo er nur zur Erhöhung des eigenen sozialen bzw. intellektuellen Ansehens oder zur Manipulation anderer angewendet wird.

Was Jargon und übertriebener Fremdwortgebrauch ist und was nicht, verändert sich natürlich im Lauf der Zeit. EDV-Begriffe wie Computer, Hardware, Software, Online oder File sind heute fast schon eingedeutscht. Andere Ausdrücke dagegen wie »Screen-Dump« (Bildschirmausdruck), »Error Message« (Fehlermeldung), »Hard Disc« (Festplatte), »Utility« (Hilfsprogamm) oder »Sourcecode« (Quellprogramm) sollten Sie in einer deutschsprachigen wissenschaftlichen Arbeit vermeiden, es sei denn, Sie wollen gern als arroganter Schnösel gelten.

Oft hängt die Grenze zwischen Jargon und akzeptablem Deutsch auch von Thema, Fach und natürlich auch vom Betreuer ab (wenn der Professor selbst an der Jargonitis leidet, können sich die Studierenden natürlich Freiheiten erlauben, die anderswo zu Punktabzügen führen würden). In einer betriebswirtschaftlichen Arbeit zum Börsenwesen etwa sind Ausdrücke wie »Put« und »Call« durchaus erlaubt, obwohl es dafür die deutschen Wörter »Kauf-« bzw. »Verkaufsoption« gibt. Ein Ausdruck wie »Put-Call-Ratio« (statt »Put-Call-Verhältnis«) ist dagegen klar, wie die Engländer sagen, »over the top«.

Soziologendeutsch

Jargon, oft kombiniert mit Bandwurmsätzen und Hauptwörterei, vertuscht die Plattheit eines Arguments, verhindert, dass man dieses überhaupt versteht, lähmt so die mögliche Kritik und verspricht zugleich eine geistige Tiefe, die nicht vorhanden ist. Als Beispiel habe ich einmal den folgenden Originaltext über »Krankheit als soziologisches Phänomen«, der mir vor einigen Jahren bei der Arbeit zu einem Buch über das deutsche Gesundheitswesen begegnet ist, in »normales« Deutsch übersetzt:

Jargon + Nominalstil	»Normales« Deutsch
Laien, d.s. im gegebenen Fall Personen ohne medizinisch fachliche Kompetenz, diagnostizieren ihre eigene Krankheit oder die anderer Personen im Sinne eines überwiegend intersubjektiv angenommenen Krankheitsverständnisses, das in einem wachsenden Umfang kognitiv begründet, jedoch im Kern auch sozial kodeterminiert ist. Jede von Laien gestellte Krankheitsdiagnose über ein Kranksein ist milieugebunden und reicht von der Bagatellisierung bis zur Hypersensibilisierung.	Medizinische Laien beurteilen Krankheit je nach Person und sozialem Umfeld verschieden, wobei sie »echte« Krankheiten sowohl verharmlosen als auch übertreiben.
Für jedes Phänomen, das man als Krankheit bezeichnet, gibt es ein Aggregat von aufeinander keineswegs abgestimmten Nominal- und Realbegriffen, wozu noch kommt, dass es erforderlich ist, die Krankheit von dem abzugrenzen, was unter Gesundheit verstanden wird, falls man nicht bereit ist anzunehmen, dass Krankheit zur »normalen Gesundheit« gehört.	Krankheiten äußern sich nämlich durchaus verschieden, wobei die Grenze zwischen gesund und krank oft fließt.
Die gegenwärtig gewichtigste Determinante für die Richtung des Krankheitsverständnisses bei den Laien sind die in den Bestimmungen der obligatorischen Krankenversicherungen angelegten Rechte und Pflichten der Versicherten, die auch Fast-Krankheiten und bedingt den Anspruch auf Krankheitsverhütung einschließen.	Heute bedeutet »krank« für viele Menschen das Gleiche wie »anspruchsberechtigt«.
Durch die von der gesetzlichen Sozialversicherung gebotenen Chancen, die heute einen wesentlichen Teil des Komplexes der öffentlichen Güter bilden, ist die ehedem	Im Gegensatz zu früher zahlen Kranke die direkten Kosten einer Behandlung heute nämlich nicht mehr selbst.

160

vorhanden gewesene negative Korrelation der persönlich vom Erkrankten oder seiner Familie zu tragender Kosten der Inanspruchnahme kurativer Dienste in ihrer Bedeutung weitgehend vermindert worden.	
Zwischen Einkommenshöhe und Häufigkeit des Arztbesuches wirken dagegen einkommensneutrale intervenierende Variablen... (und so weiter, noch 18 Seiten lang).	Stattdessen hängt die Häufigkeit des Arztbesuchs jetzt von anderen Faktoren ab.

Ich muss nicht betonen, dass die linke Spalte keinesfalls ein Vorbild ist. Hier blähen sich Sprachballons wie »intersubjektives Krankheitsverständnis«, »kognitiv begründet«, »Hypersensibilisierung«, »Aggregat von Nominal- und Realbegriffen« oder die »ehedem vorhanden gewesene negative Korrelation«, die unbedingt vermieden werden sollten, auch wenn es noch so in den Fingern juckt. Lässt man nämlich aus diesen Ballons die heiße Luft heraus, entpuppt sich das Ganze als zwar wahrer, aber doch recht flacher Text, auch wenn er von einem Soziologie-Professor stammt.

Formeln versus Text

Die nächste Art von Jargonitis sind Formeln und Symbole statt normales Deutsch. Sie fällt vor allem Mathematiker und Naturwissenschaftler an, zunehmend auch Ökonomen, Psychologen oder Linguisten, ganz allgemein alle Wissenschaftler und Wissenschaftlerinnen, die für ihre Arbeit die Hilfe der Mathematik benutzen.

Dagegen ist auch grundsätzlich nichts einzuwenden. Mathematisches Denken zwingt zur Präzision, es ist die beste Medizin gegen flaches Allgemeingeschwafel und hat in vielen Wissenschaften

Fortschritte gebracht, auf die wir ohne die Mathematik noch lange warten müssten. Was viele Leser stört, ist also nicht die Mathematik an sich, sondern der Formalismus als »l'art pour l'art«, den viele Studenten und auch Professoren heute gerne zelebrieren und der viele Arbeiten unnötig schwer zu lesen macht. Wer zum Beispiel schreibt:

$$\sum_{i=1}^{10} i$$

statt »die Summe der Zahlen von 1 bis 10«, ist bestenfalls gedankenlos und schlimmstenfalls ein Sadist. Die verbale Umschreibung klingt vielleicht nicht so bombastisch, aber dafür versteht sie jeder gleich, und genau das und nichts anderes sollte doch das Ziel einer jeden wissenschaftlichen Arbeit sein.

Vermeiden Sie also jegliches mathematisches Imponiergehabe; drücken Sie Ihre Botschaft wenn immer möglich in Worten statt in Formeln aus. Nutzen Sie diese, falls überhaupt, immer nur als Mittel zum Zweck, nie zur Demonstration Ihres mathematischen Genies. Ein Satz wie »Die Funktion f ist im Intervall zwischen a und b monoton steigend« ist zum Beispiel der Formel

$$x \leq y \Rightarrow f(x) \leq f(y) \ \forall \ x, y \in [a, b]$$

immer vorzuziehen. '

Ersetzen Sie solche Symbolgespenste durch Worte aus Fleisch und Blut, blasen Sie Ihren Texten Leben ein! Viele mathematische Symbole wie $\in$, $<$, $>$, $\forall$, $\exists$, $\Leftrightarrow$ oder $\perp$ lassen sich ohne Schaden durch die Worte »liegt in«, »ist kleiner als«, »ist größer als«, »für alle«, »es gibt«, »genau dann wenn« oder »steht senkrecht auf« ersetzen. Denken Sie daran, dass der Leser Ihre Arbeit lesen und nicht entziffern soll.

Seien Sie sparsam mit Super- und Subskripten und mit Subskripten von Superskripten erst recht. Schreiben Sie lieber »x und y aus M« statt »x_1 und x_2 aus M«. Verwenden Sie Formeln wie

$$\sum_{i=1}^{k} \sum_{j=1}^{i} a_{i, k_j}$$

162

nur bei akuter Verwechslungsgefahr. Exzessive Präzision ermüdet, sie blockiert das Verstehen statt es zu unterstützen.

Dagegen hilft dem Leser eine gewisse Redundanz: »Der Vektor x liegt in der Menge M« ist leichter zu verstehen als »x liegt in M«, auch wenn irgendwann vorher erklärt wurde, dass x ein Vektor und M eine Menge ist. Lassen Sie daher Ihre Symbole nicht nackt im Text herumstehen, sondern geben Sie ihnen einen verbalen Geleitschutz mit: die Funktion f, der Teilraum V, der Stern O-2010 und nicht nur f, V und O-2010. Deshalb beginnt man auch einen Satz wenn möglich nie mit einem Symbol: Eine Aussage wie »F dominiert g« z.B. lässt uns im Ungewissen, ob F nur deshalb groß geschrieben wird, weil es am Anfang eines Satzes steht, oder ob es auch im Innern eines Satzes groß geschrieben würde. Schreiben wir stattdessen: »Die Funktion f dominiert die Funktion g«, so sind diese Zweifel ausgeräumt.

Zwischen zwei Symbole gehört immer ein wenn auch noch so kurzes Stück »normaler« Text. Schreiben Sie also nicht: »Ich nenne die Elemente von A a_i (i=1,..., n)«, sondern: »Ich bezeichne die Elemente von A mit a_i (i=1,..., n).« Noch besser wäre hier sogar: »Die Elemente der Menge A heißen $a_1,...,a_n$«, denn so sparen wir sogar ein Symbol (den Laufindex i).

Die Generalregel heißt immer: Eine Formel sollte den Lesefluss so wenig wie möglich unterbrechen.

Weiterführende Literatur

Stilfibeln gibt es wie Sand am Meer. Der unschlagbare Klassiker ist Reiners (1964). Ich selbst habe auch von Schneider (1998, für mich die beste Anleitung auf dem Markt) viel gelernt. Knappheitsfetischisten konsultieren auch Schirm (1970), während Sie für den Fall, dass Ihnen die monotonen und auch hier wiederholten Beschwörungen all dieser Ratgeber auf die Nerven gehen, bei Raith (1988) gut aufgehoben sind. Dieser Autor weist ganz richtig darauf hin, dass es wie bei allen Regeln auch bei Stilregeln an Ausnahmen nicht fehlt.

Unterhaltsam-lehrreiche Kompendien des schlechten Stils, zum

Lernen oft sogar noch besser, sind Müller-Thurau (1986), Dichtl (1986) oder die Glossensammlung von Tucholsky (1989), in der Sie fast alle Sünden wiederfinden, die auf den letzten Seiten aufgelistet worden sind. Wenn Sie sich nicht an der englischen Sprache stören, sind auch Barzun (1976), Finser (1980), Williams (1981), Becker (1986) oder der Economist (1986, Seite IX bis XI – kompakter geht es nicht) empfehlenswert.

Speziell für Ökonomen interessant sind auch Salant (1969), Galbraith (1978) oder McCloskey (1983, 1985, 1987). Bei formalen, insbesondere mathematischen Texten helfen Halmos (1971), Boas (1981), Knuth et al. (1989) und ganz besonders Beutelspacher (1992).

7.

Die formale Feinstruktur der Arbeit

*»Zum Beispiel, wenn jemand aus allen Künsten
die Rechenkunst und die Meßkunst und die Wägekunst
ausscheidet, bliebe, um es geradeheraus zu sagen,
nur ein geringes, was dann noch übrigbleibt.«*

(Sokrates)

Zahlen und Maßeinheiten

Formeln und Symbole können einen Text ganz schön verunstalten. Wie im letzten Kapitel gesehen, stören sie enorm den Lesefluss, sind hässlich anzusehen, dienen häufig nur der Selbstbefriedigung der Autoren und sind wann immer möglich zu vermeiden.

Aber zuweilen sind sie eben unvermeidbar; vor allem in naturwissenschaftlichen und mathematischen Arbeiten führt kein Weg daran vorbei. Dieses Kapitel zeigt, wie man solche unvermeidbaren Formalien möglichst störungsfrei und leserfreundlich integriert. Das fängt mit simplen Zahlen an. Zum Beispiel schreibt man kleinere Zahlen – etwa von eins bis zwölf – in Wörtern statt in Ziffern aus. Also »Wir haben noch drei Tage bis Weihnachten« und nicht »Wir haben noch 3 Tage bis Weihnachten«. Nur wenn kleine Zahlen mit großen zusammen auftreten, schreibt man sie zwecks besserer Vergleichbarkeit ebenfalls in Ziffern: Also »3 von 120 Werkstücken waren mangelhaft« und nicht »drei von 120 Werkstücken waren mangelhaft«.

Ziffern statt Wörter nimmt man ferner dann, wenn das Zahlwort als Substantiv verwendet wird. Also »Wir haben zwei Kinder«, aber »Die Zahl 2 ist kleiner als die Zahl 3.«

Bei mehr als vier Ziffern vor oder nach dem Dezimalzeichen sammelt man diese gern in Dreiergruppen, die Zahl wird dadurch besser lesbar: »Das Bruttosozialprodukt der Bundesrepublik beträgt 2 345 141 000 DM.« Vier Ziffern dagegen werden nicht getrennt. Also »Er verdient 1 750 Mark« und nicht »Er verdient

165

1 750 Mark«. Ausnahme: Die Zahl kommt in einer Tabelle zusammen mit größeren Zahlen vor. Dann gehören Zehner unter Zehner, Hunderter unter Hunderter, Tausender unter Tausender usw. Das heißt dann Kolonnensatz:

$$10\,456,40$$
$$1\,219,45$$
$$231\,801,45.$$

Zwecks besserer Übersicht bleiben Dezimal- und Trennzeichen dabei immer in der gleichen Spalte.

Offizielles deutsches Dezimalzeichen ist dabei das Komma: »Der 100-Meter-Weltrekord steht bei 9,87 Sekunden« oder »die Aktien fielen um 4,5 Prozent«. Mir persönlich gefällt zwar das angelsächsische System mit einem Punkt als Dezimalzeichen besser, im Verein mit einem Komma statt einer Leerstelle zum optischen Auflockern langer Ziffernreihen, aber eine akademische Abschlussarbeit ist kein Platz zum Ausleben eigener Vorlieben zur Zeichensetzung.

Anders verhält sich die Sache, wenn Sie, wie immer häufiger erlaubt, eine Abschlussarbeit in Englisch schreiben. Klären Sie in solchen Fällen den Leser über die Bedeutung von Punkt und Komma auf und noch wichtiger: Springen Sie nicht von einem System ins andere.

Wieviel Präzision?

Für die Präzision von Dezimalzahlen wie von Zahlen überhaupt gibt es eine einfache Faustregel: immer so viele Stellen angeben, wie für den Zweck der Arbeit nötig, nicht weniger, aber auch nicht mehr. In einer soziologischen Arbeit etwa braucht man nicht zu schreiben, dass die Wohnbevölkerung der Bundesrepublik durch die Wiedervereinigung von 60 789 459 auf 78 789 911 gestiegen ist (ganz abgesehen davon, dass in beiden Zahlen höchstens die ersten beiden Ziffern stimmen). Hier reichen in der Regel 60 Millionen und 78 Millionen völlig aus. Ist dagegen Präzision gefragt, so gibt man wenn möglich alle bekannten Ziffern an:

166

$$1,45 \times 2,27 = 3,2915.$$

Bei periodischen Dezimalzahlen wird dabei die letzte komplette Periode überstrichen:

$$8/7 = 1,1\overline{428571}.$$

Bei Platznot kann man auch auf- bzw. abrunden oder die hinteren Ziffern weglassen (was durch drei Punkte angedeutet wird):

$$\Pi = 3,141\ 592...\ .$$

Soll eine Dezimalzahl dagegen deutlich als exakt und nicht gerundet oder abgeschnitten ausgewiesen werden, wird die letzte Ziffer unterstrichen:

$$1\ \text{sm (Seemeile)} = 1,85\underline{2}\ \text{km (Kilometer)}\,.$$

Physikalische Einheiten

Schreiben Sie die Namen physikalischer Einheiten wann immer möglich aus, es sei denn, diese stehen wie im letzten Beispiel direkt hinter Ziffern. Also: »Die Wohnung misst 80 m² «, aber »Ich habe nur wenige Quadratmeter Platz «. (Die offiziellen Zeichen für »Quadratmeter « und »Kubikmeter « sind dabei m² und m³, nicht wie immer noch oft zu sehen qm und cbm). Symbole werden dabei durch eine Leerstelle von der Zahl getrennt: also »1 g « und nicht »1g « als Kürzel für »ein Gramm «.

Die Einheiten selbst sind durch das »Gesetz über Einheiten im Meßwesen « von 1970 und das »Système Internationale d'Unités « (SI) zumindest im amtlichen Schriftverkehr verbindlich festgelegt. Tabelle 1 gibt die sieben Basisgrößen an, die im Prinzip zur Messung aller Naturerscheinungen ausreichen und auf die man sich heute international geeinigt hat. Aus diesen Basisgrößen leiten sich dann durch Produkt- oder Quotientenbildung (seltener auch durch andere Funktionen) alle übrigen physikalischen Größen wie elektrischer Widerstand, Spannung, Fläche, Kraft oder Volumen ab. Die wichtigsten finden sich in Tabelle 2.

Basisgröße	Basiseinheit	
	Name	Zeichen
Länge	Meter	m
Masse	Kilogramm	kg
Zeit	Sekunde	s
elektrische Stromstärke	Ampere	A
Temperatur (thermodynamische Temperatur)	Kelvin	K
Lichtstärke	Candela	cd
Stoffmenge	Mol	mol

Tab. 1: Physikalische Basisgrößen

Größe	Einheit		Bez. zu Basisgrößen
	Name	Zeichen	
Frequenz	Hertz	Hz	$1\ Hz = 1\ s^{-1}$
Kraft	Newton	N	$1\ N = 1\ kg\ m/s^2$
Druck	Pascal	Pa	$1\ Pa = 1\ N/m^2$
	Bar	bar	$1\ bar = 10^5 Pa$
Energie	Joule	J	$1\ J = 1\ kg\ m^2/s^2$
	Kilowattstunde	KWh	$1\ KWh = 3,6\ MJ$
Leistung	Watt	W	$1\ W = 1\ J/s$
elektr. Spannung	Volt	V	$1\ V = 1\ W/A$
elektr. Widerstand	Ohm	Ω	$1\ \Omega = 1/S$
elektr. Leitwert	Siemens	S	$1\ S = 1\ A/V$
elektr. Ladung	Coulomb	C	$1\ C = 1\ As$

Tab. 2: Abgeleitete physikalische Größen

Auch diese Größen wie ihre Namen und Symbole sind international genormt, und damit nicht veränderbar. Viele immer noch beliebte Einheiten wie PS, Pfund, Fuß oder Zoll sind damit in wissenschaftlichen Arbeiten strikt genommen illegal (nicht dagegen sogenannte »zusätzliche Einheiten« wie die Flächenmaße Hektar (ha) und Ar (a), das Raummaß Liter (l) oder die Zeitmaße Minute (min), Stunde (h), Tag (d) und Jahr (a)).

Dennoch werden in einigen Fächern wie der Medizin allen Normen zum Trotz immer noch verschiedene Nicht-SI-Einheiten wie

168

etwa mmHg beim Blutdruck oder Kalorien beim Brennwert verwendet, weil damit oft wichtige Normwerte wie zum Beispiel 80/120 beim Blutdruck verknüpft sind, die ein Mediziner sozusagen im Schlaf wissen muss (bzw. wenn er im Nachtdienst aus selbigem gerissen wird). Hier kann man unter Umständen die SI-Werte in Klammern beifügen oder das Thema ganz gezielt in einem eigenen Textabschnitt ansprechen (eventuell garniert mit Umrechnungsfaktoren) und die Wahl der Einheiten begründen.

Wie die Einheiten selbst sind schließlich auch die verschiedenen Vorsätze zum Teilen oder Vervielfachen der Einheiten gesetzlich festgelegt und international genormt:

Zehnerpotenz	Vorsatz	Vorsatzzeichen
10^{12}	Tera	T
10^9	Giga	G
10^6	Mega	M
10^3	Kilo	k
10^2	Hekto	h
10	Deka	da
10^{-1}	Dezi	d
10^{-2}	Zenti	c
10^{-3}	Milli	m
10^{-6}	Mikro	μ
10^{-9}	Nano	n
10^{-12}	Piko	p
10^{-15}	Femto	f
10^{-18}	Atto	a

Tab. 3: Offizielle Vorsatzzeichen

Diese Vorsätze werden unmittelbar (ohne Leerzeichen) vor das Einheitenzeichen selbst gestellt, und zwar nie mehr als einer zugleich: der millionste Teil eines Kilogramms ist also nicht ein Mikrokilogramm ($1\ mkg = 10^{-6} \cdot 10^3\ g$), sondern ein Milligramm ($1\ mg = 10^{-3}\ g$).

169

Formeln und Symbole

Wie schon bei Zahlen und Maßeinheiten gibt es auch zu sonstigen Formeln und Symbolen verschiedene Regeln, die vor Missverständnissen schützen und unnötige Reibungsverluste bei der Kommunikation verhindern. Die erste davon heißt: nie ein neues Symbol einführen, wenn es für den gleichen Sachverhalt schon ein altes gibt. Wie im letzten Abschnitt gesehen, geht diese Regel oft sogar soweit, dass Symbole gesetzlich vorgeschrieben sind. Toben Sie Ihr kreatives Potential also nicht in einer exzentrischen Symbolik aus, passen Sie sich etablierten Sitten an.

Tabelle 4 listet die häufigsten Symbole mit ihren Bedeutungen auf, so wie sie in der DIN-Norm 1302 (Allgemeine mathematische Zeichen und Begriffe) vereinbart sind. Wenn Sie diese Symbole überhaupt nicht brauchen: umso besser. Keine Notation ist immer noch die beste Notation. Wenn Sie sie aber brauchen, so halten Sie sich besser an die Norm.

Daneben führt die DIN-Norm 1302 noch verschiedene weitere Symbole auf, die zum Teil selten, zum Teil umstritten sind. Ob Sie zum Beispiel für »kleiner oder gleich« das Symbol $\leqq$ oder die korrekte DIN-Version $\leq$ schreiben, macht keinen Unterschied, beide Symbole werden überall im gleichen Sinn verstanden und benutzt, genauso wie die Symbole]a,b[statt des korrekten (a,b) für ein offenes Intervall. Auch das definitorische Gleichheitszeichen, laut DIN geschrieben $=_{def}$, wie in $x^{1/2} =_{def} \sqrt{x}$, wird immer noch mit := oder $\equiv$ kodiert, ohne dass die Wissenschaft zusammenbricht.

Die zweite Regel im Umgang mit Symbolen heißt: wenn schon Symbole, dann zumindest konsistent. Bleiben Sie den einmal gewählten Symbolen treu. Nichts verwirrt den aufmerksamen Leser mehr als ein heimlicher Wechsel der Symbol-Pferde mitten in einem Text. Sie können zum Beispiel sp(A) oder tr(A) für die Spur einer Matrix, det(A) oder |A| für ihre Determinante oder A' bzw A^T für ihre transponierte Matrix schreiben, aber nicht beides zugleich. Genauso sind für die Ableitung einer Funktion die Symbole f'(x) – die Schreibweise von Newton – und df(x)/dx – die Schreibweise von Leibniz in Gebrauch. Welches dieser Symbole Sie auch wählen: Bleiben Sie dabei. Die Zuordnung von Symbolen und Begriffen muss,

170

$\sum$	Summenzeichen
$\prod$	Produktzeichen
$\sqrt{}$	Wurzelzeichen
π	die Zahl Pi (= 3,141592...)
e	die Zahl e (= 2,7182818...)
i	die imaginäre Einheit i (= $\sqrt{-1}$)
∞	unendlich
$!$	Fakultät (4! = 4 · 3 · 2 · 1)
$\lvert\ \rvert$	Betrag (−2 = 2)
$\mathbb{N}$	natürliche Zahlen (1, 2, 3,...)
$\mathbb{Z}$	ganze Zahlen (... −3, −2, −1, 0, 1, 2, ...)
$\mathbb{Q}$	rationale Zahlen (Brüche)
$\mathbb{R}$	reelle Zahlen
$\mathbb{C}$	komplexe Zahlen
(a,b)	offenes Intervall zwischen a und b (ohne Endpunkte)
[a,b]	abgeschlossenes Intervall zwischen a und b (mit Endpunkten)
$\perp$	senkrecht
$\approx$	ungefähr gleich
$\sim$	proportional
$<$	kleiner
$>$	größer
$\in$	Element aus
$\cap$	Durchschnitt
lim	Limes (Grenzwert)
$\int$	Integral
exp	Exponentialfunktion (exp(x)=e^x)
$\log_x$	Logarithmus zur Basis x
ln	natürlicher Logarithmus (Basis e)
lg	dekadischer Logarithmus (Basis 10)
lb	binärer Logarithmus (Basis 2)
sin	Sinusfunktion
cos	Cosinusfunktion
tan	Tangensfunktion
cot	Cotangensfunktion

Tab. 4: Mathematische Zeichen nach DIN 1302

wie die Mathematiker sagen, »eineindeutig« sein: zu jedem Begriff genau ein Symbol und zu jedem Symbol genau ein Begriff. Sie müssen sich also entscheiden, ob »∅« die leere Menge oder die Zahl »Null« bedeuten soll. Beides zusammen ist auf keinen Fall erlaubt.

Die dritte Regel heißt: Erkläre jedes ungewöhnliche Symbol. Überlegen Sie in jedem Einzelfall: Ist das Symbol bekannt? Erläu-

171

tern Sie es andernfalls (oder noch besser: Verzichten Sie auf das Symbol).

Natürlich variiert dieser Aufklärungsbedarf von Fach zu Fach. In den formalen Wissenschaften muss man nicht erklären, dass IR die reellen Zahlen meint, und kann auch die meisten Maßeinheiten aus dem letzten Abschnitt oder das Summenzeichen »Σ« als bekannt voraussetzen. In weniger formalen Wissenschaften bedürfen diese Zeichen aber einer Erklärung.

Richten Sie ferner für seltene oder neue Symbole ein eigenes Verzeichnis ein; man kann nicht verlangen, dass der Leser jedes einmal eingeführte Symbol im Kopf behält. Dieses Verzeichnis gibt entweder pro Symbol eine kurze Definition oder wie in dem folgenden Beispiel aus einer kürzlich an meinem Lehrstuhl geschriebenen Diplomarbeit die Seite im Text, auf der es ausführlich erläutert wird. Wenn ich zusammenrechne, wie viele Stunden ich schon mit dem Entziffern von Hieroglyphen in wissenschaftlichen Texten nutzlos vergeudet habe, nur weil der Autor es als selbstverständlich unterstellt, dass jeder Leser auch noch nach hundert Seiten jedes einmal eingeführte Kürzel kennt, kann ich nicht oft genug betonen, wie wichtig ein solches Symbolverzeichnis für die Lesbarkeit einer formalen Arbeit ist.

Die vierte und letzte Regel heißt: Benutze nie ein Symbol nur ein einziges Mal. Dann ist es nämlich überflüssig. Symbole sollen Arbeit sparen, keine Arbeit machen, aber wenn sie später nie mehr vorkommen, geschieht genau das: Sie muten uns eine unnötige Denkanstrengung zu. Statt »Das Signifikanzniveau α des Tests beträgt 5 %« schreibt man besser, wenn das Symbol α später nie wieder vorkommt: »Das Signifikanzniveau des Tests beträgt 5 %. Das »α« im ersten Satz ist völlig überflüssig, genau wie die Symbole f und K in dem Satz »Eine stetige Funktion f einer kompakten Menge K ist stets beschränkt« und wie viele andere Symbole in formalen Arbeiten mehr, die keinen anderen Zweck erfüllen als den Leser aufzuhalten. Kämmen Sie Ihre Arbeit wie mit einem Läusekamm nach solchen Wanzen durch und werfen Sie sie raus.

172

p_i	p-Koordinate des i-ten Stützpunktes einer Lorenzkurve
$L(p_i)$	L-Koordinate des i-ten Stützpunktes einer Lorenzkurve
v_i	i-te Beobachtung
H_i	absolute Klassenhäufigkeit
μ_i	i-ter Klassenmittelwert
$F(x)$	Verteilungsfunktion
$L_F(p)$	Lorenzkurvenwert (bzgl. einer Verteilungsfunktion F)
μ	Mittelwert der Verteilungsfunktion F
A	Konzentrationsfläche einer Lorenzkurve
G	Gini-Koeffizient
$\Delta(F)$	mittlere absolute Differenz bzgl. der Verteilungsfunktion F, kurz einfach mittlere Differenz
μ_2	2. Moment einer Verteilungsfunktion F
Δ_i^*	mittlere Differenz der Beobachtungen in der i-ten Klasse
Δ^*	mittlere Differenz über alle Beobachtungen
γ_i	relative Klassenhäufigkeit
β_i	Steigung des Polygonzuges im Intervall $[p_{i-1}, p_i]$
G_{Min}	untere Schranke des Gini-Koeffizienten od. Minimalkurve
G_{Max}	obere Schranke des Gini-Koeffizienten od. Maximalkurve
D	doppelte Fläche zwischen Minimal- und Maximalkurve
β_i^*	Tangentensteigung im Punkt $(p_i, L(p_i))$
p_i^*	p-Koordinate des Schnittpunktes der Tangenten mit den Steigungen β_{i-1}^* und β_i^*
$L(p_i^*)$	L-Koordinate
$\check{\beta}_i^*$	Schätzer für β_i^*

Tab. 5: Symbolverzeichnis

Formeln und Gleichungen

Wie schon die Symbole selbst gewinnen auch die daraus komponierten Gleichungen und Formeln mit ein wenig Überlegung viel an Lesbarkeit und Übersicht. Hier sind einige aus langjähriger Praxis entstandene Regeln, die den Umgang mit Formeln erleichtern.

1. Kleinere Formeln besser unauffällig in den »normalen« Text einbauen, dann stören Sie am wenigsten. Schreiben Sie z. B. die Exponentialfunktion im Text als exp(x), nicht e^x oder schreiben Sie Brüche wie »ein Viertel« als 1/4, nicht $\frac{1}{4}$, so bleiben alle Zeichen auf der gleichen Zeile.

173

2. Größere bzw. komplizierte Formeln gehören jedoch in eine eigene, abgesetzte Zeile. Ein Ausdruck wie $\int_a^b x^2\,dx$ kann zur Not im Text stehenbleiben, ein Ausdruck wie:

$$\int_a^{\sqrt{b^2}} x^2\,dx$$

dagegen nicht.

3. Geben Sie dabei den wichtigsten Gleichungen und Formeln eine Nummer, so sind sie später leichter wiederzufinden. Ob links oder rechts der Formel oder durchgehend bzw. für jedes Kapitel einzeln ist dabei egal.

4. Schreiben Sie bei aufeinanderfolgenden Gleichungen die Gleichheitszeichen untereinander:

$$(x + y)^3 = (x + y)(x + y)(x + y)$$
$$= x^3 + 6x^2y + 6xy^2 + y^3$$

5. Setzen Sie Bruchstriche dabei immer auf die gleiche Höhe:

Schlecht: $\dfrac{\sin(x)}{\cos(x)} - \dfrac{1}{e^x}$

Besser: $\dfrac{\sin(x)}{\cos(x)} - \dfrac{1}{e^x}$

6. Brechen Sie überlange Formeln oder Gleichungen, die nicht in eine Zeile passen, möglichst *vor* einem Plus- oder Minuszeichen auf (außer dieses steht in einer Klammer) und setzen Sie das Plus- oder Minuszeichen leicht rechts vom Gleichheitszeichen an den Anfang der nächsten Zeile:

Schlecht: $f(x) = \ln(x + x^2)(\sin x) + (\cos x)(x + x^2 +$
$\qquad\qquad\qquad x^3 + x^4 + x^5).$

Besser: $f(x) = \ln(x + x^2)(\sin x)$
$\qquad\qquad + (\cos x)(x + x^2 + x^3 + x^4 + x^5).$

7. Beenden Sie jede Gleichung oder größere Formel mit einem Punkt oder einem anderen Satzzeichen. Für die Grammatik ist

174

eine Formel ein Satz wie jeder andere, daher gehört auch hinter den letzten Satz vor einer Formel ein Satzzeichen wie ein Punkt oder ein Doppelpunkt. Statt:

»Wir beweisen jetzt den folgenden
Satz 1: $a^2 + b^2 = c^2$.«

schreiben Sie also besser:

»Damit folgt das gewünschte Resultat:
Satz 1: $a^2 + b^2 = c^2$.«

8. Vermeiden Sie kontraproduktive Präzision. So können zum Beispiel in vielen Summenformeln die Summationsindices und -grenzen gefahrlos entfallen. Ein Ausdruck wie etwa:

$$\sum t = T\,(T+1)/2$$

ist durchaus akzeptabel, ja sogar dem vollständigen Ausdruck:

$$\sum_{t=1}^{T} t = T\,(T+1)/2$$

vorzuziehen, wenn die Summationsindices und -grenzen aus dem Zusammenhang klar hervorgehen.

9. Nutzen Sie die grafischen Fähigkeiten des menschlichen Auges aus und schreiben Sie statt $x^{-1/2}$ (ein Ausdruck, der an das Gehirn appelliert und bei dem der normale Leser nachdenken muss, um ihn zu verstehen) besser $\sqrt{1/2}$. Hier weiß jeder mathematisch vorgebildete Leser auch ohne nachzudenken gleich Bescheid.

10. Verwenden Sie, wenn Sie zu den Perfektionisten zählen, für die Grundrechenarten nur die »offiziellen« Zeichen $+$, $-$, $\cdot$ und $/$ und vermeiden Sie $\div$ für die Division oder das liegende Kreuz $\times$ für die Multiplikation. Letzteres ist strengenommen nur in Ausdrücken wie »Der Platz misst $30\,\text{m} \times 40\,\text{m}$« erlaubt (Aber man kann die Korinthenkackerei auch übertreiben ...). Bei Ausschluss von Irrtümern darf der Malpunkt auch entfallen: So ist etwa ab statt $a\cdot b$ erlaubt, nicht aber 34 statt $3\cdot4$. Lassen

Sie ferner um + und − etwas Platz: $(x - y)^2$ liest sich besser als $(x–y)^2$.

11. Lassen Sie für handgezeichnete Symbole ausreichend Platz (für ein handgezeichnetes Summensymbol etwa mindestens zwei und noch besser drei Leerstellen), denn jedes Symbol braucht geschrieben mehr Platz als gedruckt.

12. Nutzen Sie Klammern gegen Missverständnisse:

Schlecht: a/bc.
Besser: je nach Bedeutung entweder a/(bc) oder (a/b)c.
Schlecht: sin xy.
Besser: je nach Bedeutung entweder (sin x)y oder sin(xy).

Dabei verbessern unterschiedliche Klammertypen sehr die Ästhetik und die Lesbarkeit: f[g(x)] etwa sieht besser aus und ist besser zu lesen als f(g(x)). Klammern um einen Rechenausdruck sollten mindestens so hoch sein wie der umklammerte Ausdruck selbst:

Schlecht: $(\int_a^b f(x)\,dx)\,(\int_a^b g(x)\,dx)$

Besser: $\left(\int_a^b f(x)\,dx\right)\left(\int_a^b g(x)\,dx\right)$

Zeichnen Sie größere Klammern dabei notfalls mit der Hand.

13. Vorsicht bei ähnlichen Symbolen wie l und 1 (kleines »l« und Ziffer 1) oder o und 0 (kleines »o« und Ziffer 0). Hier ganz besonders auf Verwechslungsmöglichkeiten achten.

Abkürzungen

Abkürzungen sind wie Formeln und Symbole eine gefährliche Medizin: In kleinen Dosen gut für die Verdauung, im Übermaß ein Brechmittel. Einige Kürzel wie Laser, Ufo, Nato, Moped oder

AIDS, deren Herkunft heute kaum noch jemand kennt, sind inzwischen schon selbständige Wörter und aus der deutschen Sprache nicht mehr wegzudenken. Andere, wie FORTRAN (»Formula Translator«), GHS (»Gesamthochschule«) oder BSP (»Bruttosozialprodukt«) grenzen schon an Jargon und wieder andere, und das sind die meisten der rund 30 000 Abkürzungen, die es heute in der deutschen Sprache gibt, sind nur Eingeweihten bekannt und vor ihrer Verwendung in einer akademischen Abschlussarbeit zunächst auf ihre Verträglichkeit mit dem Publikum zu untersuchen.

Allgemein bekannt und daher legitim, wenn auch nicht immer schön, sind dabei die sogenannten »einfachen« Abkürzungen, die im vollen Wortlaut gesprochen, aber nicht geschrieben werden, wie z. B. (zum Beispiel), bzw. (beziehungsweise), d. h. (das heißt), ev. (evangelisch), kath. (katholisch), i. e. S. (im engeren Sinn), i. d. R. (in der Regel), u. a. (unter anderem), m. E. (meines Erachtens) usw. (und so weiter). Solche Abkürzungen erhalten nach jedem Einzelteil einen Punkt, ausgenommen (warum weiß ich nicht) »usw.«, wo der Duden gegen alle Logik nur einen Punkt am Schluss verlangt. Keinen Punkt erhalten dagegen Abkürzungen für Maße und Gewichte sowie chemische Elemente: km (Kilometer), V (Volt), kg (Kilogramm), Na (Natrium), Ca (Calcium) usw.

Abkürzungen zusammengesetzter Wörter werden nach Duden in ihre Einzelteile aufgelöst und mit einem Bindestrich verknüpft, wie in Dipl.-Kfm. (Diplom-Kaufmann) oder Vers.-Ges. (Versicherungsgesellschaft). Ausgenommen sind Kurzformen verschiedener Amtsbezeichnungen wie ORegMedR (Oberregierungsmedizinalrat) oder OStD (Oberstudiendirektor) bzw. Gesetze: EstG (Einkommenssteuergesetz), MitbestG (Mitbestimmungsgesetz) und so weiter. Hier werden nur die Anfangsbuchstaben der Grundwörter ohne Bindestrich und Zwischenraum aneinandergeklebt.

Solche einfachen Abkürzungen sparen vor allem bei der bibliographischen Dokumentation viel Platz, denn in Literaturverzeichnissen und in Fußnoten kommt es weniger auf stilistisch glatte Formulierung als auf kompakte Informationsvermittlung an. Tabelle 6 stellt die wichtigsten bibliographischen Abkürzungen zusammen.

a.a. O.	am angegebenen Ort
Abb.	Abbildung
Abs.	Absatz
Anh.	Anhang
Anl.	Anlage
Anm.	Anmerkung
ausgew.	ausgewählt
Bd.	Band
Beil.	Beilage
Bl.	Blatt
Diss.	Dissertation
dt.	deutsch
Erg.	Ergänzung
erw.	erweitert
geb.	gebunden
geh.	geheftet
H.	Heft
Hrsg. (od. Hg.)	Herausgeber
J.	Jahr
Jg.	Jahrgang
Jh.	Jahrhundert
lat.	lateinisch
N. F.	Neue Folge
Nr.	Nummer
o. O.	ohne Ort
o. O. u. J.	ohne Ort und Jahr
s.	siehe
S.	Seite
Sp.	Spalte
T.	Teil
Tab.	Tabelle
Verf.	Verfasser
vgl.	vergleiche
Z.	Zeile
z. T.	zum Teil

Tab. 6: Bibliographische Abkürzungen

Auch Zeitschriften werden in Verzeichnissen und Fußnoten gerne abgekürzt. Ehe ich 50-mal »Zeitschrift für Mathematik und Mechanik« schreibe, vereinbare ich besser gleich zu Anfang das Kürzel »ZAMM«. So spare ich später viele Zeilen Manuskript.

Die nächste Klasse von Abkürzungen (sogenannte »Akrony-

178

me«) besteht aus Großbuchstaben und wird meist nicht mehr im vollen Wortlaut ausgesprochen: ARD (Arbeitsgemeinschaft der Rundfunkanstalten Deutschlands), BGB (Bürgerliches Gesetzbuch), CDU (Christlich Demokratische Union), DGB (Deutscher Gewerkschaftsbund), EKG (Elektrokardiogramm) bis hin zu YMCA und ZDF sind Beispiele dafür. Diese Abkürzungen haben bis auf wenige Ausnahmen keinen Punkt (F.D.P., U.S.A.) und werden als selbstständige Wörter gesprochen, aber im Allgemeinen nicht dekliniert. Also: »der Intendant des NDR«, nicht »der Intendant des NDRs«. Erlaubt sind dagegen »die WCs« oder »die EKGs«. Vertrauen Sie hier am besten auf Ihr Sprachgefühl.

Zuweilen sieht man bei Akronymen, die aus englischen Langwörtern abgeleitet sind, Wortbildungen wie »die DNAen« oder »die Genauigkeit eines ELISAs« (enzyme linked immunosorbent assay), die laut Duden eigentlich verboten sind. Korrekterweise dürfte man nämlich nur bei Abkürzungen deutscher Wörter ein Genitiv- oder Plural-s bzw. ein Plural-en anhängen, genauso wie man es auch in der Langfassung anhängen würde. Auch hier ist wieder Sprachgefühl gefragt.

Andere Abkürzungen wie Laser und Moped haben sich noch deutlicher von ihrem Ursprung abgesetzt. Sie gelten inzwischen als echte Substantive und werden wie diese dekliniert: »Asten gegen AKWs«, »der Preis des Mopeds«, »Ufos über Niedersachsen« etc. Wenn das Abnabeln von der Langversion noch nicht ganz beendet ist, schreibt man diese Akronyme oft noch groß: Sowohl Asta wie AStA wie auch ASTA sind korrekt, genauso wie LKW und Lkw oder NATO und Nato. Hier fließt die Sprache noch.

Welche Abkürzungen Sie auch verwenden: Denken Sie immer an Ihr Publikum. Ist das Kürzel wirklich nötig? Ist es eindeutig? Ist es allgemein bekannt? »USA« statt »Vereinigte Staaten von Amerika« bzw. auf Englisch »United States of America« ist jedermann vertraut. Bei »UK« für »United Kingdom« glaube ich das schon weniger (setzen Sie hier besser das deutsche »Großbritannien« ein), und dass »VAE« für die »Vereinigten Arabischen Emirate« steht, weiß höchstens noch der deutsche Botschafter. Legen Sie gegebenenfalls für solche Kürzel ein eigenes Verzeichnis an und schreiben Sie sie beim ersten Mal vollständig aus: »Das Bruttoinlandsprodukt, im Folgenden BIP, der Länder der Europäischen Gemeinschaft, im Weiteren EG«. Vermeiden Sie dabei eigene Abkürzungen für Begriffe, bei denen sich schon ein Standardkürzel eingebürgert hat. Schreiben Sie also »A« statt »Auba« für die Autobahn und »GG« statt »Gruge« für »Grundgesetz« und vor allem: Kürzen Sie immer einheitlich. So ist z. B. sowohl FDP wie F.D.P. erlaubt, aber wenn Sie sich für eine Version entschieden haben, so bleiben Sie besser auch dabei.

Das nächste Problem ist die Eindeutigkeit. Für uns selbst ist eine Abkürzung vielleicht sonnenklar, aber auch für unser Publikum? In einer Pharma-Fachzeitschrift war einmal nachzulesen, dass deutsche Mediziner mehr als die Hälfte der Abkürzungen auf Ärztebriefen falsch verstehen. In einem Vergleich zweier Kliniken, eine in Hamburg und eine in Bonn, wurden von 600 Abkürzungen nur 250, weniger als die Hälfte, in beiden Häusern im selben Sinn gebraucht. Da wundert einen überhaupt nichts mehr.

Einem Ökonomen ist natürlich völlig klar, dass »KGV« für »Kurs-Gewinn-Verhältnis« steht (und »AIDS« für »Almost Ideal Demand System«). Der Mathematiker dagegen denkt bei KGV an das »Kleinste Gemeinsame Vielfache«. Ein kleines »d« kann sowohl das englische »Penny« (=»Denarius«) als auch das Vorsatzzeichen für »Dezi-«, als auch »man gebe« (=»datur«, vor allem auf Rezepten oft zu finden) als auch »Tag« (=»dies«) bedeuten und die Abkürzung »MS« steht sogar für zwölf verschiedene Begriffe ein: Motorschiff, Multiple Sklerose, Master of Surgery, Massen-Spektrometrie (eine chemische Analysetechnik), Milchsäure, Mitral-Stenose (ein Fachausdruck aus der inneren Medizin), die Stadt Münster, den Inselstaat Mauritius, den Orden der »Missionare von La Seletta«, die Softwarefirma Microsoft, die Fluggesellschaft Egyptair (fragen Sie mich nicht warum) und die ökonomische Fachzeitschrift »The Manchester School«, falls sie nicht gar mit »Manuskript« oder »Monatsschrift« (korrekt Ms.), »Millisekunde« (korrekt ms) oder der englischen Anrede »Frau« (korrekt Ms) verwechselt wird.

Zuweilen wird eine mehrdeutige Abkürzung aus dem Kontext klar: In einer Arbeit über französisches Aktienrecht steht SA natürlich für »Société anonyme« und nicht für die genauso ab-

180

gekürzte Nazi-Schlägertruppe, auch nicht für »South African Airways« oder »Salvation Army«, alle ebenfalls SA. Öfter als man denkt bleibt eine mehrdeutige Abkürzung aber unbestimmt, weil der Schreiber seine eigene Übersetzung, die er vielleicht für selbstverständlich hält, fahrlässig auf den Leser überträgt. Tabelle 7 stellt weitere Abkürzungen ohne Anspruch auf Vollständigkeit zusammen. Es versteht sich fast von selbst, dass man diese Abkürzungen, wenn überhaupt, immer nur in einer einzigen Bedeutung gebrauchen darf.

AA	Auswärtiges Amt, Anonyme Alkoholiker, Aerolinas Argentinas (argent. Luftverkehrsges.), Arbeitsamt, Armeeabteilung, Anti Aircraft, Automobile Association (engl. Automobilklub); außerdem die Fachzeitschriften »Acta Astronomica«, »American Anthropologist«, »Antike und Abendland« und »Archäologischer Anzeiger«
AG	Arbeitsgemeinschaft, Aktiengesellschaft, Ausfuhrgenehmigung, Amtsgericht, Autonomes Gebiet, Aargau (schweizer Kanton)
AI	Artifical Intelligence, Amtsinspektor, Air India, Amnesty International
AM	Airmail, Amtsmeister, Ausfuhrmeldung, Associated Member, Amperemeter, Amplitude Modulation (Mittelwelle) (außerdem Verwechslung möglich mit A.M. = »Albert Medal« (engl. Orden), a.m. = »ante meridiem« (vormittags), am. = »amerikanisch« und a.M. = »am Main«, »amtliche Mitteilung« und »angewandte Mathematik«
ASA	American Standards Association, American Statistical Association, Auto-Schadensabwicklung, Arbeitskreis sozialdemokratischer Akademiker, Astronomical Society of the Atlantic
AStA	Allgemeiner Studentenausschuss, Allgemeines Statistisches Archiv (Fachzeitschrift), American Society of Travel Agents
ASU	Abgas-Sonderuntersuchung, Arizona State University, Arabic Socialist Union, Arbeitsgemeinschaft selbstständiger Unternehmer
BBC	British Broadcasting Corporation, Brown, Boveri & Cie. (Maschinenbaukonzern), Berliner Börsen Courier (Fachzeitschrift)
BB	Bundesbahn, Beamtenbund, Bed and Breakfast, Brigitte Bardot, Berliner Börsenzeitung
BP	British Petroleum (Erdölfirma), Bundespost, Bundespatent, Baupolizei, Bayernpartei, Boite Postale (franz. für »Postfach«)
CD	Corps diplomatique, Compact Disc, Civil Defence, Certificate of Deposit, Customs Declaration (außerdem Verwechslungsgefahr mit cd = Symbol für Lichteinheit Candela und Cd = Zeichen für Cadmium)
CIP	Computer-Investitions-Programm, Cataloguing in Publication
DA	Dauerauftrag, Dienstanweisung, Direktionsassitent, Diplomarbeit, Zeichen für den Algerischen Dinar (außerdem Verwechslung möglich mit Vorsatzzeichen da für »Deka-«)

DB	Deutsche Bank, Daimler Benz, Deutsche Bundesbahn, Der Betrieb (Fachzeitschrift)
EG	Erdgeschoß, Europäische Gemeinschaft, Einfuhrgenehmigung, Eislaufgemeinschaft, Ergänzungsgesetz
LP	Langspielplatte, Landespolizei, Labour Party, Lumbalpunktion, Lineares Programmieren
ML	Motorleichter, Minenleger, Marxismus-Leninismus, Maximum Likelihood, Modern Languages (Fachzeitschrift)
MP	Magnetplatte, Marshallplan, Ministerpräsident, Member of Parliament, Meeting Point, Maschinenpistole, Mounted Police, Militärpolizei, Modern Philology (Fachzeitschrift) (sowie Verwechslungsgefahr mit Mp = Megapond, Mp. = Mittelpunkt und m. P. = mit Protest)
OAS	Organisation Amerikanischer Staaten, Oberster Afrikanischer Sportrat, Organisation de l'Armée Secrète (franz. Terrororganisation)
PA	Patentanmeldung, Postamt, Prüfungsausschuss, Panama, Primäraffet (außerdem Verwechslung möglich mit Pa (chemisches Zeichen für »Proactium«) und Pa. (am. Bundesamt Pennsylvania)
PC	Personal Computer, Postcard, Police Constable, Politically Correct, Pseudocode (außerdem Verwechslungsgefahr mit p. C. = »post Christum«, pc = »Parallaxensekunde« und p. c. = »per cassa« und »per condoglianza« (ital. für »herzl. Beileid«)
PS	Pferdestärke, Postscriptum, Parti socialiste, Proportional Sacrifice (Fachausdruck der Finanzwissenschaft), Polystyrol, Population Studies (Zeitschrift)
RAF	Royal Air Force, Rote Arme Fraktion, Rassemblage pour l'Algerie Francaise
ROM	Read-only Memory, rechtsseitige Otitis media, Hauptstadt Italiens
SAS	Skandinavian Airlines System, Statistical Analysis System, Statement on Accounting Standards
SS	Sommersemester, Steamship, Schulschiff, Science and Society (Zeitschrift), Schutzstaffel (Nazi-Unterorganisation), Su Santita (ital. für »Seine Heiligkeit«)
StR	Steuerrecht, Staat und Recht (Fachzeitschrift), Staatsrat, Studienrat
VB	Verfassungsbeschwerde, Völkerbund, Verhandlungsbasis, Vertriebsbeauftragter, vorgeschobener Beobachter
VHS	Verhandlungssache, Volkshochschule, Video Home System, Vermont Historical Society
WG	Wohngeld, Wohngemeinschaft, Waffengesetz, Wechselgesetz, Währungsgesetz, Wellengenerator, Weihnachtsgeld, amtl. Kurzbez. des mittelamerikanischen Staates Grenada, Wissenschaft und Gegenwart (Fachzeitschrift)

Tab. 7: Mehrdeutige Abkürzungen

Weiterführende Literatur

Die Symbol- und Formelproblematik in den Natur- und Ingenieurwissenschaften wurde hier nur angerissen. Bei Ebel und Bliefert (1997, besonders Kapitel 6) etwa finden Sie dazu mehr. Die einschlägigen Normen (nur bei viel überschüssiger Freizeit oder masochistischer Veranlagung zu konsultieren) sind in DIN 1301 (Einheiten, Einheitennamen, Einheitenzeichen) und DIN 1313 (Schreibweise physikalischer Gleichungen in Naturwissenschaft und Technik) festgehalten.

Zur optimalen Gestaltung mathematischer Texte finden Sie mehr bei Halmos (1970), Flanders (1971), Boas (1981), Knuth et al. (1989), Beutelspacher (1992) oder Higham (1993). Leider liegen fast alle diese Ratgeber nur auf Englisch vor, aber in der Mathematik kommen Sie um diese Sprache ohnehin nur schwer herum. Die einschlägigen deutschen Normen sind unter anderem nachzulesen in DIN 1302 (Allgemeine mathematische Zeichen und Begriffe), DIN 1304 (Formelzeichen), DIN 1333 (Zahlenangaben) und DIN 1338 (Formelschreibweise und Formelsatz).

Für Abkürzungen siehe Leistner (1977), Werlin (1987), Poenicke (1988, Abschnitt 3.6), Gorzny (1996) oder das monumentale mehrbändige Standardwerk von Sokoll (1988-1995). Speziell für juristische Abkürzungen siehe auch Friedl (1987), Kirchner (1993) oder Meyer (1993), für medizinische Abkürzungen Heister (1996), für chemische Abkürzungen Reuter (1988), für EDV-Abkürzungen Lorenz (1991), und für Abkürzungen aus Naturwissenschaft und Technik Bohm (1992). Und in DIN 2340 (Kurzformen für Benennungen und Namen) gibt auch das Deutsche Institut für Normung seinen Senf dazu.

183

8.
Das Zitieren fremder Literatur

»In the world of honest scholarship,
no rule is more revered than the citation.«

(Kavita Varma)

Was wird zitiert?

Eine zentrale akademische Anstandsregel heißt: »Gebe niemals Einfälle von anderen als deine eigenen aus!« Verstöße gegen diese Regel werden streng geahndet (falls man sie entdeckt); sie zählen zu den Todsünden der Wissenschaft und können selbst die beste Arbeit ruinieren. Nicht umsonst verlangen die meisten Prüfungsordnungen eine Erklärung am Ende der Arbeit, dass fremde Gedanken deutlich zu erkennen sind.

Man zitiert also einmal zur Klärung der Urheberschaft: Wer hat was entdeckt, bewiesen oder ausgedacht? Unsere Leser wollen wissen, welche Vorgänger wir haben, wer quasi unsere geistigen Gläubiger sind (was nicht heißt, dass nun jede Behauptung zu belegen ist. Allgemein bekannte Sachverhalte kommen auch ohne Stammbaum aus. Sobald aber der Urheber eines Gedankens von Interesse und nicht als allgemein bekannt vorauszusetzen ist, gehört er auch genannt).

Der zweite Grund für das Zitieren ist die Dokumentation von Daten und Fakten, auf die sich unsere eigene Arbeit stützt. Wer in einer wissenschaftlichen Arbeit Tatsachen oder Texte referiert, muss auch eine Quelle nennen. Das können private oder amtliche Statistiken, das können Gesetzestexte, Umfragen, Urkunden, sonstige Archivmaterialien oder andere wissenschaftliche Werke sein. Auf keinen Fall kann eine Tatsachenbehauptung in einer wissenschaftlichen Arbeit als nackte Behauptung ohne Belege stehen bleiben.

Dabei eignen sich aber nicht alle Quellen gleichermaßen als Beleg. Uneingeschränkt zitierfähig sind allgemein zugängliche amtliche und wissenschaftliche Arbeiten und Statistiken. Dazu gehören auch Dissertationen, selbst wenn diese nicht im Buchhandel zu haben sind, denn hier wird der Zugriff durch die berühmten, in größeren Bibliotheken einsehbaren Pflichtexemplare garantiert. Als Quellen nicht zitierfähig, da außerhalb der Heimatuniversität des Kandidaten oder der Kandidatin nur schwer zu beschaffen, sind i. A. dagegen unveröffentlichte Examens- oder Diplomarbeiten. Notfalls ist hier der Fachbereich oder eine andere Adresse zu nennen, unter der man diese Arbeit erhalten kann. Am besten versucht man daher, ohne solche Quellen auszukommen. Wenn wir also schreiben: »Das Bruttosozialprodukt von Zaire betrug 1999 weniger als 100 Milliarden Mark«, so nennen wir als Quelle besser keine unveröffentlichte Diplomarbeit, wie gut Sie uns auch sonst gefällt.

Als Quellen nicht zitierfähig sind ferner die meisten Tageszeitungen (»BILD«, »Steinhuder Meerblick«, »Abendpost-Nachtausgabe« etc.) und andere Publikumszeitschriften wie »Hörzu«, »Brigitte« oder »Stern«. Auch wenn unsere Presse nicht mit Absicht lügt – nicht alle Meldungen werden mit der angemessenen Sorgfalt nachgeprüft. Wie die bekannten Großstadtsagen von der Ratte in der Fertigpizza oder der geklauten Großmutterleiche, die man in Abständen auf den »Aus aller Welt«-Seiten unserer Tagespresse liest, nur zu deutlich zeigen, wird in ebendieser Tagespresse auch viel Unsinn unter das Volk gebracht. An der Vertrauensgrenze liegen dabei Publikationen wie »Spiegel«, »Handelsblatt« und »FAZ«. Ob dergleichen Zeitschriften als Quellen zugelassen sind oder nicht, ist von Fall zu Fall und Fach zu Fach verschieden; am besten klärt man das mit dem Betreuer vorher ab. Zuweilen hängt nämlich die Grenze, bis zu der eine Quelle für wissenschaftliche Zwecke akzeptabel ist, auch von den gewünschten Daten ab. Für eine empirische Arbeit über Aktienkurse etwa darf man durchaus auf eine lokale Tageszeitung zurückgreifen, weil man hier kaum etwas verfälschen kann (finden Sie aber heraus, ob diese Kurse Anfangs-, Schluss- oder Kassakurse sind und ob zwischen diesen vielleicht unbemerkt gewechselt wird). Schreibt man dagegen eine

Arbeit über Wachstum und Ursachen der Kriminalität in der Bundesrepublik, sind einschlägige Meldungen auch aus seriösen Publikumszeitschriften als Quelle meistens nicht erlaubt.

Quellen als Objekt

Zitieren dürfen und müssen wir Publikumszeitschriften aber immer dann, wenn diese selbst der Gegenstand der Untersuchung sind. Damit sind wir beim dritten und letzten Grund, warum man fremdes Material zitiert: Weil man *darüber* etwas schreibt. Auch wenn wir dem »Spiegel« als Nachrichtenquelle nicht vertrauen, so darf er dennoch das Objekt der Untersuchung sein. Ich kenne z. B. eine schöne Doktorarbeit mit dem Titel »Arzt im Spiegel« zum »Imagewandel« der modernen Medizin, die über mehrere Jahre hinweg alle im Spiegel erschienenen Artikel zum Gesundheitswesen ausgewertet hat.

In solchen Fällen zieht man möglichst das Original zu Rate. Wenn wir also über den »Arzt im Spiegel« schreiben, so müssen wir die Originalartikel des »Spiegels« auswerten und nicht die Meinung anderer zu dem, was der »Spiegel« schreibt. Genauso studiert man für eine Arbeit zu Leben und Werk von Karl Valentin zunächst einmal dessen eigene Filme und Originaltexte (die sogenannte »Primärliteratur«) und erst in zweiter Linie die Meinung von anderen zu diesem Werk (die sogenannte »Sekundärliteratur«).

Vor allem in den Geisteswissenschaften und in der Jurisprudenz ist dieser dritte Anlass für Zitate zugleich auch der häufigste. Hier werden Quellen vor allem ausgelegt und interpretiert und weniger, wie in den Naturwissenschaften, als Bausteine und Ausgangspunkt für weiterführende Untersuchungen benutzt. Daraus folgt zum Beispiel, dass man fremdsprachige literarische Werke in der Originalsprache zitiert (und die Übersetzung gegebenenfalls in einer Anmerkung nachreicht – einer der seltenen Fälle, wo Fußnoten nützlich sind).

Kein Grund für Zitate ist dagegen unsere Eitelkeit. Nur um zu zeigen, dass wir diesen oder jenen Autor gelesen haben, ist ein Zi-

186

tat nicht da. Sparsam ist auch der Kunstgriff zu verwenden, per Zitat die eigene Meinung anderen in den Mund zu legen. Das lohnt sich nur, wenn ein Zitat den Sachverhalt besonders treffend ausdrückt, wirkt ansonsten aber aufgesetzt; auch aus dem Mund von Autoritäten klingen Gemeinplätze nicht interessanter (»Der Ball ist rund«, »Der nächste Gegner ist immer der schwerste« usw.), und nur um zu zeigen, dass wir diese Autorität gelesen haben, ist ein Zitat nicht da.

Wie wird zitiert?

Nach der Entscheidung »wen oder was zitieren?« bleibt immer noch die Frage offen, *wie* man das am besten tut. Dazu haben sich im Lauf der Jahre gewisse Regeln ausgebildet, die aber alle im Wesentlichen nur eine einzige zentrale Grundregel wiederholen, nämlich: Alles Material, das aus anderen Quellen als den eigenen Gedanken stammt, muss als solches klar erkennbar sein; über die geistigen Väter und Mütter (Großväter und Urgroßväter, Großmütter und Urgroßmütter) einer Arbeit sollte nie ein Zweifel bestehen.

Insbesondere haben unsere Leser einen Anspruch darauf, klar zu sehen, welcher Teil eines Textes ein Zitat ist und welcher nicht. Betrachten wir dazu den folgenden Originaltext des griechischen Philosophen Sokrates (aus Großes Zitatenbuch 1984, S. 167-168):

> Die Jugend liebt heutzutage den Luxus. Sie hat schlechte Manieren, verachtet die Autorität, hat keinen Respekt vor älteren Leuten und schwatzt, wo sie arbeiten sollte. Die jungen Leute stehen nicht mehr auf, wenn Ältere das Zimmer betreten. Sie widersprechen Ihren Eltern, schwadronieren in der Gesellschaft, verschlingen bei Tisch Süßspeisen, legen die Beine übereinander und tyrannisieren ihre Lehrer.

Wir sehen, die Meinung zu diesem Thema hat sich seit 2000 Jahren nicht geändert. Angenommen nun, in einer pädagogischen Diplomarbeit über »Erziehungsprobleme im Altertum« schreiben wir dazu:

Die modernen Klagen über die Jugend von heute sind in Wahrheit gar nicht so modern. Schon im alten Griechenland wurden der Jugend schlechte Manieren und fehlender Respekt vor älteren Leuten nachgesagt. Die Jungen stünden nicht mehr auf, wenn Ältere ins Zimmer träten, widersprächen ihren Eltern, legten die Beine übereinander oder tyrannisierten ihre Lehrer und ähnliche Klagen mehr waren keine Seltenheit.

Wer diese Passage ohne weiteren Kommentar in einer Arbeit stehen lässt, hat zwei Fehler gemacht. Erstens hat er oder sie die Quelle nicht genannt. Woher weiß man überhaupt, dass die Jugend früher auch nicht besser war? Das darf man nicht ohne weiteres behaupten, das muss man auch belegen. Zweitens sind sogar die Worte selbst zum Teil von Sokrates gestohlen, d. h. die obige Passage, ob wörtlich übernommen oder nicht, ist ganz klar ein Plagiat.

Die folgende Fassung wehrt diesen Vorwurf ab:

Die modernen Klagen über die Jugend von heute sind in Wahrheit gar nicht so modern. Schon Sokrates sagte der griechischen Jugend schlechte Manieren und fehlenden Respekt vor älteren Leuten nach (Großes Zitatenbuch 1984, 167-168). Die Jungen stünden nicht mehr auf, wenn Ältere ins Zimmer träten, widersprächen Ihren Eltern, legten sogar die Beine übereinander oder tyrannisierten ihre Lehrer, klagte er.

Damit sind die geistigen Eigentumsverhältnisse weitgehend klargestellt. Allein die angegebene Quelle ist leicht zu bemängeln, denn griechische Klassiker zitiert man möglichst nicht aus einem Allerwelts-Zitatenbuch.

Wörtliche Zitate

Das beste Mittel gegen Zweideutigkeiten ist das wörtliche Zitat. Es wird zur besseren Kennzeichnung meist in Anführungszeichen gesetzt: »Die Jugend liebt heutzutage den Luxus«, meinte schon Sokrates. »Sie hat schlechte Manieren, verachtet die Autorität, hat keinen Respekt vor älteren Leuten und schwatzt, wo sie arbeiten sollte.«

188

Bei einer Länge von mehr als drei Zeilen wird das Zitat oft noch zusätzlich eingerückt und engzeilig gedruckt. So sieht jeder klar: Das ist ein Zitat. Dabei können die Anführungszeichen auch entfallen, weil ja der Text auch ohne sie als Zitat erkennbar ist:

> Eine wissenschaftliche Abschlussarbeit ist eine maschinenschriftliche Ausarbeitung, deren durchschnittliche Länge zwischen einhundert und vierhundert Seiten schwankt und in der der Student ein Problem abhandelt, das aus demjenigen Studienfach stammt, in dem er den Abschluss erwerben will.

Das ist ein Zitat aus Eco (1993, S. 6). (Dem ich übrigens durchaus widerspreche: Ich kenne hervorragende Diplom- und Doktorarbeiten von weniger als 100 Seiten und kein Mensch schreibt heute seine Arbeit mit der Schreibmaschine).

Ein wörtliches Zitat muss der Vorlage auch in Zeichensetzung oder optischen Hervorhebungen genau entsprechen. Hätte etwa Eco in obigem Zitat das Wort »maschinenschriftlich« gesperrt oder unterstrichen, so müssten wir das Gleiche tun (oder ausdrücklich auf Abweichungen hinweisen). Sogar offensichtliche Fehler im Original darf man beim Zitieren nicht verbessern. Allenfalls kann man mit Zusätzen wie [sic] (das heißt »Achtung!« oder »aufgepasst!«) oder [!] dem Leser sagen: Für diesen Fehler kann ich nichts, der steht schon so im Original: »Die Studentenvertretung beschloss, das [!] die BAFöG-Kürzungen zurückzunehmen sind« oder »Rechtschreibung ist schwiriger [sic] als man denkt«.

Auch andere Zusätze und Ergänzungen (sogenannte »Interpolationen«) gehören zur Unterscheidung vom Original in eckige Klammern. »Der Präsident [der USA] ist ein sehr mächtiger Mann.« Kommen im Original selbst schon eckige Klammern vor, darf man auf runde Klammern ausweichen, zusammen mit einem Autorenverweis: »Lang leben will halt alles«, bemerkte schon Johann Nestroy völlig richtig, »aber *alt* werden (kursiv von mir; W. K.) will kein Mensch.«

Ausgenommen von der absoluten Originaltreue sind allein Zitate im Zitat sowie ganz allgemein Textteile, die selbst schon in Anführungszeichen stehen. Solche Passagen werden dann, wenn das Zitat selbst in Anführungszeichen steht, in halbe Anführungszei-

189

chen gesetzt: »Von hundert, die von ›Menge‹ oder ›Herde‹ reden«, so Christian Morgenstern, »gehören neunundneunzig selbst dazu.« Steht das Ober-Zitat dagegen besonders abgesetzt und ohne Anführungszeichen, werden diese sozusagen wieder frei für Zitate im Zitat:

> Von hundert, die von »Menge« oder »Herde« reden, gehören neunundneunzig selbst dazu.

Auslassungen sind mit Originaltreue verträglich, sofern angezeigt. Auslassungen einer ganzen oder mehrerer kompletter Zeilen (etwa bei Gedichten) deutet man durch eine durchgehende punktierte Linie an:

> Da hört man auf den höchsten Stufen
> Auf einmal eine Stimme rufen:
> »Sieh da, sieh da, Timotheus,
> Die Kraniche des Ibikus!«-
> ....
> ....
> Doch dem war kaum das Wort entfahren,
> Möcht er's im Busen gern bewahren.

Auslassungen im laufenden Text dagegen werden durch zwei »..« (ein Wort) bzw. drei Punkte »...« (mehr als ein Wort) angezeigt: Nach Johann Peter Hebel ist »Bildung .. ein durchaus relativer Begriff.« Das Originalzitat heißt: »Bildung ist ein durchaus relativer Begriff«, aber das Umstellen der Wörter passt das Zitat den eigenen Gedanken besser an.

Dergleichen Umstellungen, wie auch ein Herauslösen aus dem Zusammenhang, dürfen ein Zitat natürlich nicht vergewaltigen. So diskutiert etwa der folgende Text, wie angesichts eines Überhangs des theoretisch Machbaren über das praktisch Finanzierbare in der modernen Medizin die Gesundheitskosten dennoch auf humane Weise einzugrenzen sind:

> Auf der anderen Seite fände ich überhaupt nichts Anstößiges dabei, ja würde sogar mit Freude begrüßen, wenn alle derzeit aktiven Krankenkassen-Beitragszahler eine Halbierung ihrer Beiträge beschlössen, mit der Maßgabe, dass beginnend heute in zehn Jahre, wenn die ersten von

uns 75 sind, keine Herzoperationen und ähnliche teure, aber nur minimal lebensverlängernde Eingriffe mehr an Bundesbürgern über 75 vorgenommen werden. Damit bringen wir keine konkreten Patienten um, sondern erhöhen nur für alle heute noch nicht 65-jährigen die Wahrscheinlichkeit, einige Monate früher zu sterben.

Dieser Vorschlag lässt die Entscheidung bei den Patienten; ein Kommentar des »Spiegels« macht daraus fast das Gegenteil: Die Vorschläge des Autors »sind so provozierend wie seine Therapie-Vorschläge ...: ›keine Herzoperationen und ähnliche teure, aber nur minimal lebensverlängernde Eingriffe an Bundesbürgern über 75‹«. Dieses Zitat ist zwar technisch korrekt, aber trotzdem falsch. So wie hier unterschwellig dargestellt, d. h. als Zwangsmaßnahme ohne Mitsprache der Beteiligten, war diese »Therapie« auf keinen Fall gemeint.

Doktern Sie also in Zitaten nicht allzu viel herum – auch ohne böse Absicht ist hier schnell ein Kunstfehler passiert.

Wie wird belegt?

Weniger selbstverständlich als die Originaltreue, ja heiß umstritten, ist dagegen die konkrete Art und Weise des Verweisens auf die Quelle. Hier konkurrieren verschiedene Systeme, die mehr oder weniger erfolgreich dasselbe Ziel verfolgen: Der Leser soll die zitierte Quelle bei Bedarf so schnell wie möglich finden. Der vorliegende Leitfaden etwa verfährt dabei nach dem sogenannten »Harvard-System«: Verfasser, Erscheinungsjahr und u. U. Seitenzahl in runden Klammern im laufenden Text. Das spart Fußnoten und Schreiberei und stört den Lesefluss nur minimal: »Meier (1997, S. 17) hat gesagt ...«, »siehe Müller (1998, S. 12)‹« usw.

Bei einem einzigen Werk pro Autor ist das Erscheinungsjahr zur Klarstellung nicht nötig. Trotzdem sollte es nicht fehlen, es macht dem Leser das historische Einordnen der Quelle leichter. Alternativ wird oft statt Erscheinungsjahr auch ein Kurztitel des Werks genannt: »Schon Marx (Kapital, S. 257) hat gesagt ...«.

Eine Quellenangabe wie »Müller (1992)« nennt man auch »Kurzbeleg« (der an geeigneter Stelle durch einen »Vollbeleg« zu ergänzen ist; dazu später mehr). Bei wörtlichen Zitaten folgt er unmittelbar hinter dem schließenden Anführungszeichen und geht einem eventuell folgenden Satzzeichen voraus:

> »In vielen Fächern (und in letzter Zeit in immer zunehmendem Maße) verwendet man ein System, das es ermöglicht, auf alle Anmerkungen für bibliographische Angaben zu verzichten« (Eco, 1989, S. 218).

In indirekten Zitaten sind auch andere Varianten erlaubt wie »laut Umberto Eco (1989, S. 218) setzen sich zunehmend fußnotenlose Zitiersysteme durch«. Hier wird der Name des zitierten Autors Teil des eigenen Textes und nur das Erscheinungsjahr und eventuell eine Seitenzahl folgen in Klammern nach. Bei mehreren Werken pro Autor und Jahr kennzeichnet man einzelne Werke durch Zusätze wie a, b, c, ...: »Müller (1998a) widerspricht Meier (1996b).« Bei zwei Verfassern pro Werk werden beide aufgeführt, bei drei und mehr ist die Abkürzung »u. a.« erlaubt: »...schon Schmitz u. a. (1969) haben gezeigt...«.

Werke und Quellen ohne bekannten Verfasser oder Herausgeber werden bei dieser Kurzbeleg-Methode mit demselben Stichwort zitiert, unter dem sie im Literaturverzeichnis eingeordnet sind. Das kann eine Behörde (beim »Statistischen Jahrbuch« etwa das Statistische Bundesamt) oder wie bei der Bibel oder dem Bürgerlichen Gesetzbuch auch der Titel sein.

Werke wie die Letzteren, mit einer feststehenden quer durch alle Ausgaben und Auflagen gleichbleibenden Gliederung, kann man im Kurzbeleg statt mit Seitenzahl auch mit der jeweiligen inneren Gliederung zitieren: Mit »2. Kor. 13. 14-15« sind also die Verse 14 und 15 im dreizehnten Kapitel des 2. Korintherbriefs gemeint, und »§ 5 Abs. 1 Satz 1 EStG« verweist auf den ersten Satz im ersten Absatz des fünften Paragraphen im Einkommenssteuergesetz.

Neben dem Harvard-System »Autor-Jahr« findet man zuweilen auch nur Nummern als Kurzbeleg im laufenden Text: »Manche Autoren [3, 17, 29] glauben, dass...«. Solche Belege sparen Fußnoten wie das Harvard-System, ja sind sogar noch knapper, aber hier geht das Platzsparen doch zu weit. Ein ernsthafter Leser muss nämlich dann jedesmal im Literaturverzeichnis nachschlagen, wer 3, 17 und 29 überhaupt sind, und wird es Ihnen gerne danken.

Ein häufiger Kompromiss zwischen Vollbeleg und fußnotenlosem Kurzbeleg ist ein mittelgroßer Beleg per Fußnote, der mehr Informationen bietet als das Harvard-System, aber dennoch die Hauptverantwortung für die volle Dokumentation der Quelle dem Literaturverzeichnis lässt:

Text: »...verschiedene Belegsysteme werden etwa von Theisen vorgestellt[1].«

Fußnote: »[1] Vgl. Theisen, M. R., Wissenschaftliches Arbeiten 134-139.«

Hier erfährt der Leser neben dem Autor auch noch den Titel bzw. bei einem längeren Titel ein Stichwort aus dem Titel; dieses wird dann im Literaturverzeichnis zur Identifikation der Quelle wiederholt:

Theisen, Manuel R. [Wissenschaftliches Arbeiten]: Wissenschaftliches Arbeiten: Technik-Methodik-Form, (9., erweiterte und aktualisierte Auflage), München 1998 (Vahlen).

Wie bei allen Kurzbelegsystemen ist auch hier auf eine eindeutige Zuordnung von Kurz- und Vollbeleg zu achten. Die näheren Umstände, ob per Nummer, Stichwort oder Jahreszahl, sind dabei nicht so wichtig – Hauptsache, jeder Kurzbeleg im Text führt schnell und sicher zu genau einem dazu passenden Vollbeleg.

Solche Zuordnungsprobleme entfallen natürlich beim sogenannten »Vollbelegsystem«. Hier wird jede Quelle bei erstmaliger Erwähnung mit allen bibliographischen Details (dazu im nächsten Abschnitt mehr) in einer Fußnote dokumentiert. Über viele Jahrhunderte, solange eigene Literaturverzeichnisse noch nicht üblich waren, war dies das übliche System. Wurde dann die gleiche Quelle später nochmals zitiert, verwies man auf die ausführliche Quellenbeschreibung mit dem bekannten »a.a.O.« (»am angeführten Ort«): »vgl. Meier, a.a.O., S. 77«.

Von diesem System schreibe ich hier bewusst in der Vergangenheitsform, denn es ist für jeden Leser eine Strafe; es zwingt zum andauernden Hin- und Herblättern und ist in akademischen Abschlussarbeiten, die ohnehin ein eigenes Literaturverzeichnis erfordern, auch nicht nötig. Auch fehlt bei diesem System der schnelle

Überblick des benutzten Schrifttums, den ein kompaktes Literaturverzeichnis bietet. Meiden Sie also Hinweise wie a. a. O., loc. cit. (»loco citato«) oder noch schlimmer, »passim« (»hier und dort«), ganz gleich wie viele Regale mit Beispielen Sie in Bibliotheken dazu finden.

Dokumentation von Büchern

Die Identifikation einer Monographie erfordert im einfachsten Fall den Namen des Verfassers, den Titel des Werkes, den Namen und den Ort des Verlages sowie das Erscheinungsjahr. Diese Angaben entnimmt man vorzugsweise dem Titelblatt des Werkes (möglichst nicht der Sekundärliteratur) und überträgt sie ins Literaturverzeichnis etwa wie folgt:

Popper, Karl R.: Auf der Suche nach einer besseren Welt. München: Piper, 1984.

Dieses Format ist eines von vielen; zulässig aber hässlich. Besser gefällt mir schon die folgende Version:

POPPER, Karl R.: Auf der Suche nach einer besseren Welt. München: Piper, 1984.

Hier ist der Familienname des Autors groß geschrieben (in sogenannten »Kapitälchen«) und der Titel unterstrichen (entspricht Kursivdruck bei gedruckten Werken). So muss der Leser diese zentralen Angaben in längeren Belegen nicht erst lange suchen. Außerdem ist die zweite Belegzeile (und bei mehr als zwei Zeilen auch alle weiteren) zur besseren Absetzung von Nachbarbelegen etwas eingerückt.

Beide Formate folgen der Norm DIN 1505 (Titelangabe von Dokumenten). Diese sieht insbesondere eine Dreiteilung der bibliographischen Informationen in Angaben zu (i) Urheber(n), (ii) Titel und (iii) Erscheinungsmodalitäten vor, der ich mich in diesem Leitfaden allerdings nicht angeschlossen habe. Wegen des Kurzbelegsystems Autor-Erscheinungsjahr halte ich es für besser, wenn diese Daten auch im Vollbeleg voranstehen:

Popper, Karl R. (1984): <u>Auf der Suche nach einer besseren Welt</u>, München (Piper).

Auch meine Zeichensetzung weicht etwas von den DIN-Vorschlägen ab, die ja in der Tat nur Vorschläge und keine verbindlichen Normen sind. Genauso dürfen auch Sie selbst durch Variation von Schrifttyp, Zeichensetzung und Reihenfolge der Komponenten diesen Vollbeleg verbessern, denn ein sachlogisch optimales Format hat sich bisher noch nicht durchgesetzt. Gemeinsam ist allen Formaten nur der Urheber (seltener der Titel) am Anfang und ein Punkt, der niemals fehlen sollte, am Schluss.

Unabhängig vom Beleg-Format werden die folgenden Einzelheiten in der Regel nicht genannt: Kaufpreis, Schrifttyp, Seitenzahl, Drucker, Druckort, Druckformat, Zahl der Schaubilder, Zahl der Tabellen, Buchnummer, Ausstattung (Leineneinband oder Taschenbuch) sowie Art des Papiers, obwohl auch diese Daten für viele Leser und manche Zwecke durchaus von Interesse sind. So zerfallen etwa in den Bibliotheken der Welt derzeit Millionen von Büchern still zu Staub, weil eine früher häufig verwendete Papiersorte im Lauf der Jahre chemisch zerfällt. Daher sagt die Papiersorte dem Experten gleich, ob das Werk überhaupt noch physisch existiert. Auch die Seitenzahl kann wichtig sein, etwa zur Unterscheidung einer Sonntagsrede von einem voluminösen Lebenswerk, wird aber ebenfalls in aller Regel nicht genannt.

Darüber hinaus sind in unserem Grundgerüst die folgenden Regeln zu beachten:

Urheber

Bei Autoren und Herausgebern werden Berufs- und Adelstitel, sofern nicht Teil des Namens wie das »von«, sowie akademische Grade immer weglassen. Sir Karl R. Popper erscheint also als Karl R. Popper und Herr Honorarkonsul Prof. Dr. mult. Dr. hc. Fritz Schmitz ist nur Fritz Schmitz. Vornamen dagegen (sofern bekannt; bei mehreren auf jeden Fall der erste) werden zur besseren Kennzeichnung stets genannt und ausgeschrieben. Wird der

Vorname auf dem Titelblatt des Werkes abgekürzt, anderswo im Text dagegen voll genannt, so ergänzen wir ihn in runden Klammern

Simon, K(urt) (1979): <u>Der Preis der Gesundheit</u>, Düsseldorf (Econ).

Kennen wir den Vornamen dagegen aus einer anderen Quelle als dem zitierten Buch, wird die Ergänzung in eckigen Klammern eingefügt:

Popper, Karl R[aimund] (1984): <u>Auf der Suche nach einer besseren Welt</u>, München (Piper).

Bei zwei oder drei Autoren werden alle in der Reihenfolge des Titelblatts und durch ein Semikolon getrennt genannt:

Krämer, Walter; Trenkler, Götz; ;Krämer, Denis: <u>Das Neue Lexikon der populären Irrtümer</u>, Frankfurt 1998 (Eichborn).

Bei mehr als drei Verfassern dagegen nennt man oft nur den ersten und bedenkt die übrigen mit »[u. a.]« (und andere):

Meadows, Danella [u. a.] (1973): <u>Die Grenzen des Wachstums</u>, Stuttgart (DVA).

Bei mehreren Werken desselben Urhebers darf man den Namen bei weiteren Nennungen auch ersetzen:

Popper, Karl R. (1963a): <u>Conjectures and Refutations</u>, London (Routledge & Kegan Paul).

– (1963b): <u>The Open Society and its Enemies</u>, New York (Harper and Row).

Popper, Karl R.; Kreuzer, Franz (1986): <u>Offene Gesellschaft-Offenes Universum: ein Gespräch über das Lebenswerk des Philosophen</u>, München (Piper).

Dabei ordnet man mehrere Werke eines Autors zeitlich oder alphabetisch (wobei ein doppelt vorkommendes Jahr eventuell noch einen Zusatz erhält, passend zum Kurzbelegsystem im Text) und schreibt den Namen bei Gemeinschaftswerken wieder völlig aus.

Urheber, die ein Werk nicht selbst geschrieben, sondern nur herausgegeben haben, erhalten den Zusatz »(Hrsg.)«:

Montaner, Antonio (Hrsg.) (1967): <u>Geschichte der Volkswirtschaftslehre</u>, Köln (Kiepenheuer & Witsch).

196

Bei mehr als einem Herausgeber sollte dieser Zusatz hinter *jedem* Namen stehen, um Verwechslungen mit »regulären« Autoren zu vermeiden. Also:

Schneeweiß, Hans (Hrsg.); Strecker, Heinrich (Hrsg.) (1985): Contributions to Econometrics and Statistics Today, Berlin (Springer).

und nicht:

Schneeweiß, Hans; Strecker, Heinrich (Hrsg.) (1985): Contributions to Econometrics and Statistics Today, Berlin (Springer).

Dieser Beleg würde bedeuten, dass das Werk von Hans Schneeweiß geschrieben und von Heinrich Strecker herausgegeben worden ist.

Je nach Bedeutung kann man darüber hinaus auch noch sonstige beteiligte Personen wie Bearbeiter (Bearb.), Mitarbeiter (Mitarb.), Redakteure (Red.), Übersetzer (Übers.), Illustratoren (Ill.), Fotographen (Fot.), Nach- und Vorwortverfasser (Nachw. bzw. Vorw.), Begründer (Begr.), Interviewer (Interv.), Interviewte (Intervt.) oder Veranstalter (Veranst.) nennen. In den formalen Wissenschaften etwa interessiert ein Übersetzter kaum, in den Geisteswissenschaften dagegen sehr. Genauso können auch Schaubilder oder Fotos ein wesentlicher Teil des Werkes und ihre Urheber für den Leser wichtig sein. Diese weiteren beteiligten Personen folgen dann wie im folgenden Beispiel den eigentlichen Autoren mit ihrer Funktionsbezeichnung nach (bei fremdsprachigen Werken wahlweise in der Originalsprache oder mit obigen deutschen Abkürzungen):

Baumann, Eleonore; Baumann, Wolf-Rüdiger; Breuer, Doris; Clauss, Jan Ulrich; Michler, Günther; Paesler, Reinhard; Haefs, Hanswilhelm (Hrsg.); Böhm, Adolf (Ill.); Fochler-Hauke, Gustav (Begr.) (1987): Der Fischer Weltalmanach 1988, Frankfurt a. M. (Fischer Taschenbuch Verlag).

Weniger wichtige sonstige Beteiligte können auch mit Schrägstrich an den Titel angeschlossen werden:

Grosser, Alfred (1984): Der schmale Grat der Freiheit/ Mager, Felix (Übers.), München (Deutscher Taschenbuch Verlag).

Pseudonyme werden immer dann gebraucht, wenn sie bekannter als der wahre Name sind. Also »Twain, Mark«, statt »Clemens,

Samuel« und »Novalis« statt »Hardenberg, Georg Friederich Philipp Freiherr von«. Der wahre Name, sofern bekannt, wird dann oft in eckigen Klammern nachgestellt. Bei modernen Autoren aus dem Zeitalter des Datenschutzes wird dagegen nur noch der auf dem Titelblatt genannte Name angegeben, ob Pseudonym oder nicht.

Bei Schriften ohne persönlichen Verfasser nimmt der sonstige Urheber dessen Stelle ein:

Statistisches Bundesamt (1999): Statistisches Jahrbuch 1998 für die Bundesrepublik Deutschland, Stuttgart (Metzler-Poeschel).

Ist der Urheber anonym, aber aus anderen Quellen als dem Werk selbst bekannt, wird er dagegen wie ein »normaler« Autor, allerdings in Klammern und in Zweifelsfällen zusätzlich mit einem Fragezeichen angeführt:

[Bahrdt, Carl Friedrich (?)] (1789): Briefe eines Staatsministers über Aufklärung, Straßburg (Kilian).

Sonstige anonyme Werke werden unter ihrem Titel abgelegt:

Großes Zitatenbuch, München 1984 (Compact Verlag).

Auch bei bekanntem Urheber verdrängt der Titel unter Umständen den Urheber als Ordnungswort, wenn man nämlich das Werk vor allem unter diesem Titel kennt:

Das Deutsche Wörterbuch, München 1985 (Knaur).

Dieses Werk zeigt außerdem, welche Kopfschmerzen das Belegen einer Quelle bereiten kann: Das Titelblatt sagt, dass es von Ursula Hermann unter Mitarbeit von Horst Leisering und Heinz Hellerer »erarbeitet« worden ist. Die »Koordination und Redaktion« dagegen oblag dem Lexikographischen Institut in München, welches auch das Copyright hält. Wer Haupturheber und damit Namensgeber dieses Eintrags ist, bleibt unbestimmt, sodass ein Ablegen unter dem Sachtitel diesen gordischen Urheber-Knoten elegant entwirrt.

Analog hätte man auch den Fischer Weltalmanach statt unter den Urhebern kürzer unter seinem Titel ablegen können:

Der Fischer Weltalmanach 1988, Frankfurt a. M. (Fischer Taschenbuch Verlag).

198

Auch dieses Werk ist vor allem unter seinem Titel und weniger unter seinen Urhebern bekannt. Leider gibt es hier aber keine eindeutige Trennlinie, ab wann der Titel und ab wann der Urheber voranzustehen hat.

Titel und Erscheinungsdaten

Den Sachtitel eines Werkes entnimmt man wenn immer möglich dem Titelblatt. Gibt es davon mehrere mit abweichenden Titeln (das kommt öfter vor als man denkt), gibt die durch typographische Gestaltung oder Detailliertheit der Angaben besonders hervorgehobene »Haupttitelseite« den Ausschlag. Unabhängig von deren grafischer Gestaltung wird der Titel dabei in normaler Groß-/Kleinschreibweise wörtlich, also auch mit eventuellen Fehlern, auf welche man wie bei Textzitaten durch [!] oder [sic] hinweisen kann, übernommen:

Groeningen, Gustav H. (1885): Über den Shock [!], Wiesbaden (Bergmann).

Der Titel wird in dem hier empfohlenen Format inklusive Wortzwischenräume unterstrichen und endet mit einem Komma oder Punkt. Nur wenn auf dem Titelblatt ein anderes Satzzeichen steht, tritt dieses dafür ein:

van den Haag, Ernest (Hrsg.) (1974): Marktfeindschaft warum? München (Philosophia Verlag).

Ungewöhnlich lange Titel darf man kürzen, mit den üblichen drei Punkten für die Auslassungen. Statt:

Brentano, Clemens (1807): Bog's, des Uhrmachers, wunderbare Geschichte, wie er zwar das menschliche Leben längst verlassen, nun aber doch, nach vielen musikalischen Leiden zu Wasser und zu Lande, in die bürgerliche Schützengesellschaft aufgenommen zu werden Hoffnung hat, Heidelberg (Mohr).

reicht also auch:

Brentano, Clemens (1807): Bog's, des Uhrmachers, wunderbare Geschichte..., Heidelberg (Mohr).

Eventuelle Untertitel können aufgenommen werden, müssen aber nicht. Gegebenenfalls werden sie vom Haupttitel durch einen

Doppelpunkt getrennt (wobei der Perfektionist rechts und links vom Doppelpunkt eine Leerstelle lässt):

Schelski, Helmut (1977): Die Arbeit tun die anderen : Klassenkampf und Priesterherrschaft der Intellektuellen, München (dtv).

Hier bliebe der Haupttitel alleine reichlich nebulös und der Untertitel erfüllt eine wichtige Funktion. Im nächsten Beispiel dagegen sagt der Haupttitel schon genug über das Buch, sodass der Untertitel auch wegfallen könnte:

Haun, Rainer (1982): Der befreite Patient : Wie wir Selbsthilfe lernen können – Eine Alternative zum Medizinkonsum, München (Kösel).

Wenn der Haupttitel mit einem Frage- oder Ausrufungszeichen endet, entfällt der trennende Doppelpunkt:

Loesch, Heinrich von (1977): Stehplatz für Milliarden? Das Problem Übervölkerung, München (dtv).

Ergänzende Informationen wie die Auflage (falls nicht die erste) gehören in der Regel ebenfalls in eine ordentliche Dokumentation, denn oft weichen verschiedene Auflagen eines Werkes beträchtlich voneinander ab:

Poenicke, Klaus (1988): Wie verfasst man wissenschaftliche Arbeiten? (2., neubearb. Aufl.), Mannheim (Dudenverlag).

Falls das Buch Teil einer fortlaufenden Reihe ist, kann man auch den Reihentitel nennen (und muss sogar, wenn die Reihe aus irgendwelchen Gründen wichtig ist). Das Buch von Poenicke etwa ist in der Reihe »Duden-Taschenbücher« erschienen, was sicher viele Leser interessiert. Der komplette Eintrag lautet dann:

Poenicke, Klaus (1988): Wie verfaßt man wissenschaftliche Arbeiten? (2., neubearb. Aufl.; Duden-Taschenbücher 21), Mannheim (Dudenverlag).

Hier sind Reihe und fortlaufende Nummer innerhalb der Reihe zusammen mit der Auflage in Klammern hinter dem Titel eingefügt, aber das können Sie auch anders halten.

Fremdsprachige Titel unterliegen den Regeln ihres Heimatlandes. In englischen Titeln etwa schreibt man das erste Wort des Titels und eines möglichen Untertitels sowie alle weiteren Wörter außer Artikeln, Präpositionen und Konjunktionen groß.

Das Erscheinungsjahr des Werkes entnimmt man ebenfalls dem Titelblatt. Ersatzweise gilt auch das Jahr des Urheberrechts. Ist dieses Datum nicht aus dem Werk selbst, sondern nur aus dritter Quelle bekannt, setzt man es in eckige Klammern, bei Zweifeln mit einem Fragezeichen:

Gattersberg, Rolf [1910 ?]: <u>Aus dem Tagebuch eines Flohs</u>, Dresden (Horschig).

Falls bei einer höheren Auflage auch das Erscheinungsjahr der ersten Auflage interessiert (wichtig für Prioritätsdebatten in Naturwissenschaften und Mathematik), ist auch dieses oder das Jahr des ersten Copyrights anzugeben:

Feller, William (1968): <u>An Introduction to Probability Theory and Its Applications</u>, Band 1 (3. Aufl.; erstes Copyright W. Feller 1950), New York (Wiley).

Bei mehrbändigen Werken wird auch noch die Zahl der Bände aufgeführt. Bei dem obigen Werk von Feller ist das überflüssig, weil die beiden Bände seiner »Introduction« unabhängig erschienen und auch separat zu lesen sind, aber wenn ein Gesamtwerk nur aus drucktechnischen Gründen in mehrere Bände zerfällt, sollte deren Zahl nicht fehlen:

Mackean, D. G. (1970): <u>Einführung in die Biologie</u> (2 Bde.), Reinbek (Rowohlt).

Ort und Verlag

Der nächste Belegteil ist der Erscheinungsort, in der Regel der Sitz des Verlags. Bei mehr als einem Verlagsort reicht in der Regel der erste. So ist etwa in dem weiter oben zitierten Buch von Schneeweiß und Strecker von den vier Verlagsorten des Springer Verlages (Berlin, Heidelberg, New York und Tokio) nur Berlin vermerkt. Zuweilen findet man dann noch den Zusatz »[u. a.]«, aber die Norm DIN 1505 hält das für überflüssig.

Ist kein Verlagsort angegeben, wird ersatzweise der Sitz einer herausgebenden Körperschaft oder der Druckort genannt.

Die in der Regel letzte bibliographische Information ist der Na-

201

me des Verlags (ersatzweise der Name des Druckers). Er wird in Literaturverzeichnissen oft übergangen, kann aber für bestimmte Zwecke, etwa zur Abschätzung des Niveaus und der weltanschaulichen Ausrichtung des Werkes nützlich sein. Fügen Sie ihn daher immer bei, jedoch ohne Beiwerk wie in S. Fischer GmbH und Ko. KG. Hier reicht »S. Fischer« völlig aus. (»Fischer« ohne »S.« dagegen nicht, weil es mehrere Verlage dieses Namens selbst in Frankfurt a. M. gibt.)

Halten wir zusammenfassend fest, dass der Umfang der bibliographischen Informationen in einem Literaturbeleg nicht eindeutig vorgegeben ist. Von dem unabdingbaren Minimalschema Autor-Titel-Ort, wie in:

Popper, K. (1980): Die offene Gesellschaft und ihre Feinde, München.

reicht ein weites Spektrum bis zu einem Maximalbeleg für die gleiche Quelle wie dem folgenden, der kaum noch Wünsche offenlässt:

Popper, Karl Raimund (1980): Die offene Gesellschaft und ihre Feinde (2 Bde.) / P.K. Feyerabend (Übers.) (6. Aufl.; 1. Aufl. 1944; Uni-Taschenbücher 472-473), 435 und 483 Seiten, München (Francke).

Die für den Einzelfall passende Version liegt in der Regel irgendwo dazwischen. Sie hängt neben persönlichen Vorlieben auch von den Gepflogenheiten des jeweiligen Fachs, den Interessen der Leser und vom betreuenden Dozenten ab. Zu viel ist jedoch immer besser als zu wenig – nur selten wird ein Literaturverzeichnis wegen Daten-Überflusses kritisiert. Sollten Sie daher in bestimmten Fällen zweifeln, ob oder ob nicht diese oder jene Extra-Information in Ihr Verzeichnis aufzunehmen ist: Nehmen Sie sie auf.

Dokumentation von Aufsätzen

Artikel aus Fachzeitschriften werden von kleinen Abweichungen abgesehen wie Bücher zitiert:

Scanlon, John W. (1984): »A Truly Incidental Note about a Technological Non-Advance in Clinical Rheology,« Journal of Irreproducible Results 30, 19-21.

202

Anders als bei Büchern erscheint der Titel des Werkes jetzt jedoch in Anführungszeichen. Diese sagen dem Leser: »Hier handelt es sich um kein selbstständiges, sondern um einen *Teil* eines selbstständig erschienenen Werks.« Sie schließen den Titel inklusive abschließendes Satzzeichen ein (in der Regel ein Komma, aber auch andere Zeichen wie im nächsten Beispiel sind erlaubt):

Lauermann, Georg (1978): »Ist das Waschen der Schweine Luxus oder Notwendigkeit?« Der Schweineproduzent 9, 290-292.

Das selbständige Werk ist jetzt die Zeitschrift, in welcher der Aufsatz erschienen ist. Ihr Name wird deshalb analog zu Büchern unterstrichen und ist möglichst auszuschreiben. Braucht das unnötig Platz (etwa weil Sie 50-mal »Journal of the American Statistical Association« schreiben müssen) sind auch Abkürzungen wie »JASA« erlaubt, die dann aber in einem Abkürzungsverzeichnis oder an anderer Stelle erläutert werden müssen.

Einleitende Artikel bei Zeitschriftennamen kann man weglassen. Statt »The Journal of Irreproducible Results« reicht also »Journal of Irreproducible Results«. Beim »Schweineproduzenten« dagegen behalte ich lieber den Artikel bei.

Mehrere Hefte einer Zeitschrift bilden in der Regel einen Band. Dessen Nummer folgt dem Namen nach (und zwar in arabischen Ziffern, selbst wenn die Zeitschrift selbst die Bände mit römischen Ziffern zählt). Diese Zusatzinformation ist vor allem bei mehreren Bänden pro Jahrgang mit jeweils eigener Seitenzählung wichtig, weil dann das Erscheinungsjahr allein zur Identifikation einer Textseite nicht ausreicht.

Nach der Nummer des Bandes folgen die erste und letzte Seitenzahl des Aufsatzes. Falls dieser jedoch Seiten überspringt, etwa wegen eines zwischengeschalteten Werbetextes, reicht auch die erste Seite, gefolgt von einem »+«, um Fehleinschätzungen der Länge eines Werkes zu verhindern:

Beske, Fritz; Niermann, Frank-Michael (1989): »Universitäre Ausbildungskapazitäten für den Studiengang Medizin unter Qualitätsgesichtspunkten,« Deutsches Ärzteblatt 86, 2635+.

Vermeiden sollten Sie dagegen die alte Unsitte, grundsätzlich nur die erste Seite gefolgt von »ff.« (für »fortfolgende«) zu nennen.

Werden die Seiten jedes Einzelheftes einer Zeitschrift getrennt gezählt, ist zur Vermeidung von Missverständnissen auch noch die Heftnummer erforderlich:

Krämer, Walter (1998): »Armut – Was ist das überhaupt?« Schweizer Monatshefte 78, Nr. 10, 8-11.

Presseartikel

Bei Artikeln aus der Tagespresse oder anderen Publikumszeitschriften tritt an die Stelle des Zeitschriftenbandes die Nummer oder das Heft sowie das Erscheinungsdatum:

Keeve, Viola (1998): »Pseudokosmopolitisches Imponiergefasel : Jil Sanders ›Denglisch‹ ruft Retter der deutschen Sprache auf den Plan«, Süddeutsche Zeitung, Nr. 96, (4. März), S. 6.

Oft lässt man hier die Zusätze »Nr.« und »S.« weg, aber ich finde diese Redundanz sinnvoll, man verliert sonst im Gewirr der Ziffern leicht die Übersicht.

Falls die zitierte Zeitung oder Zeitschrift eine andere Gliederung als eine fortlaufende Seitenzählung hat, schließt man sich dieser an:

Rübesamen, Hans Eckart (1991): »Bergtouren und Strandfreuden«, Hannoversche Allgemeine Zeitung, Nr. 4 (5. Jan.), Wochenendbeilage-Reise und Urlaub.

Bei anonymem Autor (kommt vor allem bei Tageszeitungen häufig vor) verfährt man wie bei anonymen Büchern: Die Publikation wird unter ihrem Titel (jetzt aber in Anführungszeichen) ins Literaturverzeichnis einsortiert:

»Umstrittene Arzneien kosten Milliarden«, Kölner Stadtanzeiger Nr. 292 (26. November 1986), S. 7.

Abweichend vom sonstigen Schema habe ich hier das Erscheinungsjahr an den Schluss gestellt.

Aufsätze und Beiträge aus anderen Sammelwerken

Nach demselben Muster werden auch Artikel aus Enzyklopädien, Festschriften, anderen Sammelbänden oder Lexika belegt: Autor, Jahr und Aufsatztitel in Anführungszeichen, dann die selbständige Quelle, also das ganze Buch, das man dann auch wie ein Buch zitiert. Nur das Erscheinungsjahr wird nicht nochmals eigens genannt (es sei denn, die Publikationsdaten unterscheiden sich):

Henn, Rudolf; Karmann, Alexander (1985): »Methoden zur Messung der Schattenwirtschaft«, in Schneeweiß, Hans (Hrsg.) und Strecker, Heinrich (Hrsg): Contributions to Econometrics and Statistics Today, Berlin (Springer), 101-112.

Good, Irvin J. (1978): »Fallacies, Statistical«, in Kruskal, William H. (Hrsg.) und Tanur, Judith M. (Hrsg.): International Encyclopedia of Statistics, Vol. 1, New York (The Free Press), 337-349.

Waalkes, Otto (1981): »Kommissar Kringels schwerster Fall«, in Waalkes, Otto: Das Buch Otto, Hamburg (Hoffmann und Campe), 11-13.

Bei unbekanntem Urheber nimmt auch hier der Sachtitel dessen Stelle ein:

»Stichprobeninventur«, Gablers Wirtschaftslexikon (Bd. 5; 12. Auflage), Wiesbaden 1988 (Gabler), S. 1746.

»Das Buch der Weisheit«, Die Bibel : Altes und Neues Testament, Freiburg 1980 (Herder), 738-755.

Dokumentation von Quellen aus dem Internet

Anders als Bücher oder Artikel aus Zeitschriften und Sammelbänden existieren Quellen aus dem Internet nur als Bits und Bytes auf irgendwelchen Rechnern. Und wenn der Rechner »abstürzt«, ist die Quelle nicht mehr da.

Den Zugewinn an Schnelligkeit und Effizienz bei der Recherche, den das Internet gestattet, muss man mit zusätzlichen Problemen bei der Dokumentation der so gefundenen Quellen bezahlen.

Schließlich soll ja eine Quellenangabe dazu dienen, dass ein interessierter Leser diese Quelle zeitlich, inhaltlich und örtlich einordnen kann (Umfang, wann und wo ist sie erschienen), vor allem aber, dass er sie bei Bedarf auch findet, und das alles kann im Internet aus vielen Gründen scheitern (die bekannten Fehlermeldungen »File not found on this server« oder »This document has moved to a new location« usw.).

Erscheinungsorte etwa sind im Internet kaum zu bestimmen – man kann einen Text in München eingeben, der dann auf einem ftp-Server in Sydney lagert, der wiederum eine Adresse auf den Fidji-Inseln hat. Auch das Erscheinungsdatum ist nicht immer eindeutig bestimmbar, denn anders als gedruckte Bücher, die mit dem Drucken so wie Schillers Glocke »festgemauert in der Erden« stehen, werden viele Internet-Dokumente niemals fertig – man radiert und redigiert in einem fort darin herum und oft verbirgt sich hinter ein- und demselben Namen unter ein- und derselben Adresse ein paar Tage später ein ganz anderes Dokument. Auch Seitenzahlen, die bei Büchern und Aufsätzen eine erste Abschätzung der in einer Quelle gesammelten Informationsmenge gestatten, sind im Internet nicht üblich, allenfalls die Angabe in Bits und Bytes (aber das kann gewaltig in die Irre führen, etwa wenn die Dokumente Grafiken mit einem Speicherbedarf von Dutzenden von Seiten Text enthalten). Oder – der Alptraum eines jeden Zitierers – der Rechner, der das Dokument verwaltet, wird stillgelegt oder die Datei wird aus anderen Gründen gelöscht oder geschlossen und die Quelle existiert nicht mehr.

Das in dem folgenden Beispiel vorgeführte Schema ist als ein Versuch zu sehen, das Beste aus dieser Lage herauszuholen:

Harnack, Andrew; Kleppinger, Gene: »Beyond the MLA Handbook : documenting electronic sources on the internet«, http://www.unbsj.ca/~davis/citation.html (25. Dez. 1998).

Die Quellenangabe beginnt wie gehabt mit dem Namen des Autors und dem Titel des Dokuments. Danach folgt die komplette Internet-Adresse, unter der das Dokument zu finden ist, und danach – falls bekannt – das Datum des Tages, an dem man auf dieses Dokument selbst zugegriffen hat. Dieses Datum ersetzt in gewisser

206

Weise das Erscheinungsdatum (kann also beim Harvard-Kurzbelegsystem anstelle des Erscheinungsdatums verwendet werden) und ist außerdem als eine Art Versicherung gegen das nachträgliche Ändern eines Textes anzusehen. Mit diesem Quellenhinweis sagt man also nur: Am 25. 12. 1998 hat diese Quelle dieses oder jenes ausgesagt.

Das Kürzel »http« am Anfang der Internet-Adresse benennt den Dienst (in diesem Fall das »World Wide Web«), mit dessen Hilfe man auf das Dokument zugreifen kann. Bei der weiteren Quellenbezeichnung ist es wichtig, keine Unklarheiten zu den Zeichen, ob Ziffern, Lehrstellen (blanks), Sonderzeichen oder Buchstaben zu erzeugen, sonst wird die Adresse falsch. Insbesondere empfiehlt es sich, bei den oft langen Internet-Adressen keine Trennung von Wörtern vozunehmen, sondern stattdessen nach einem Punkt oder einem Schrägstrich die nächste Zeile zu beginnen. Dann sollte eigentlich jeder wissen, dass der Name nach dieser Trennung ohne Leerstelle weitergeht. Auch ein Punkt am Ende der Adresse ist entgegen sonstigen Zitiergepflogenheiten besser wegzulassen, dann kann niemand diesen Punkt irrtümlich für einen Teil des Namens halten.

Ähnlich zitiert man auch Dokumente, die man zwar im Internet gefunden hat, die aber zunächst anderswo erschienen sind:

Krämer, Walter (1998): »Studiengebühren sorgen für mehr Gerechtigkeit«, Die Welt Nr. 143-26, 23. Juni, S. 4. http://www.amadeus.statistik.uni-dortmund.de/lehrst/wssoz/walterk/aufsatz5.html (14. März 1999).

Hier kann man natürlich das Erst-Erscheinungsdatum nennen, sollte aber trotzdem das Datum des Zugriffs nicht vergessen – vielleicht ist ja am Text etwas geändert worden.

Auch Dokumente ohne bekannten Verfasser unterliegen diesem Schema:

›Leitseite der Österreichischen Gesellschaft für Sprache und Schreibung,« http://gewi.kfunigraz.ac.at/~muhr/oedt/index.html (25. Dez. 1998).

Das ist die Leitseite (»homepage«) der im Titel genannten Gesellschaft, die von dem Germanisten Rudolf Muhr in Graz betrieben wird; sie führt weiter zu Informationen über einschlägige Tagungen und Publikationen sowie zu einer ausführlichen Bibliographie zum »Österreichischen Deutsch« (Beispiel: »Erdäpfelsalat bleibt Erdäpfelsalat : Österreichisches Deutsch und der EU-Beitritt«).

Dokumente, die man aus anderen Internet-Diensten wie ftp, e-Post (e-Mail) oder aus Diskussionsforen kennt, zitiert man so:

Slade, Robert <res@maths.bath.ac.uk> »UNIX made easy.« 26. März 1996. <alt.books.reviews> (31. März 1996).

Das ist ein Dokument, welches ein gewisser Robert Slade am 26. März 1996 in das Internet-Diskussionsforum »alt.books.reviews« eingegeben hat. Zusätzlich zum Namen des Autors nennt man hier noch dessen e-Post(»e-Mail«)-Adresse; den Abschluss des Quellennachweises bildet wie immer das Datum des eigenen Zugriffs.

Nach demselben Schema zitiert man e-Post, die man selbst erhalten hat:

Grobe, Hans-Joachim <HJGrobe@t-online.de> »Europanto.« 23. Dez. 1998 Persönliche e-Post (25. Dez. 1998).

Auch hier nennt man das Datum, an dem man selbst die Post gelesen hat, zusätzlich zum Datum des Eingangs auf dem Rechner.

Indem man sich an diesen Beispielen orientiert, kann dann auch sonstige Internet-Dokumente (aus den Diensten ftp, telnet, Gopher usw.) korrekt zitieren. Die generelle Regel ist immer, dass ein Leser das zitierte Dokument auch finden können muss.

Sonderfälle

Die Hinweise in den bisherigen Abschnitten reichen für die meisten Zwecke aus. Daneben treten aber je nach Fach und Thema noch verschiedene Sonderfälle auf.

Unveröffentlichte Manuskripte

Der wichtigste Sonderfall sind unveröffentlichte Manuskripte wie etwa Dissertationen (sofern nicht als Buch erschienen). Diese unterliegen den gleichen Regeln wie andere unselbständige Schriften auch, d. h. sie werden wie Aufsätze in Zeitschriften zitiert. An die Stelle der zeitschriftenspezifischen Information tritt jetzt nur der Hinweis »Diss.« zusammen mit dem Ort der Universität.

Michels, Sonja (1995): »Heteroskedastie- und Autokorrelationskonsistente Kovarianzmatrixschätzung im Linearen Regressionsmodell«, Diss. Dortmund.

Ist die Dissertation dagegen im Druck erschienen, wird sie wie jedes andere Buch zitiert. Als Extraservice für den Leser ist jedoch ein Hinweis auf den Ursprung des Werks erlaubt:

Schiller, Christian (1983): <u>Staatsausgaben und crowding-out-Effekte: Zur Effizienz einer Finanzpolitik keynesianischer Provenienz</u> (Diss. Mainz 1982), Frankfurt (Peter Lang).

Wenn zwischen Druck und Doktorprüfung einige Jahre verstrichen sind, kann dieser Hinweis bei Prioritäten-Streitigkeiten nützlich sein.

Andere unveröffentlichte Manuskripte wie Diplom-, Seminar-, Magister- und andere Examensarbeiten sollte man nur sparsam zitieren – sie sind im Ernstfall schwer zu überprüfen. In der Regel reicht hier auch die Angabe der Universität zum Auffinden der Arbeit nicht mehr aus, man nennt zusätzlich noch die Fakultät oder den Fachbereich:

Reinhardt, Ulrike (1988): »Die Konsequenzen der Elimination bestimmter Krankheiten für Sterblichkeit und mittlere Lebenserwartung, dargestellt am Beispiel des Diabetes Mellitus«, Diplomarbeit Hannover (Fachbereich Wirtschaftswissenschaften).

Auch Diskussions-Papiere oder sogenannte »Preprints« erfordern eine sehr detaillierte Dokumentation:

Heilemann, Ullrich (1998): »Zu den Anfängen der Konjunkturforschung in Deutschland 1925 – 1933«, Technical Report 31/98, Sonderforschungsbereich 475, Universität Dortmund.

Diese sogenannte »graue Literatur« wird in vielen Fächern immer wichtiger. Trotzdem sollte man sie im Interesse der Leser, die oft keinen oder nur sehr schweren Zugang dazu haben, nur dann zitieren, wenn es, wie etwa zur Anerkennung von Prioritäten, wirklich unumgänglich ist.

Gesetze und Urteile

Dokumentieren Sie Gesetzestexte wenn möglich nur anhand der amtlichen Gesetz- und Verordnungsblätter (siehe Kapitel 3), etwa wie folgt:

Gesetz über Preisnachlässe (Rabattgesetz-RabattG) vom 25.11.1933 (RGBl I.1011) idF vom 02.03.1974 (BGBl I.469).

Die dabei benutzten Abkürzungen, sofern dem potentiellen Publikum nicht vertraut, sind an geeigneter Stelle – etwa in einem Abkürzungsverzeichnis – zu erklären.

Urteile zitiert man mit dem Namen des Gerichts:

Bundesverfassungsgericht (1979): »Beschluss vom 1. 3. 1979«, in: Entscheidungen des Bundesverfassungsgerichts, Tübingen (Mohr), 145-166.

Geben Sie dabei als Fundstelle immer eine amtliche Sammlung, ersatzweise eine Fachzeitschrift an. Bei unveröffentlichten Urteilen gehört auch noch das Aktenzeichen dazu.

Audiovisuelles Material

Radio- und Fernsehproduktionen, Filme, Langspielplatten, CDs und Videokassetten sind selbständige Quellen und werden daher wie Bücher zitiert:

von Karajan, Herbert (1969): HiFi Karajan, Schallplatte, Berlin (Deutsche Grammophon).

Babeneco, Hector (1985): Der Kuß der Spinnenfrau, Film, Brasilien/USA.

Wohnungsnot und Wuchermiete, Fernsehdiskussion, N3, 11.9.1990, 20.15-21.00.

Dürrenmatt, Friedrich: Unternehmen der Vega, Hörspiel, NDR 3, 5. 1. 1991, 16.05-17.10.

Radiohead (1997): Ok Computer, CD, Parlophone.

Auch hier wird zuerst der Urheber genannt, falls er oder sie eindeutig bestimmbar ist. Das fällt oft nicht leicht. Bei Filmen etwa streiten mindestens zwei Personen um diese Ehre, der Drehbuch-

210

autor und der Regisseur, und bei Musikstücken sogar noch mehr: der Komponist, der Sänger, das Orchester, der Texter und der Dirigent; hier entscheidet man am besten von Fall zu Fall.

Will man auch weniger bekannte sonstige Mitwirkende nennen (das geschieht am besten wie bei Büchern nach einem Schrägstrich hinter dem Sachtitel), so fügt man deren Funktionen bei:

Tschaikowsky, Peter: Konzert für Klavier und Orchester Nr. 1 b-Moll/Los Angeles Philharmonic Orchestra; Leonard Pennario (Klavier); Erich Leinsdorf (Dirigent), Amsterdam 1969 (EMI).

Wie schon bei Büchern hängt auch hier der Umfang des Beleges von Publikum und Zweck der Arbeit ab. So erfordert etwa eine musikwissenschaftliche Dissertation detailliertere Belege als eine betriebswirtschaftliche Arbeit über das Marketing von klassischer Musik.

Für Teile oder Ausschnitte aus solchen Materialien gelten analog die Regeln für Aufsätze in Sammelwerken:

Stevens, Cat (1975): »Moonshadow«, in Greatest Hits, Schallplatte, London (Hataklit).

von Karajan, Herbert (1969): »Eine kleine Nachtmusik«, in HiFi Karajan, Schallplatte, Berlin (Deutsche Grammophon).

Computerprogramme

Ein Computerprogramm ist eine selbständige Quelle, d. h. es wird wie ein Buch nach dem Standard-Schema Autor-Titel-Hersteller zitiert (soweit bekannt). Zusätzlich setzt man noch einen Hinweis auf die Art des Programmes ein:

Microsoft und Andromeda Software (1987): Tetris, Computerspiel.

Edlefsen, Lee E. und Jones, Samuel (1992): Gauss, Version 3.0, Mathematisches Softwarepaket, Kent WA (Aptech Systems).

SPSS Inc. (1997): SPSS für Windows, Version 7.5 (Statistisches Softwarepaket).

Elektronische Datenbanken

Material aus elektronischen Literatur-Datenbanken, sofern zuvor im Druck erschienen, zitiert man genau wie ein gedrucktes Werk und nennt zusätzlich noch die Datenbank. Ansonsten nennt man möglichst klar den Herkunftsort:

Spielmann, H. (1986): »Bewertung des embryotoxischen Risikos von Industriechemikalien in der Schwangerschaft«, Zeitschrift für Geburtshilfe und Frauenheilkunde 46, 335-339 (über MEDLINE- Datenbank, DIMDI).

Weihrauch, Klaus (1987): »Computability« (Kurzfassung des gleichnamigen Buches), Datenbank MATH, STN-International.

Fakten-Datenbanken zitiert man genau wie ein selbstständiges Werk und nennt dazu das Medium:

Data-Service & Information GmbH (1998): World of Macroeconomic Databases, CD-ROM, Rheinberg.

Theateraufführungen, Konzerte usw.

Eine bestimmte Aufführung oder Produktion eines Schauspiels, eines Musikstücks oder eines anderen Werkes, auf die wir uns etwa in einer kunsttheoretischen Arbeit beziehen, dokumentieren wir wie folgt:

Tommy (Filmvorführung der Rockoper), Lester Square Theatre, London, 5. 8. 1975.

Der zerbrochene Krug, Lustspiel von Heinrich von Kleist, Regie Ulrich Theis, mit Manfred Krug, Theater am Aegi, Hannover, 6.10.1990.

»Penelope« (Schlusskapitel von Ulysses), gelesen von Edith Clever, NDR 3, 8. 1. 1991, 21.25-23.05.

Wollen wir dagegen einen bestimmten Künstler würdigen, so setzen wir diesen statt des Stückes an die erste Stelle:

Die Salzburger Instrumentalsolisten: Divertimento B-Dur, KV 137, von Wolfgang Amadeus Mozart, Festliches Kammerkonzert, Salzburg, 20.9.1982.

The Rolling Stones, Rock-Konzert, Festhalle Frankfurt, 20.9.1973.

Bildende Kunst

Werke der bildenden Kunst zitieren wir wie folgt:

Breughel, Pieter d. Ä. (ca. 1555): Heimkehr von der Jagd, Gemälde (Wien, Kunsthistorisches Museum.)

Rodin, Auguste (1898): Balzac, Skulptur (Paris, Musée Rodin).

Nouvelle Exposition d'Ensemble, Ausstellungsplakat, Paris 1896.

Zeichnungen, Karikaturen und Fotos aus Zeitungen und Zeitschriften werden dagegen wie unselbständige Quellen (also in Anführungszeichen und nicht unterstrichen) zitiert:

Haitzinger, Horst: »Ami go home«, Karikatur, Süddeutsche Zeitung, 12.9.1981.

»Amundsen am Südpol«, Foto, Tageschronik '86, Dortmund 1985 (Harenberg), auf Seite 14. Dezember.

»Drink wet cement and get stoned«, Zeichnung, in Kilroy, Roger (Hrsg.): Graffiti 2: The Walls of the World, London 1980 (Corgi Books), S. 56.

Briefe

Publizierte Briefe zählen zu unselbständigen Quellen und werden auch so zitiert:

Joyce, James (1903): »Brief an seine Mutter«, in Ellmann, Richard: James Joyce (New and Revised Edition), Oxford 1982, S. 122.

Dumschat, Bruno (1996): »Leserbrief«, Wunstorfer Stadtanzeiger, 3.1.1996, S. 17.

Unveröffentlichte Briefe dagegen zitiert man so:

Kleinschmidt, Helga (1999): Beschwerde über Kinderlärm, Brief an Egon Schmitz (unveröffentlicht, im Besitz von Egon Schmitz).

Schutzschriften und Patente

Das korrekte Zitieren von sogenannten »Schutzrechten« (Gebrauchsmuster, Offenlegungsschriften, Auslegeschriften, Patent-

213

anmeldungen und Patente) ist eine heikle Sache, hier ist oft viel Geld im Spiel. Zum Glück tritt dieses Problem aber außerhalb der Ingenieurwissenschaften nur selten auf. Erwähnen Sie gegebenenfalls immer das Wort »Schutzrecht« und geben Sie dessen Nummer an:

Schutzrecht DE Düsseldorf MR 4980 Geschmacksmuster (1980).

In diesem Beispiel ist auch noch der Ort, in dem das Musterregister geführt wird, zusätzlich genannt.

Dies und Das

Außer den bisher behandelten kommen zuweilen auch noch andere Dokumente, Quellen oder Werke in wissenschaftlichen Arbeiten vor, die dann auch im Literatur- bzw. Quellenverzeichnis festgehalten werden wollen, wie Flugblätter, Loseblatt-Sammlungen, Kataloge, Drehbücher, Kalender, Gedichte, Normen, Karten, Rezensionen, Reden, Interviews, Videobänder, Bildschirmtexte, Kochrezepte, Dias, Bedienungsanleitungen und was sonst noch als Inspiration bzw. Material für die Wissenschaft in Frage kommt. Die folgenden Beispiele geben einige Anhaltspunkt für deren korrekte Dokumentation:

Norm DIN 1505-4 (Vornorm): Titelangaben von Dokumenten – Teil 4: Titelaufnahme von audio-visuellen Materialien, Juni 1998.

Hauptausschuß kurdischer Studenten in Europa (1969): Appell an die Weltöffentlichkeit, Flugblatt, Berlin.

Danzer, Ludwig; Hering, Franz: Illustrationen zu Pflasterungen: Mathematische Modelle und Computerzeichnungen, Ausstellung in der Universitätsbibliothek Dortmund, 22. Jan.-15. Feb. 1991.

Krämer, Walter (1998): »Verborgene Botschaften in Datengrafiken«, Vortrag auf der Tagung »Fexibler Normalismus und Orientierung mittels Kurvenlandschaften«, Dortmund, 7./8. 12. 1998.

Grimm, Bernd Christian; Weber, Dieter: Steuertips für Beamte und öff. Bedienstete, Loseblattsammlung, Lieferung Oktober 1999, Mannheim (Akademische Arbeitsgemeinschaft).

214

Schmitt-Rink, G. (1990): »Rezension von Ramser: Verteilungstheorie«, Zeitschrift für Wirtschafts- und Sozialwissenschaften 110, 141-145.

»Grüne Bohnen mit Schweinefleisch«, Kochrezept, in Krüger, Arne (o. J.): Spezialitäten aus aller Welt : Das große Kochbuch der Nationalgerichte, München (Gräfe und Unzer), S. 64.

»Pennälers Nachtgebet«, Gedicht, Bierzeitung der Klasse 13a des Schlossgymnasiums Mainz anlässlich ihres Abiturs, Mainz 1968 (unveröff.)

Stadtplan Berlin, Maßstab 1:27 000, Berlin 1988 (RV Reise- und Verkehrsverlag).

»Preisgut – Ihr Superdiscount Markt«, Anzeige, Steinhuder Meerblick, 2.1.1996, S. 12.

Bedienungsanleitung Benzin-Rasenmäher 4-Takt Condor A 448 H, Ering GmbH Metallwarenfabrik, Ergolding (o. J.).

Es macht wenig Sinn, für alle diese Fälle starre Regeln aufzustellen, dazu kommen sie zu selten vor. Wichtig ist vor allem, dass der Eintrag erstens das Dokument in einen historischen und sachlichen Kontext stellt und dass er zweitens dem Leser erlaubt, sofern dieser wirklich will und das Dokument nicht wie etwa eine Rede oder eine Ausstellung zu den sogenannten »flüchtigen Medien« gehört, das Dokument dann auch zu finden. Nennen Sie also immer auch das Medium und die Art des Dokuments, bei Vorträgen und Ausstellungen das genaue Datum, bei geographischen Karten den Maßstab, bei Loseblattsammlungen und Normen die benutzte Lieferung.

Weiterführende Literatur

Das perfekte Zitieren ist inzwischen eine Wissenschaft für sich. Ausführliche Auskünfte geben auch Poenicke (1988, Kap. 4 und 5) oder Gibaldi und Lindenberger (1998). Weitere Hinweise, besonders für das Zitieren in literaturwissenschaftlichen Arbeiten, findet man bei Umberto Eco (1993, Kap. V). Wie man aus dem Internet zitiert, lernt man auch bei Rodrigues (1997) oder Taylor und Walker (1998). Meine reichlich knappen Angaben zum Zitieren von Gesetzen und Urteilen ergänzt Theissen (1998) und das

215

hier ebenfalls nur stiefmütterlich behandelte Zitieren von Patenten und Schutzschriften erläutert die Norm DIN 1505. Perfektionisten schließlich konsultieren auch noch die Norm DIN 1502 (Regeln für das Kürzen von Wörtern in Titeln und für das Kürzen der Titel von Veröffentlichungen).

9.
Endredaktion und Niederschrift

*»Die Kunst, langweilig zu sein, besteht darin,
alles zu sagen, was man weiß.«*

(Voltaire)

Schreiben und Überarbeiten

Fast haben wir es geschafft: Die Literatur ist ausgewertet, das Thema in Gedanken oftmals hin und hergewälzt, die Arbeit auf Papier, Diskette oder nur im Kopf schon skizzenhaft fixiert. Es fehlt nur noch die Niederschrift, das endgültige Komponieren unserer Gedanken und Gedankensplitter, unserer Quellenfunde, Formeln, Schaubilder und Tabellen zu einem fertigen Produkt.

Dazu stellen sich zwei Fragen: Reicht das Material? Und: Wie schreibe ich das alles auf?

Bei der ersten Frage fürchten viele Studenten und Studentinnen völlig zu Unrecht, dass ihr Material für eine Abschlussarbeit noch nicht reicht. Besonders verbreitet ist diese Furcht in Fächern ohne strikte Zeitbegrenzung wie in der Mathematik oder in den Naturwissenschaften, wo viele Studierende oft Jahre an ihren Diplomarbeiten sitzen. In meiner eigenen Studentenzeit kannte ich Kommilitonen, die mit ihrer Arbeit ganze Jahre schwanger gingen oder das Studium trotz bester Eignung völlig aufgaben, nur weil ihre Arbeit den eigenen Ansprüchen nicht genügen wollte.

Sollten auch Sie zu solchem Perfektionismus neigen: Geben Sie sich einen Ruck! Legen Sie sich selbst die Latte nicht höher als das andere für Sie tun; versuchen Sie nicht, schon mit der ersten Arbeit den Nobelpreis zu gewinnen. Dazu ist eine Abschlussarbeit nicht gedacht. Und selbst wenn Sie noch die eine oder andere Unvollkommenheit entdecken: Kommen Sie zum Schluss. »A work of art is never completed, only abandoned« hat ein kluger Engländer

217

einmal gesagt, und das gilt für viele wissenschaftliche Arbeiten ebenso. Irgendwann muss man sich sagen: Es reicht! und das, was man hat, zusammenschreiben.

Damit sind wir bei der zweiten Frage: Wie schreibe ich das alles auf?

Hier verhält es sich so wie mit dem wissenschaftlichen Arbeiten selbst – es gibt keinen Anzug, der für alle passt. Manche müssen sich zum Schreiben zwingen, anderen macht das Schreiben Spaß. Manche arbeiten sich linear von der Einleitung über den Hauptteil bis zum Schlusskapitel vor, andere fangen lieber hinten an oder schreiben an mehreren Kapiteln parallel. Die einen schreiben gleich »ins Reine«, die anderen brauchen ein Konzept, die einen schreiben flüssig, die anderen quälen sich damit.

Der Regelfall ist wohl der, dass man sich mit dem Schreiben quält. Zumindest mir selbst geht das so – die ersten Fassungen gleich welcher Texte fließen mir wie Uhu aus der Feder. »Das stille Blatt und die Aufforderung: Fülle mich! Diese Aufforderung kann Wirbel von milchstraßenartiger Größe im Kopf hervorrufen, in denen Gedanken und Gefühl sich jagen, ohne eine feste Kontur, geschweige denn einen Einleitungssatz zu bilden« (Kruse 1998, S. 24).

Hier hilft nur eines: einfach anfangen zu schreiben. Und dann die ersten Seiten wegwerfen. Bei geisteswissenschaftlichen Arbeiten, die vorwiegend im Kopf und nicht im Labor entstehen, hilft auch oft das sogenannte »Clustern« weiter: Man denkt an einen für die Arbeit zentralen Begriff, den schreibt man in die Mitte auf ein leeres Blatt. Und dann lässt man seine Gedanken einfach treiben, schreibt alle Einfälle zum Thema auf, jeden in einen Kreis für sich, und nach einer Stunde hat man ein Schema wie in Abbildung 41: Ausgehend von dem zentralen Kreis in der Mitte verzweigen sich alle möglichen Assoziationen zu einem dichten Gewebe von Themen und Gedanken, und schon hat man den Einstieg in die Niederschrift der Arbeit gefunden.

Eine weitere Hilfe beim Schreiben ist ein »wissenschaftliches Journal« – ein Heft, in dem man alles aufschreibt oder einklebt, was man bei der Bearbeitung des Themas findet oder lernt: Fragen, auf die man eine Antwort sucht, Antworten, die man gefun-

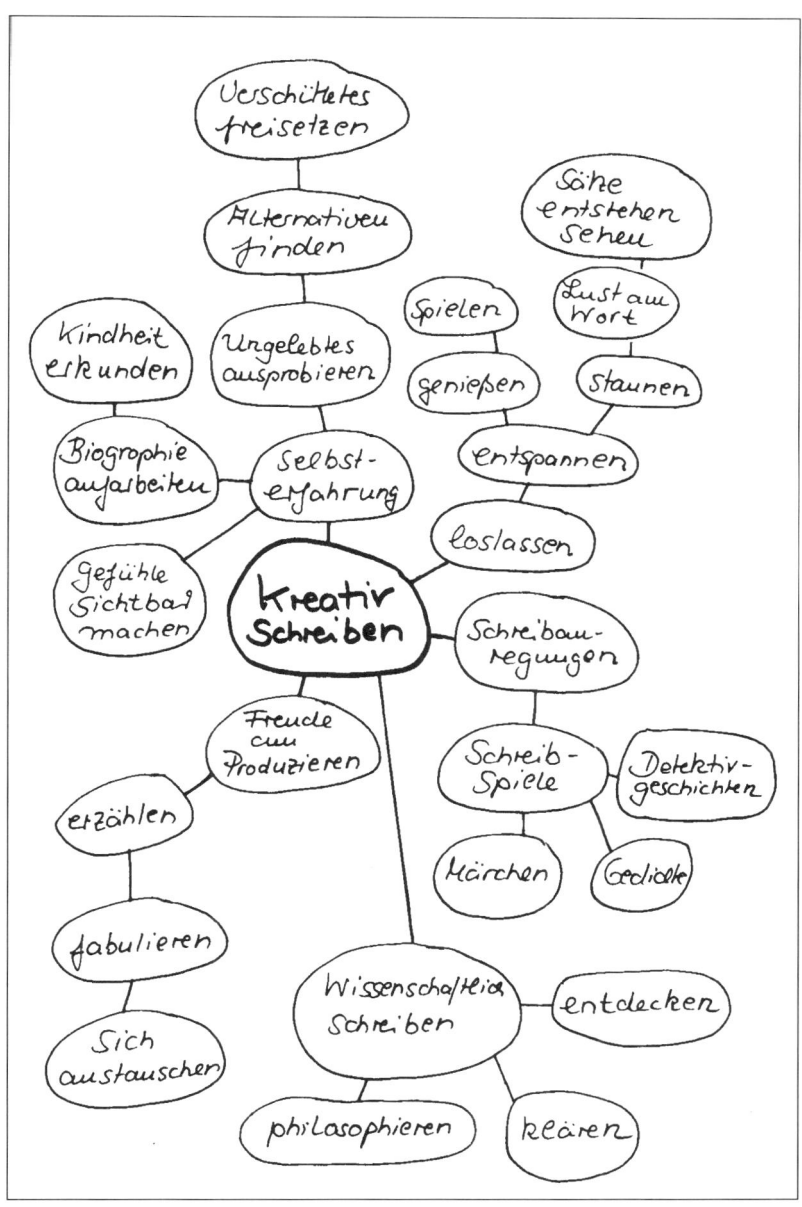

*Abb. 41: Beispiel für ein Cluster zum Thema »kreativ schreiben«
(aus Kruse 1998, S. 33).*

den hat, Zeitungsausschnitte, Gliederungen, Skizzen für Grafiken und Diagramme, Titel möglicher Kapitel und Unterkapitel, noch zu recherchierende Quellen, noch zu lesende Bücher und Artikel, Zeitpläne, unerledigte Aufgaben usw. Mit diesem Journal auf dem Schreibtisch und – ganz wichtig – mit einer groben Gliederung oder dem Inhaltsverzeichnis vor Augen fängt man dann mit der Rohfassung der Reinschrift an.

Diese Gliederung, aus der dann das endgültige Inhaltsverzeichnis wird, sollte am Anfang dieser Rohfassung stehen. Sie verhindert, dass wir uns in unserer eigenen Gedankenwelt verlaufen. »Wenige schreiben, wie ein Architekt baut, der zuvor seinen Plan entworfen und bis ins einzelne durchdacht hat; vielmehr die meisten nur so, wie man Domino spielt. Kaum daß sie ungefähr wissen, welche Gestalt im ganzen herauskommen wird, und wo das alles hinaus soll. Viele wissen selbst dies nicht, sondern schreiben, wie die Korallenpolypen bauen. Periode fügt sich an Periode, und es geht, wohin Gott will« (Schopenhauer).

Wer nicht so schreiben will »wie Korallenpolypen bauen«, erstellt zuerst das Inhaltsverzeichnis. Danach erst kommt die erste Rohfassung des gesamten Manuskripts. Es empfiehlt sich, diese Rohfassung wenn möglich »in einem Rutsch« zu schreiben. Ob von vorne nach hinten oder von hinten nach vorne, ist dabei nicht so wichtig. Genauso wenig spielt es eine Rolle, ob Sie diese Rohfassung aus verschiedenen Konzeptfetzen, Karteikarten, EDV-Dateien oder Ringbuchseiten mehr zusammenstecken als zusammenschreiben oder ob diese Rohfassung Ihren allerersten schriftlichen Versuch überhaupt darstellt. Hauptsache, der Teig bleibt flüssig, um einmal einen Vergleich aus dem Bäckerhandwerk zu gebrauchen und unser Material verkrustet nicht.

Konstantes Anspruchsniveau

Das Schreiben »in einem Rutsch« fördert auch die Einheit von Anspruchsniveau und Stil, genauso wie das Backen an einem Stück für einen einheitlichen Kuchen wichtig ist. Man sollte z. B. nicht das erste Kapitel einer Arbeit für Oberschüler und das zweite für

Nobelpreisträger schreiben. Wie perfekt jedes Kapitel für sich selbst auch sein mag, das verträgt sich nicht. Am besten denken Sie beim Abfassen des Rohentwurfs an eine konkrete Person (etwa an die betreuende Dozentin oder an den betreuenden Dozenten) und Sie schreiben, als trügen Sie dieser Person die Arbeit mündlich vor. So vermeidet man sowohl das Schwanken zwischen verschiedenen Anspruchsniveaus, an dem studentische Abschlussarbeiten immer wieder leiden, als auch das genauso irritierende Wechseln der intellektuellen Positur (Genie, bescheidener Schüler, engagierter Zeuge, desinteressierter Zuschauer, gleichberechtigter Forscher etc.), das genauso schädlich ist. In einer akademischen Abschlussarbeit lassen sich viele Anspruchsniveaus und Geisteshaltungen vertreten, nur das häufige Wechseln zwischen diesen nicht.

Je »literarischer« eine Arbeit, desto wichtiger ist diese Konstanz von Ansprauchsniveau und Stil. Je formaler dagegen eine Arbeit, desto mehr treten solche Aspekte in den Hintergrund.

In formalen Arbeiten sichert das Schreiben in einem Rutsch vor allem die Einheitlichkeit der Notation. Dann kann es nicht geschehen, dass man den natürlichen Logarithmus in einem Kapitel mit ln und im nächsten mit log bezeichnet oder dass man die Nummern von Formeln in einem Kapitel links- und in einem anderen rechtsbündig schreibt, und was es sonst noch an notationellen Schlampereien geben mag, die die Leser einer Arbeit unnütz irritieren.

Weniger ist mehr

Wie auch immer unsere Rohfassung zustande kam: Diese erste Fassung sollte auf keinen Fall die letzte sein. Auch wenn wir nicht wie Ernest Hemingway die Zeit und die Geduld aufbringen wollen oder können, ein Manuskript drei Dutzend Male umzuschreiben: Geben Sie auf keinen Fall die erste Fassung ab. Nur ganz selten schreiben Autoren, in der Wissenschaft wie anderswo, im ersten Anlauf so, dass nichts mehr zu verbessern wäre. In der Regel, d. h. in 99,9 Prozent aller Fälle, gewinnt ein Text enorm durch Überarbeitung und diese Chance sollte man nicht leichtfertig vertun.

Suchen Sie also, ~~wenn Sie dazu die Möglichkeit haben~~ *möglichst*, einen

Betreuer ~~aus~~, der zu Ihnen ~~eigenen Stärken und Schwächen~~

paßt. ~~Fragen sie~~ *Dabei können* ältere Examenskandidaten ~~nach deren~~

~~Erfahrungen. Auch~~ die ~~studentischen~~ Fachschaft ~~en sind eine~~ *oder*

~~gute Börse für Informationen über Hochschullehrer und~~

~~Hochschullehrerinnen, die als Betreuer in Frage kommen~~ *sicher helfen*. Wer

blind und tollpatschig an einen Dozenten gerät, mit dem er

sich nicht verträgt, ist selber schuld.

Arbeiten unter Zeitrestriktion

Die meisten Prüfungsordnungen verlangen eine ~~selbständige~~

Arbeit binnen einer festen Frist. ~~Sie sollen zeigen, daß~~ *Man will sehen, ob Sie erstens*

selbständig und zweitens unter Terminderuck arbeiten können, u

~~die Arbeit Ihrem eigenen Gehirn entstammt und in einer~~

~~begrenzten Zeit zustandekommt.~~ Damit haben Sie zugleich

auch ~~die beiden~~ *Ihre* schlimmsten Feinde ~~einer erfolgreichen~~

~~Abschlußarbeit~~ identifiziert: sich selbst und die Uhr.

Letztere können Sie zum Teil dadurch überlisten, daß

wie das Auskunschather von Bibliothek und Rechenzentrum

möglichst viele Vorarbeiten ~~für Ihr Projekt~~ zu Beginn der

Arbeit schon erledigt sind. Machen Sie sich also möglichst

früh mit Ihrer Bibliothek vertraut. Nehmen Sie an einer

Führung teil, besorgen Sie sich den lokalen

Bibliotheksführer, wenn es einen gibt. Üben Sie den Umgang

mit Mikrofiches und, falls möglich, die Online-

Literaturrecherche an einem Computerterminal (dazu später

Überarbeiten heißt dabei vor allem streichen. Unsere Rohfassung mag zwar alles enthalten, was wir sagen wollen, enthält aber meistens auch noch allen möglichen Ballast. Auch wenn wir die zentralen Regeln zur äußeren Form und zur sprachlichen Gestalt der Arbeit stets beachtet haben: Verzicht auf überflüssigen Formalismus und Jargon, die Dinge beim Namen nennen, zur Sache kommen,

222

mehr). Erkunden Sie die Standorte der Statistischen
Jahrbücher und der Lexika, der Kopiergeräte und des Sach-
und Autorenkatalogs, und lernen Sie, wie man diese
effizient benutzt. Machen sie sich mit den Modalitäten von
Vorbestellungen und Fernleihen vertraut, merken Sie sich
Leihfristen und Öffnungszeiten, erkunden Sie den
Zeitschriftenlesesaal, die Lehrbuchsammlung und was es
sonst noch an Extras in Bibliotheken gibt. Fangen Sie
gleich morgen damit an. Warten Sie damit auf keinen Fall,
bis der letzte Countdown läuft. Diese Vorarbeiten sollten
am Beginn der Abschlußarbeit abgeschlosen sein.

Es schadet nichts, wenn Sie ...
~~Lernen Sie genauso auch die anderen wissenschaftliche~~
~~Bibliotheken in Ihrer Nähe~~ kennen, wenn es welche gibt. Oft
unterhalten einzelne Fachbereiche oder Institute eigene
oder gibt es in
Bibliotheken, ~~Auch viele~~ öffentlichen ~~Zentral~~bibliotheken
~~speichern neben Belletristik~~ auch wissenschaftliche
Literatur. ~~Opfern Sie also einmal einen Nachmittag und~~
~~sehen Sie sich darin um~~

Kümmern Sie sich auch rechtzeitig ~~falls Sie große~~
~~Datenmengen analysieren müssen,~~ um das EDV-Problem.
Besuchen Sie möglichst bald ~~und nicht erst wenn die~~

Abbildung 42: Rohfassung Kap. 1 (im Druckbild auf zwei Seiten).

nicht schwafeln, nicht um den heißen Brei herumschleichen, keine
Sprachballons ablassen, immer möglichst knapp genau das sagen,
was zu sagen ist: Sie werden sich wundern, wie viel Text man immer
noch gefahrlos streichen kann. »Verdichten, Einkochen ist eine der
wichtigsten Künste jedes Prosastils, Kürzungsübungen ein unent-
behrliches Mittel jeder Stilschulung« (Reiners 1994, S. 360).

223

Dieser Leitfaden z. B. war anfangs doppelt so lang. Abb. 42 zeigt zwei Seiten aus einer früheren Fassung von Kapitel 1, die ich zufällig noch nicht weggeworfen habe, sowie die Korrekturen, meistens Streichungen, durch welche die gedruckte, inzwischen auch schon wieder überarbeitete Fassung daraus entstand.

Das Herumkorrigieren in der Rohfassung fällt umso leichter, je größer der Zeilenabstand und je breiter der Rand. Sparen Sie also nicht an dieser falschen Stelle mit Papier.

Technisch am einfachsten ist dieses Überarbeiten mit Hilfe eines Textverarbeitungssystems. Mit einem einzigen Tastendruck verschieben oder löschen wir Sätze, fügen andere Sätze ein oder Satzteile zusammen, verändern Ränder und Zeilenabstände, wechseln Schriftarten und -größen aus und kontrollieren das Druckbild unseres Manuskripts. Aber selbst dann sollte man den ersten Text zunächst auch drucken, nicht nur am Bildschirm redigieren, weil man beim Betrachten von Texten auf Papier in größeren Zusammenhängen denkt.

Rechtschreibung

Selbstverständlich kontrolliert man bei der Endredaktion auch die Rechtschreibung. Und zwar »von Hand«, die Rechtsschreibprogramme der Textverarbeitungssysteme reichen dafür keinesfalls. Sie helfen allenfalls beim Aufspüren von Tippfehlern und auch das nur unvollkommen: »Rasen« statt »Rosen« wird nicht entdeckt, beides sind »legale« Wörter und das Programm tut nichts anderes als die eingetippten Wörter mit einer Liste von Mustern zu vergleichen. »Wir« statt »wird«, »Seien« statt »seinen«, »statt« statt »satt«, »Lehre« statt »Leere« usw. bleiben alle unverbessert. Und noch schlimmer: Das System versucht, uns für völlig perfekte, ihm aber unbekannte Wörter, ähnliche Begriffe anzubieten: »Diagnose« für »Diakonisse«, »ökonomisch« für ökumenisch« usw.

Da hilft nur eines: selbst korrigieren. Und da man Rechtschreibfehler bei eigenen Texten gerne übersieht, umso eher, je öfter man den Text bereits gelesen hat, empfiehlt es sich, die Arbeit vor der endgültigen Reinschrift dem Freund oder der Freundin in die

224

Hand zu drücken. Auch zum Ausfiltern von Stilbrüchen und Unklarheiten aller Art sind solche Korrekturleser sehr nützlich, selbst wenn sie von der behandelten Materie nichts oder nicht viel verstehen.

Das Schriftbild

Irgendwann, spätestens einige Tage vor dem Abgabetermin, hat das Korrigieren und Redigieren ein Ende und die endgültige Reinschrift steht an. Hier sollte man, nach so viel Arbeit und Mühe für den Text, nicht kurz vor Torschluss noch mit Schlamperei beginnen. Eine ansprechende äußere Form ist zwar für die Wissenschaft nicht wesentlich, aber für das Klima angenehm. Ein Haufen Schmierzettel als Manuskript drückt dagegen aus: »Ihr könnt mich alle mal ...«, und das hört kein Leser gern.

Breiter Rand

Die erste Regel für die Reinschrift unseres Textes heißt: großer Zeilenabstand (mindestens anderthalbzeilig) und viel Rand (mindestens 2,5 cm an allen Seiten, eher mehr). Manche Prüfungsordnungen schreiben sogar Zeilenabstand und Seitenrand genau vor.

Viel Rand und Zeilenabstand lassen dem Gutachter Platz für seine Anmerkungen, machen darüber hinaus den Text aber auch lesbar. In einer Anleitung zum »Desktop-Publishing« habe ich einmal gelesen, dass die maximale Anzahl problemlos verdaubarer Zeichen pro Zeile bei etwa 50 liegt. Ist die Zeile länger, haben viele Leser Probleme mit dem Umschalten, d. h. sie finden nach dem Ende einer Zeile den Anfang der nächsten nicht und ermüden deshalb bald. Nicht umsonst werden z. B. Zeitungen daher mehrspaltig gedruckt: Stellen Sie sich vor, eine einzige Zeitungszeile überspannte ein komplettes Blatt, vom linken bis zum rechten Rand! Dann bräuchte man zum Lesen außer einer Brille auch noch ein Lineal und eine Schachtel Aspirin.

Diese Option, nämlich mehrspaltig zu schreiben, haben Sie in Ihrer eigenen Arbeit nicht. Zwar schweigen sich die meisten Prüfungsordnungen zu diesem Thema aus, weil ein mehrspaltiger Text erst seit kurzem über EDV auch für Studierende verfügbar ist, aber es versteht sich von selbst, dass eine Abschlussarbeit einspaltig zu schreiben ist.

Damit bleibt als Möglichkeit, die Lesbarkeit zu verbessern, nur ein möglichst breiter Rand. Abb. 43 zeigt, wie der letzte Absatz mit verschiedenen Rändern aussieht – man sieht, wie die Lesbarkeit mit der Breite des Randes zunimmt:

Neue Absätze rückt man entweder in der ersten Zeile einige Stellen ein oder man lässt zwischen zwei Absätzen eine Extra-Leerzeile Platz (aber nicht beides zugleich). Dabei sollte nie eine

```
Diese Option, nämlich mehrspaltig zu schreiben, haben Sie in
Ihrer eigenen Arbeit nicht. Zwar schweigen sich die meisten
Prüfungsordnungen in diesem Thema aus, weil ein mehrspalti-
ger Text erst seit kurzem über EDV auch für Studierende ver-
fügbar ist, aber es versteht sich von selbst, dass eine Ab-
schlussarbeit einspaltig zu schreiben ist.

        Diese Option, nämlich mehrspaltig zu schrei-
        ben, haben Sie in Ihrer eigenen Arbeit nicht.
        Zwar schweigen sich die meisten Prüfungsord-
        nungen zu diesem Thema aus, weil ein mehrspal-
        tiger Text erst seit kurzem über EDV auch für
        Studierende verfügbar ist, aber es versteht
        sich von selbst, dass eine Abschlussarbeit ein-
        spaltig zu schreiben ist.

                Diese Option, nämlich mehrspaltig zu
                schreiben, haben Sie in Ihrer eige-
                nen Arbeit nicht. Zwar schweigen
                sich die meisten Prüfungsordnungen
                zu diesem Thema aus, weil ein
                mehrspaltiger Text erst seit kurzem
                über EDV auch für Studierende ver-
                fügbar ist, aber es versteht sich
                von selbst, dass eine Abschlussar-
                beit einspaltig zu schreiben ist.
```

Abb. 43: Der gleiche Text mit unterschiedlich breitem Rand; je breiter der Rand und je kürzer die Zeilen, desto leichter ist der Text zu lesen.

226

einzige Zeile eines Absatzes allein auf einer Seite bleiben (sogenannte »Schusterjungen«) oder eine neue Seite mit der letzten Zeile eines Absatzes beginnen (sog. »Hurenkinder«). Hier verschenkt man besser eine Zeile auf der ersten Seite und lässt den Absatz auf der nächsten Seite zweizeilig ausklingen bzw. man fängt den neuen Absatz erst auf der nächsten Seite an.

Pro und contra Blocksatz

Mit dem Siegeszug der EDV ist auch der Blocksatz in akademische Abschlussarbeiten eingezogen; manche verwenden ihn fast standardmäßig. Aber das bekommt nicht jedem Text. Besonders bei schmalen Zeilen und langen Wörtern ohne Silbentrennung verschlechtert Blocksatz nämlich das Erscheinungsbild (siehe Abb. 44).

Schriftgröße und -typ

Je nach verfügbarer Hard- und Software sind Studierende heute Herren über Dutzende von Schriftgrößen und -typen. Nicht in jedem Fall ist das ein Segen. Ich sehe Texte mit *Kursiv-* und **Fettdruck**, S p e r r s c h r i f t , KAPITÄLCHEN und GROSSSCHREIBUNG, kleiner und großer Schrift, Unterstreichungen einfach und

> Mit dem Siegeszug der EDV ist auch der Blocksatz in akademische Abschlussarbeiten eingezogen; manche verwenden ihn fast standardmäßig. Aber das bekommt nicht jedem Text. Besonders bei schmalen Zeilen und langen Wörtern ohne Silbentrennung verschlechtert Blocksatz vielfach das Erscheinungsbild.

Abb. 44: Schlechter Blocksatz; unterschiedliche und vor allem übermäßig große Lücken zwischen den Wörtern zerreissen das Druckbild.

227

doppelt und den verschiedensten Schrifttypen auf einer Seite so bunt gemischt, dass einem davon der Schädel brummen muss.

Vermeiden Sie solches Glitzerwerk – dieses übertriebene Schmücken und Hervorheben von Textstellen bevormundet den Leser und schwächt sogar die Wirkung ab, wie wenn jemand einen Witz erzählt und sagt: »Achtung, jetzt kommt's«.

Auch bei den Schriften greift man besser nicht in die Exotenkiste. Stattdessen bleibt man den bewährten Standardschriften treu. Diese führen nämlich die Bezeichnung »Standard« nicht umsonst. Es sind in der Regel sogenannte »Serifenschriften« mit kleinen Schnörkeln an den Buchstaben; sie schonen das Auge und sind auch noch nach Stunden der Lektüre leicht zu lesen.

Dieses Buch ist in der Serifen-Schriftart Sabon gesetzt. Abb. 45 zeigt den letzten Absatz in der serifenlosen Schriftart AvantGarde. Hier fehlen die kleinen Schnörkel, alles sieht auf den ersten Blick viel eleganter aus. Spätestens aber nach 200 Seiten flimmern einem die Wörter vor den Augen. Solche Schriften sind allenfalls für ganz kurze Texte oder für Überschriften angebracht, in langen Texten sind sie eine Strafe.

Die Größe einer Schrift wird in sogenannten »Punkten« gemessen; sie ist so zu wählen, dass man beim Lesen keine Lupe braucht. Dieser Leitfaden ist z. B. in einer 10,5-Punkt Schrift gesetzt. Für Ihr eigenes Manuskript, das ja in der Regel auf DIN-A4-Blättern abzuliefern ist und größere Seiten hat, empfehle ich dagegen ein etwas größeres Format von 11 bis 13 Punkten (größer dagegen nicht, ausgenommen Überschriften. Wir schreiben schließlich kein Plakat).

Auch bei den Schriften greift man besser nicht in die Exotenkiste. Stattdessen bleibt man den bewährten Standardschriften treu. Diese führen nämlich die Bezeichnung »Standard« nicht umsonst. Es sind in der Regel sogenannte »Serifenschriften« mit kleinen Schörkeln an den Buchstaben, die schonen das Auge und sind auch noch nach Stunden der Lektüre leicht zu lesen.

Abb. 45: Beispiel für eine serifenlose Schrift; für lange Texte nicht zu empfehlen.

228

Abb. 46 zeigt verschiedene Schriften und Schriftgrößen, die für eine akademische Abschlussarbeit in Frage kommen. Für den eigentlichen Text empfehle ich die Serifenschriften Times, Bookman, Prestige oder Courier (natürlich nicht gemischt, sondern eine davon), mit 12 Punkten (in Fußnoten und Anmerkungen auch weniger), für Überschriften aber auch serifenlose Schriften wie die Helvetica. Hier kann die Schrift auch etwas größer sein.

Times	8 pt	Bookman
Times	10 pt	Bookman
Times	12 pt	Bookman
Times	14 pt	Bookman
Times	16 pt	Bookman
Times	18 pt	Bookman
AvantGarde	8 pt	Helvetica
AvantGarde	10 pt	Helvetica
AvantGarde	12 pt	Helvetica
AvantGarde	14 pt	Helvetica
AvantGarde	16 pt	Helvetica
AvantGarde	18 pt	Helvetica

Abb. 46: Verschiedene Schriftgrößen und -typen. Für längere Texte zu empfehlen: eine Serifenschrift zwischen 10 und 12 Punkten.

229

Abb. 47 zeigt verschiedene Exotenschriften, die man in einer Abschlussarbeit besser meiden sollte. Diese Schriften dienen vor allem als Blickfang in der Werbung oder zur grafischen Verstärkung von Informationen; sie drücken selbst schon eine Botschaft aus und sind in einer nüchternen wissenschaftlichen Arbeit meistens fehl am Platz.

Seitenzählung und -format

Akademische Abschlussarbeiten schreibt man üblicherweise einseitig, auf weißem Papier im DIN-A4-Format. Ausnahmen gibt es etwa bei beidseitig geschriebenen Dissertationen oder Habilschriften im DIN-A5-Format. Auch gegen Umweltpapier hat vermutlich

Abb. 47: Einige Exotenschriften, die man besser meiden sollte.

230

niemand etwas einzuwenden. Die Seiten werden von der ersten bis zur letzten durchgezählt und nummeriert, am besten mit der Seitenzahl (arabisch, also 1,2,3,...) rechts oben: So findet man beim Blättern am schnellsten eine bestimmte Seite. Nur die Erklärung zur Urheberschaft am Schluss der Arbeit erhält keine Seitennummer – sie gehört zur Arbeit sozusagen nicht dazu.

Alternativ darf man die Seitenzahlen auch zentrieren oder an den Fuß der Seite setzen, so wie es das Programm TeX automatisch tut. Je nach Software-Unterstützung kann man sich auch den Luxus einer Kopf- oder Fußzeile leisten, die an jeder Stelle des Manuskripts den genauen Standort meldet.

Bei einseitiger Beschriftung zählen die leeren Rückseiten natürlich nicht. Völlig leere Blätter (etwa vor der Titelseite oder einem Anhang) werden zwar nicht nummeriert, aber trotzdem mitgezählt, sodass die Arbeit dann zum Beispiel mit dem Titelblatt auf Seite 2 beginnt.

Bei maschinenschriftlichen Manuskripten kommt es zuweilen vor, dass nach der Reinschrift noch die eine oder andere Seite nachträglich einzupassen ist. Ein Perfektionist würde dann alle Seitenzahlen überkleben oder mit Tippex zukleistern und neu nummerieren. Stattdessen darf man auch die neue Seite mit dem Zusatz »a« einfügen, wie in »35a«. Sicherheitshalber setzt man dann an den Fuß von Seite 35 noch den Zusatz: »Es folgt Seite 35a«.

Aus der Zeit der Maschinenschrift stammt auch die Sitte, Vortexte wie Titelblatt, Widmung, Vorwort etc., die man oft erst nach der eigentlichen Arbeit schreibt, getrennt mit römischen Ziffern zu zählen. Das war aber nur ein Notbehelf – heute beginnt man eine Arbeit möglichst mit arabisch 1 und zählt ohne Unterbrechung bis zum Ende durch.

Neue Kapitel, d. h. Gliederungspunkte der obersten Stufe, fängt man üblicherweise auf einer neuen Seite an. Dann darf auch die Seitenzahl am Kopf entfallen, weil sie oft das Druckbild stört. Bei zweiseitiger Beschriftung ist dabei darauf zu achten, dass ein neues Kapitel immer mit einer ungeraden Seitenzahl, also rechts beginnt. Notfalls lässt man dafür eine Seite frei.

Neue Abschnitte oder Unterkapitel setzt man dagegen mit einigen Leerzeilen (eher mehr als weniger) und typografisch herausgegehobenen Überschriften (Fettdruck, Sperren, Unterstreichen usw.) vom Vorgänger ab. Manche Betreuer geben hier sogar genaue Prozeduren vor. Achten Sie aber auf jeden Fall darauf, dass noch wenigsten drei oder vier Zeilen des neuen Abschnitts auf die alte Seite passen, und fangen Sie ansonsten eine neue Seite an.

Die letzte Prüfung vor der Abgabe

Schließlich ist auch die Reinschrift gedruckt und zur Abgabe bereit. Ehe Sie aber jetzt das Manuskript kopieren und heften oder binden lassen (auch hier nach den lokalen Sitten fragen) und alles stolz und erschöpft dem Prüfungsamt übergeben, schauen Sie ein letztes Mal hinein – es ist kaum zu glauben, was sich noch alles in allerletzter Sekunde an Schlampereien einschleichen kann. Ich sehe Erklärungen zur Urheberschaft ohne Unterschrift, vertauschte Seiten, falsche Seitenzahlen, Sprünge in der Notation, im Text zitierte, aber im Literaturverzeichnis fehlende Quellen und viele solcher kleiner Fehler mehr, die sich durch eine letzte Durchsicht leicht hätten vermeiden lassen.

So ertappe ich mich selbst oft bei Abweichungen von Inhaltsverzeichnis und Kapitelüberschrift. Das 6. Kapitel dieses Leitfadens etwa hieß in meinem Inhaltsverzeichnis »Die sprachliche Gestaltung der Arbeit«, im Manuskript jedoch »Die sprachliche Gestalt der Arbeit«, bis mir der Unterschied kurz vor Ablieferung dann aufgefallen ist. Genauso vergesse ich gern, nach Umstellungen im Text interne Querverweise anzupassen. Dann heißt es irgendwo »siehe Kapitel 3«, aber das frühere Kapitel 3 ist jetzt Kapitel 4.

Am besten geht man wie ein Flugzeugpilot eine Checkliste durch:

1. Konsistente Notation?
2. Interne Verweise korrekt?
3. Zitierte Literatur vollständig im Literaturverzeichnis?

232

4. Keine »Schusterjungen« oder »Hurenkinder«?
5. Kapitel- und Abschnittsüberschriften mit Inhaltsverzeichnis übereinstimmend?
6. Eventuelle Grafiken und Schaubilder alle eingeklebt?

und schließt nach dem Kopieren und Binden die folgenden Prüfungen an:

7. Ausreichend viele Exemplare?
8. Keine Seite vergessen oder doppelt?
9. Keine Seiten vertauscht?
10. Alle Seiten durchnummeriert?
11. Handgemalte Formeln und Symbole alle eingesetzt?

Sollten dabei noch Fehler auffallen, wird von den meisten Prüfern eine nachträgliche Korrektur mit Tippex plus handschriftlicher Verbesserung toleriert (dann natürlich in jedem Exemplar einzeln). Und dann schlägt man ein großes Kreuz, sagt »Amen« und gibt die Arbeit ab.

Weiterführende Literatur

Weitere Rezepte gegen Schreibblockaden liefern von Werder (1998) oder Kruse (1998). Speziell zum »Clustern« als Blockadelöser siehe Rico (1998), zum Nutzen wissenschaftlicher Journale und zum Schreiben als Denkhilfe auch Murray (1999).

Für wirklich professionelles Layout gibt es inzwischen eigene »Desktop-Publishing«-Programme, mit denen man fast schon Buchdruck-Qualität erreicht. Für Rechtschreibung und Grammatik gibt es mehr Hilfen als auf einen Schreibtisch passen, vom Duden bis zum Deutschen Wörterbuch.

Anhang: Adressen

Literatur

Arbeitsgemeinschaft Deutscher Wirtschaftswissenschaftlicher Forschungsinstitute e.V., Hohenzollernstr. 1/3, 45128 Essen

Beuth Verlag, Postfach 1145, 10777 Berlin (DIN-Normen)

BRS Information Technologies (Bertelsmann Informations-Service GmbH), Neumarkter Str. 18, 81673 München

Buchhändler-Vereinigung GmbH, Großer Hirschgraben 17-21, 60311 Frankfurt

Bundesanzeiger Verlag, Postfach 10 80 06, 50667 Köln (Amtsblätter und Sitzungsberichte, auch für die EU)

Bundesinstitut für Berufsbildung, Fehrbellinger Platz 3, 10707 Berlin

Bundesinstitut für Sportwissenschaft (BISp), 50877 Köln

Deutsches Bibliotheksinstitut, Bundesallee 184/185, 10717 Berlin

Deutsches Informationszentrum für Technische Regeln (DITR), Burggrafenstr. 6, 10787 Berlin

Deutsches Institut für Dokumentation, Sozialmedizin und Öffentliches Gesundheitswesen (IDIS), Westerfeldstr. 35/37, 33611 Bielefeld

Deutsches Institut für Internationale Pädagogische Forschung, Schloßstr. 29, 60486 Frankfurt

Deutsches Institut für Medizinische Dokumentation und Information (DIMDI), Weißhausstr. 27, 50939 Köln. (MEDLINE, ASYLDOC, SOMED AGRIS, PSYCINFO, PSYNDEX)

Deutsches Institut für Urbanistik (DIFU), Straße des 17. Juni 110, 10623 Berlin (ORLIS)

DIALOG Informationsservice Inc., PO Box 8, Abington, Oxford OX13 6E6, England

D-S Marketing GmbH, Ostbahnhofstr. 17, 60314 Frankfurt

European Space Agency Information Retrieval System (ESA-IRS), Via Galileo Galilei, I-00044 Frascati (Roma), Italien

Fachinformationszentrum Chemie, Steinplatz 2, 10623 Berlin

234

Fachinformationszentrum Energie, Physik, Mathematik (FIZ), 76344 Eggenstein-Leopoldshafen

Fachinformationszentrum Karlsruhe, 76012 Karlsruhe

Fachinformationszentrum Publizistik, Malteserstr. 74, 12249 Berlin

Fachinformationszentrum Technik, Ostbahnhofstr. 13, 60314 Frankfurt

Fachinformationszentrum Werkstoffe, Unter den Eichen 87, 12205 Berlin

GENIOS Wirtschaftsdatenbanken, Kasernenstr. 67, 40213 Düsseldorf

Gesellschaft für Betriebswirtschaftliche Information mbH, Bahnhofstr. 27a, 80807 München-Unterföhring (FORIS, SOLIS)

Hessisches Institut für Bildungs-, Planungs- und Schulentwicklung, Dezernat IIIc, Bodenstedtstr. 7, 65189 Wiesbaden (Pädagogische Materialien aller Art)

Informationszentrum RAUM und BAU der Fraunhofer Gesellschaft, Nobelstr. 12, 70569 Stuttgart

Informationszentrum des HWWA-Instituts für Wirtschaftsforschung, Neuer Jungfernstieg 21, 20354 Hamburg

Informationszentrum Rohstoffgewinnung – Geowissenschaften – Wasserwirtschaft (GEOFIZ), Postfach 51 01 54, 30631 Hannover

Informationszentrum Sozialwissenschaften, Lennestr. 30, 53113 Bonn (FORIS, SOLIS)

Institut der deutschen Wirtschaft, Gustav-Heinemann-Ufer 54, 50968 Köln (UMEDIA, iwd-Datenbank)

Institut für Arbeitsmarkt- und Berufsförderung, Regensburgerstr. 104, 90478 Nürnberg

Internationale Literaturinformation (ILI) (kostenlose Hinweise auf Fachbücher zu zahlreichen Spezialgebieten), 72010 Tübingen

Juristisches Informationssystem (JURIS), Gutenbergstr. 23, 66117 Saarbrücken

Pergamon ORBIT-INFOLINE Ltd., Hammerweg 6, 61476 Kronberg/Taunus

Psychological Abstracts Information Service, 1400 N. Uhle Street, Arlington VA 22201, USA. (PSYC INFO)

Schweizerische und Deutsche Dissertationszentrale, Jupiterstr. 15, CH-3000 Bern 15

Sekretariat der ständigen Konferenz der Kultusminister, 53012 Bonn (Dokumentationsdienst Bildung und Kultur)

Springer for Science, Mathematics Marketing, POB 503, NL 1970 AM IJmniden, Niederlange (Compact MATH)

STN International, c/o FIZ Karlsruhe, 76012 Karlsruhe (BIOSYS, INSPEC, INIS, BEILSTEIN, ENERGY, MATH, PATDPA, PHYS)

Zentrale Informationsstelle für Verkehr (ZIV), Brüderstr. 53, 51427 Bergisch-Gladbach

Zentralstelle für Agrardokumentation und -information (ZADI), 53144 Bonn

Zentralstelle für Psychologische Information und Dokumentation (ZPID), 54228 Trier

Daten und Fakten

Data Service & Information GmbH, 47495 Rheinberg (»The World of Macroeconomic Databases«)

Datashop, 130 Rue de la Loi, B-1049 Brüssel, Tel. + 322-299-6666, FAX + 322 295 0125 (Statistische Veröffentlichungen der EG, besonders auch auf CD-ROM)

DATASTAR Marketing GmbH, Ostbahnhofstr. 13, 60314 Frankfurt

Eurobases, Kommission der Europäischen Gemeinschaft, Rue de la Loi 200, B-1049 Brüssel

OECD Publications and Information Centre, Simrockstr. 4, 53113 Bonn (OECD-Statistiken auf Disketten)

Österreichisches Statistisches Zentralamt, Hintere Zollamtstr. 2b, A-1033 Wien (Allgemeiner Auskunftsdienst: Tel. 7 11 28/76 54, FAX 7 11 28/ 74 14

Statistisches Bundesamt, Gustav-Stresemann-Ring 11, 65189 Wiesbaden (zuständig für Dokumentation und Lieferung: Gruppe Ie, zuständig für Hard- und Software: Gruppe IIc)

Statistisches Landesamt Schleswig-Holstein, Fröbelstr. 15-17, 24113 Kiel

Statistisches Landesamt Hamburg, Steckelhörn 12, 20457 Hamburg

Niedersächsisches Landesamt für Statistik, Geibelstr. 61/65, 30173 Hannover

Statistisches Landesamt Bremen, An der Weide 14-16, 28195 Bremen

Landesamt für Datenverarbeitung und Statistik Nordrhein-Westfalen, Mauerstr. 51, 40476 Düsseldorf

Hessisches Statistisches Landesamt, Rheinstr. 35/37, 65185 Wiesbaden

Statistisches Landesamt Rheinland-Pfalz, Mainzer Str. 15/16, 56130 Bad Ems

Statistisches Landesamt Baden-Württemberg, Böblinger Str. 68, 70199 Stuttgart

Bayerisches Landesamt für Statistik und Datenverarbeitung, Neuhauser Str. 51, 80331 München

Statistisches Amt des Saarlandes, Hardenbergerstr. 3, 66119 Saarbrücken

Statistisches Landesamt Berlin, Fehrbellinger Platz 1, 10707 Berlin

Gemeinsames Statistisches Amt der Länder Brandenburg, Mecklenburg-Vorpommern, Sachsen, Sachsen-Anhalt, Thüringen: Hans-Beimler-Str. 70/72, 10178 Berlin

Statistisches Landesamt Mecklenburg-Vorpommern, Lübecker Str. 287, 19059 Schwerin

Statistisches Landesamt Sachsen-Anhalt, 06056 Halle

Landesamt für Datenverarbeitung und Statistik Brandenburg, Dortusstr. 46, 14467 Potsdam

Statistisches Landesamt Thüringen, Leipziger Str. 71, 99085 Erfurt

Statistisches Landesamt Sachsen, Macherstr. 31, 01911 Kamenz

Statistisches Amt der Europäischen Gemeinschaft (SAEG), Postfach 1907, L-2920 Luxemburg

236

Statistisches Amt der Vereinten Nationen (UNSO), New York 10017, NY
Umweltbundesamt, Bismarckplatz 1, 14193 Berlin
Verlag Metzler-Poeschel, Postfach 7, 72127 Kusterdingen (Sämtliche Veröffentlichungen des Statistischen Bundesamtes)

Ausgewählte Bibliotheken und Archive

Bayrische Staatsbibliothek (Bayrischer Zentralkatalog), Ludwigstr. 16, 80539 München
Berliner Gesamtkatalog, Potsdamer Str. 33, 10785 Berlin
Bibliothek des Pädagogischen Zentrums Berlin, Uhlandstr. 97, 10715 Berlin (Spezialist für amerikanische graue Literatur, besonders ERIC-Reports)
Deutsches Bibliotheksinstitut, Bundesallee 184/185, 10717 Berlin
Die Deutsche Bibliothek (Dachorganisation der Deutschen Bibliothek Frankfurt, Zeppelinallee 4-8, 60325 Frankfurt, und der Deutschen Bücherei Leipzig, Deutscher Platz 1, 04104 Leipzig). Das wichtigste bibliographische Informationszentrum der Bundesrepublik Deutschland
Herzog August Bibliothek, Lessingplatz 1, 38304 Wolfenbüttel (bedeutende Sammlung alter Handschriften und Drucke)
Hochschulbildungszentrum des Landes NRW (Zentralkatalog Nordrhein-Westfalen), Classen-Kappelmann-Str. 24, 50931 Köln
Österreichische Nationalbibliothek, Josephsplatz 1, A-1015 Wien
Schweizerische Landesbibliothek, Hallwylstr. 15, CH-3003 Bern
Staatsbibliothek Preussischer Kulturbesitz, Potsdamer Str. 33, 10785 Berlin (Bestandsverzeichnis laufend erscheinender ausländischer Amtsdruckschriften).
Staats- und Universitätsbibliothek Hamburg (Norddeutscher Zentralkatalog), Carl von Ossietzky, Von-Melle-Park 3, 20146 Hamburg
Staats- und Universitätsbibliothek (Niedersächsischer Zentralkatalog), Prinzenstr. 1, 37073 Göttingen
Stadt- und Universitätsbibliothek (Hessischer Zentralkatalog), Bockenheimer Landstr. 132/138, 60325 Frankfurt
Thüringer Zentralkatalog an der Universitätsbibliothek Jena, Schloßgasse 1, 07743 Jena
Universitätsbibliothek Rostock (Zentralkatalog der Bezirke Neubrandenburg, Rostock und Schwerin), Universitätsplatz 5, 18055 Rostock
Zentralbibliothek der Wirtschaftswissenschaften in der Bundesrepublik Deutschland, Düsternbrooker Weg 120, 24105 Kiel
Zentralkatalog an der Sächsischen Landesbibliothek Dresden, Marineallee 12, Postfach 467, 01099 Dresden
Zentralkatalog Baden-Württemberg, Konrad-Adenauer-Str. 8, 70173 Stuttgart

Zentralkatalog Leipzig an der Universitätsbibliothek Leipzig, Beethovenstr. 6, 04107 Leipzig

Zentralkatalog Sachsen-Anhalt an der Universitäts- und Landesbibliothek, August-Bebel-Str. 13, 06108 Halle

Ausgewählte Internet-Adressen

Einerseits ist es natürlich hoffnungslos, unter den mehr als 100 Millionen Internet-Adressen diejenigen aufzulisten, die für studentische Abschlussarbeiten den größten potentiellen Nutzen haben. Auf der anderen Seite braucht aber jede Suche einen Anfang und dafür sind die hier aufgeführten Adressen ganz gut geeignet (vor allem, weil sie auch von guten Suchmaschinen nicht immer gefunden werden).

Amtliche Statistiken

http://www.statistik-bund.de
Die Leitseite des Statistischen Bundesamtes. Hier auch Querverweise zu zahlreichen weiteren statistischen Ämtern auf der ganzen Welt.

http://www.oestat.gv.at
Österreichisches Statistisches Zentralamt.

http://www.admin.ch/bfs
Das Bundesamt für Statistik der Schweiz.

http://europa.eu.int/eurostat.html
Die Leitseite von EUROSTAT, des statistischen Amtes der EU.

Sonstige Datenbanken

http://www.fiz-karlsruhe.de
Das deutsche Tor zu über 200 wissenschaftlichen, technischen, wirtschaftlichen und patentrechtlichen Datenbanken auf der ganzen Welt.

http://www.dsidata.com
Leitseite der Firma DSI Data Service & Information; hier bekommt man – fast – alles, was weltweit an Daten vorliegt, von der letzten Volkszählung in Russland bis zu statistischen Jahrbüchern von Hongkong und Singapur. Aber leider nicht umsonst.

238

http://www.genios.de
Nachrichten, Analysen, Hintergrundinfos, Grafiken und Zahlen zur deutschen und internationalen Wirtschaft; kostenpflichtig.

http://www.juris.de
Das juristische Informationssystem für die Bundesrepublik Deutschland.

http://www.saur.de
Die Leitseite des K. G. Saur Verlags mit Verweisen auf Dutzende der von dieser Firma angebotenen Datenbanken (Allgemeines Künstlerlexikon, Gemälde in deutschen Museen, Deutsche Biografische Enzyklopädie usw.).

http://www.uni-trier.de/zpid
Die »Zentralstelle für psychologische Literatur« in Trier mit ihren Datenbanken.

Bibliotheken, Kataloge, Museen und Archive

http://www.buchhandel.de
Der Einstieg in die Datenbanken der deutschen Buchhändler-Vereinigung Gmbh: das Verzeichnis lieferbarer Bücher (VLB), das Verzeichnis lieferbarer elektronischer Medien (VLE), das Verzeichnis lieferbarer Musikalien (VLM) plus Adressen von Buchhändlern und Verlagen.

http://www.loc.gov
Die Leitseite der amerikanischen »Library of Congress«, der Mutter aller Bibliotheken.

http://www.uni-kiel.de/IfW/zbw/econis.htm
Die Bibliothek des Instituts für Weltwirtschaft in Kiel, die Zentralbibliothek für Wirtschaftswissenschaften in der Bundesrepublik.

http://www.grass-gis.de/bibliotheken/
Ein Berg von Querverweisen zu allen möglichen Bibliotheken und Katalogen.

http://www.hbz-nrw.de
Auch hier zahlreiche Verweise zu Bibliotheken und Katalogen.

htttp://www.dhm.de/links.html
Verweise auf alle Arten von Museen in der ganzen Welt.

http://www.uni-marburg.de/larchivschule/andarch.html
Eine analoge Liste mit Verweisen auf Archive.

http://www.archive.nrw.de
Archive aus Nordrhein-Westfalen.

239

Wörterbücher und Lexika

http://thorplus.lib.purdue.edu/reference
Zugang zu Wörterbüchern, Nachschlagewerken, Kalendern und Landkarten aller Art (»The virtual reference desk«).

http://www.clever.net/cam/encyclopedia.html
Die »Free Internet Encyclopedia« mit Verweisen auf andere Internet-Seiten, die ein bestimmtes Stichwort behandeln.

http:/dict.leo.org
Deutsch-Englisches Wörterbuch mit über 170 000 Einträgen.

http://www.yourdictionary.com
Eine Liste von Verweisen zu Wörterbüchern aller Art, auch von seltenen Sprachen (etwa Ungarisch-Japanisch oder Suaheli-Englisch).

Fachzeitschriften

http://link.springer.de
Das elektronische Tor zu den Fachzeitschriften des Springer-Verlags und assoziierter Häuser (Testzugang frei, danach kostenpflichtig). Soll ab 1999 sämtliche 400 Fachjournale des Hauses online zur Verfügung stellen.

http://www.sciencedirect.com
Das Gleiche für die Firma Elsevier, den weltweit größten Fachverlag für wissenschaftliche Zeitschriften überhaupt (über 1 000 Titel).

http://www.interscience.wiley.com
Das Gleiche für den New Yorker Wissenschaftsverlag John Wiley.

http://www.oclc.org/oclc/menu/eco.htm
Ein Angebot des amerikanischen »Online Computer Library Center« (OCLC): ein Archiv von über 800 elektronischen wissenschaftlichen Zeitschriften.

Naturwissenschaften

http://www.rsc.org/ejs
Leitseite der »Royal Society of Chemistry« und Einlass zu mehr als einem Dutzend elektronischer Chemie-Journale.

http://www.chemweb.com
»The world wide club for the chemical community«.

http://biomednet.com
Das Gleiche für Biologen und Mediziner.

http://xxx.uni-augsburg.de
Zentrale Datenbank für neuere Forschungsliteratur aus der Physik mit über 40 000 Zugriffen pro Tag.

http://www.spectrum.de
Die elektronische Ausgabe von »Spektrum der Wissenschaft«; zusätzlich Jobangebote und Diskussionsforen zu aktuellen Themen aus Gesellschaft, Wissenschaft und Forschung.

Literatur zum Internet

http://medweb.uni-muenster.de/zbm/liti.html
Aktuelle Besprechungen von Literatur zum Internet.

Literaturverzeichnis

Aichner, Jochen (1997): *Medizin und Pharmazie im Internet*, Herrsching (Schrodt).

Andreesen, Walter; Heidtmann, Frank (1986): *Wie finde ich slawistische Literatur*, Berlin (Berlin Verlag).

Armin, Günther (1997): *Internet für Psychologen*, Frankfurt/New York (Campus).

Assfalg, Rolf; Goebels, Udo; Welter, Heinrich (1997): *Internet-Datenbanken*, Bonn (Addison Wesley).

Babiak, Ulrich (1997): *Effektive Suche im Internet*, Köln (O'Reilly).

Barth, Andreas (1992): *Datenbanken in den Naturwissenschaften*, Weinheim (VCH).

Barthel, Jens (1997): *Wissenschaftliche Arbeiten schreiben in den Wirtschaftswissenschaften*, Berlin (Berlin Verlag).

Barzun, Jacques (1967): *Simple and Direct: An Rhetorik for Writers*, New York (Harper & Row).

Bates, Marcia J. (1979): »Information Search Techniques«, *Journal of the American Society for Information Sciences* 30, 205-214.

– (1984): »Locating Elusive Science Information«, *Special libraries* 25, 144-120.

Batinic, Bernad (Hrsg.) (1997): *Internet für Psychologen*, Göttingen (Hogrefe).

Baumgartner, Peter (1998): *Studieren und Forschen im Internet*, Innsbruck (Studien Verlag).

Becker, Howard S. (1994): *Die Kunst des professionellen Schreibens: Ein Leitfaden für die Geistes- und Sozialwissenschaften*, Frankfurt/New York (Campus).

Behrens, Chr. U. (1989): »Fußnoten: Nur störendes Beiwerk?«, *Wirtschaftswissenschaftliches Studium*, Heft 2, 95-96.

Beutelspacher, Albrecht (1992): »Das ist o.B.d.A. trivial!«, *Eine Gebrauchsanweisung zur Formulierung mathematischer Gedanken mit vielen praktischen Tips für Studierende der Mathematik und Informatik*, (2. Auflage), Braunschweig (Vieweg).

Binder, Alwin u. a. (1991): *Einführung in die Techniken literaturwissen-schaftlichen Arbeitens*, (8. Auflage), Königstein (Scripter).

Bliefert, Claus; Villain, Christopher (1989): *Text und Graphik: Ein Leitfaden für die elektronische Gestaltung von Druckvorlagen in den Naturwissen-schaften*, Weinheim (VCH).

Blinn, Hansjürgen (1994): *Informationshandbuch Literaturwissenschaft*, (3., neu bearbeitete und eweiterte Auflage), Frankfurt a. M. (Fischer Taschen-buch Verlag).

Boas, R.-P. (1981): »Can We Make Mathematics Intelligible?«, *The Ameri-can Mathematical Monthly* 88, 727-731.

Bohm, Joachim (1992): *Akronyme und Abbreviata, Abkürzungen aus Natur-wissenschaft und Technik*, Stuttgart (Schweizerbart).

Boni, Manfred (1994): *Datenbanken in den Wirtschafts- und Sozialwissen-schaften*, München (Vahlen).

– (1996): *Internet für Wirtschafts- und Sozialwissenschaftler*, München (Vahlen).

Borchardt, Knut (1973): *Vademecum für den Volkswirt: Führer zu volkswirt-schaftlicher Literatur, Quellen und Materialien*, Stuttgart (Fischer).

Börsenverein des Deutschen Buchhandels (1996): *Die unendliche Bibliothek : digitale Information in Wissenschaft, Verlag und Bibliothek*, Wiesbaden (Harrassowitz).

Brennecke, Ralph u. a. (1981): *Datenquellen für Sozialmedizin und Epide-miologie*, Berlin (Springer).

Bresemann, Hans J.; Zindars, Jürgen; Skalski, Detlef (1995): *Wie finde ich Normen, Patente, Reports*, (2. Auflage), Berlin (Berlin Verlag).

Bretschneider, Michael (1988): *Umweltbefragungen aus Forschung und Ver-waltung: Dokumentation von Datenquellen der nichtamtlichen Statistik*, Berlin (Deutsches Institut für Urbanistik).

Business Information Associates (1988): *European Directory of Non-Official Statistical Sources*, London (Euromonitor).

– (1990): *International Directory of Non-Official Statistical Sources*, Lon-don (Euromonitor).

Cleveland, William S. (1984a): »Graphs in Scientific Publications«, *The American Statistician* 38, 261-269.

Cölfen, Elisabeth; Cölfen, Hermann; Schultz, Ulrich (1997): *Linguistik im In-ternet*, Opladen (Westdeutscher Verlag).

Conner, Kiersten; Krol, Ed (1998): *The whole internet : The next generation*, Sebastopol (O'Reilly).

Darnay, Brigitte T.; De Maggio, Janice A. (1990): *Directory of Special Libra-ries and Information Centers*, 3 Bände, (13. Auflage), Detroit (Gall Re-search).

»Datenbankrecherchen: Wege durchs Informationsdickicht«, *Uni-Berufs-wahlmagazin* 2/1993, 16-20.

Deutsches Bibliotheksinstitut (1990): *Adreßbuch deutscher Bibliotheken 1990*, Berlin (Dt. Bibliotheksinstitut).

Dichtl, E. (1986): »Notiert und kommentiert«, *Wirtschaftswissenschaftliches Studium* (in 10 Folgen in verschiedenen Heften).

Ditfurth, Christian v. (1999): *Internet für Historiker*, (3. Auflage), Frankfurt/New York (Campus).

Ditfurth, Christian v.; Kathöfer, Ulrich (1997): *Internet für Wirtschaftswissenschaftler*, Frankfurt/New York (Campus).

Dopheide, Renate (1980): *Wie finde ich geschichtswissenschaftliche Literatur*, Berlin (Berlin Verlag).

Duden Fremdwörterbuch (1982), (4. Auflage), Mannheim (Dudenverlag).

EARN Association (1994): *Guide to network research tools*, als Online-Dokument erhältlich über listserv@earncc.earn.net.

Ebel, Hans F.; Bliefert, Claus (1997): *Schreiben und Publizieren in den Naturwissenschaften*, (2. Auflage), Weinheim (VCH).

Eco, Umberto (1993): *Wie man eine wissenschaftliche Abschlußarbeit schreibt: Doktor-, Diplom- und Magisterarbeit in den Geistes- und Sozialwissenschaften*, (6. Auflage der deutschen Ausgabe), Heidelberg (Müller).

Ehrenberg, A. S. C. (1978): »Graphs or Tables?«, *The Statistician* 27, 87-96.

– (1981): »The Problem of Numeracy«, *The American Statistician* 53, 67-71.

Farke, Stefan (1997): *Wie schreibe ich eine wissenschaftliche Arbeit im Fach Medizin*, Berlin (Berlin Verlag).

Faulstich, Werner; Ludwig, Hans W. (1993): *Arbeitstechniken für Studenten der Literaturwissenschaft*, (3. Auflage), Tübingen (Narr).

Feldmann, Reinhard; Schultze, Klaus (1995): *Wie finde ich Literatur zur Geschichte*, (3., durchges. Auflage), Berlin (Berlin Verlag).

Feuerhelm, Klaus (1998): *Internet für Pharmazeuten*, Stuttgart (Deutscher Apotheker-Verlag).

Fischer, Rolf; Vogelsang, Klaus (1993): *Größe und Einheiten in Physik und Technik*, (6. Auflage), Berlin (Verlag Technik).

Flanders, Harley (1971): »Manual for Monthly Authors«, *The American Mathematical Monthly* 78, 1-10.

Freitag, Reinhild; Pelkmann, Thomas (1998): *Weltweites Wissen aus dem Internet*, (2. Auflage), Feldkirchen (Franzis).

Friedl, Gerhard (1978): *Abkürzungen und Zitierregeln in der österreichischen Rechtssprache*, (2. Auflage), Wien (Manz).

Friedrich, Christoph (1997): *Schriftliche Arbeiten im technisch-naturwissenschaftlichen Studium : Ein Leitfaden zur effektiven Erstellung und zum Einsatz moderner Arbeitsmethoden*, Mannheim (Dudenverlag).

Frühwald, Wolfgang (1996): »Vor uns : Die elektronische Sintflut : Wie Sprache und Schrift ihre dominierende Kraft an die perfekte Beherrschung der technischen Medien verlieren«, *Die Zeit*, Nr. 27, 28. Juni, S. 38.

Galbraith, J. K. (1978): »Writing, Typing and Economics«, *Atlantic* 241, 102-105.

Garfield, Eugene (1984): »How to use the Social Sciences Citation Index, *Current Contents* 27, 3-11 (auch als Nachdruck in diversen Jahrbänden des Social Science Citation Index selbst).

– (1991): »The Citation Index as a Search Tool«, *Social Science Citation Index* (Jahrband), 25-45.

Geßler, Jürgen R. (1993): *Statistische Graphik*, Basel (Birkhäuser).

Gibaldi, Joseph; Lichtenberger, Herbert (1998): *Mla style manual and guide to scholarly publishing*, (2. Auflage), New York (Modern Language Association).

Goffe, William L. (1994): »Computer network resources for economists«, *Journal of Economic Perpectives* 8, 97-119.

Gorzny, Willi (Hrsg.) (1996): *Abkürzungs-Index*, Pullach (Gorzny-Verlag).

Grieb, Wolfgang (1995): *Schreibtips für Diplomanden und Doktoranden in Ingenieur- und Naturwissenschaften*, (3. Auflage), Berlin (VDE).

Großes Zitatenbuch (1984) (Sonderausgabe), München (Compact Verlag).

Grötschel, Martin; Lügger, Joachim (1995): »Die Zukunft wissenschaftlicher Kommunikation aus der Sicht der Mathemtik«, *Spektrum der Wissenschaft*, März, 39-43.

Grund, Uwe; Heinen, Armin (1996): *Wie benutze ich eine Bibliothek*, (2., überarb. Auflage), Stuttgart (UTB).

Gullath, Brigitte (1992): *Wie finde ich altertumswissenschaftliche Literatur?*, Berlin (Berlin Verlag).

Halmos, P. R. (1970): »How to Write Mathematics«, *L'Enseignement Mathématique* 16, 123-152.

Heidtmann, Frank (1985): *Wie finde ich Literatur zur Volkswirtschaft, Betriebswirtschaft, Psychologie, Soziologie, Politilogie, Publizistik, Statistik*, Berlin (Berlin Verlag).

Heidtmann, Frank; Roth, A.; Skalski, D.; (1978): *Wie finde ich Normen, Patente, Reporte*, Berlin (Berlin Verlag).

Heidtmann, Frank; Ulrich, Paul S.. (1988): *Wie finde ich film- und theaterwissenschaftliche Literatur*, (2. Auflage), Berlin (Berlin Verlag).

Heister, Rolf (1996): *Lexikon medizinisch-wissenschaftlicher Abkürzungen*, (3. Auflage), Stuttgart (Schattauer).

Higham, Nicholas J. (1993): *Handbook oft Writing for the Mathematical Sciences*, Philadelphia (SIAM).

Holzbauer,Ulrich D.; Holzbauer, Martine M. (1998): *Wie wissenschaftliche Arbeit : Leitfaden für Ingenieure, Naturwissenschaftler und Informatiker*, München (Hanser).

Horvath, Peter (1996): *Online-Recherche : neue Wege zum Wissen der Welt*, (2., überarb. u. erw. Aufl.), Wiesbaden (Vieweg).

Imhof, Eduard (1973): *Thematische Kartographie*, Berlin (de Gruyter).

Joswig, Wolfgang (1981): *Wie finde ich Literatur zur Technik? Folge 2: Elektrotechnik, Elektronik, Mess-, Steuerungs- und Regelungstechnik, Bauingenieurwesen, Architektur, Umweltschutz*, Berlin (Berlin Verlag).
– (1984): *Wie finde ich Literatur zur Technik? Folge 3: Bergbau, Metallurgie, Metallkunde, Chemische Technik, Kunststofftechnik, Textiltechnik*, Berlin (Berlin Verlag).
– (1987): *Wie finde ich Literatur zur Technik? Folge 1: Maschinenbau, Fertigungstechnik, Fahrzeugtechnik, Energietechnik und Kerntechnik*, (2., vollst. neubearb. Auflage), Berlin (Berlin Verlag).
Junge, Paul.; Heidtmann, Frank (1989): *Wie finde ich ethnologische Literatur*, Berlin (Berlin Verlag).

Kaiser, Reinhard (1996): *Literarische Spaziergänge im Internet : Bücher und Bibliotheken online*, Frankfurt a. M. (Eichborn).
Kehoe, Brandan (1992): *Zen and the art of Internet*, als Online-Dokument erhältlich über brendan@cs.widener.edu.
Keitz, Wolfgang von; Zimmermann, Harald H. (Hrsg.) (1982): *Dokumenationsstellen Geisteswissenschaften*, Saarbrücken (IFG).
Keller, Gustav (1986): *Studientechniken*, (3. Auflage), Bad Honnef (Bock).
Kepplinger, Hans; Kienzle, R.; Marel, K.; Theis, W. und Wilke, J. (1976): *Informationen suchen und finden: Leitfaden zum Studium der Politologie, Psychologie, Publizistik, Soziologie*, Freiburg (Alber).
Kirchner, Hildebert (Bearb.) (1993): *Jura Extra: Abkürzungen für Juristen* (2. Auflage), Berlin (de Gruyter).
– Kastner, Fritz (1983): Abkürzungen für Juristen, (3., ern., und erw. Auflage), Berlin (de Gruyter).
Klau, Peter; Klau, Michèle (1995): *Das Internet Adreßbuch*, Bonn (IWT Verlag).
Knuth, Donald E. (1989): *The TEXbook*, (8. Auflage), Reading, Mass. (Addison-Wesley).
Koberstein, Herbert (1973): *Statistik in Bildern*, Stuttgart (Metzler-Poeschel).
Koeder, Kurt W. (1994): *Studienmethodik*, (2. Auflage), München (Vahlen).
Kolatz, G. (1984): »The Proper Display of Data«, *Science* 226, 156-157.
Komarek, Kurt (1989): Wissenschaft als Lebenserfahrung und Lebensqualität«, in: Busek, Erhard; Mantl, Wolfgang und Peterlik, Meinrad (Hrsg.): *Wissenschaft und Freiheit: Ideen zu Universität und Universalität*, München (Oldenburg) und Wien (Verlag für Geschichte und Politik), 71-80.
Kommission der Europäischen Gemeinschaft (Hrsg.) (1994): *Eurostat Katalog: Veröffentlichungen und elekronische Dienste*, Luxemburg (Amt für stat. Veröffentlichungen der EG).
König, Gerhard (1988): *Informationsmethoden für Mathematikdidaktiker und Informatikdidaktiker*, Karlsruhe (Fachinformationszentrum Karlsruhe).
Korff, Florian (1997): *Internet für Mediziner*, (2. Auflage), Berlin (Springer).
Korwitz, Ulrich; Heidtmann, Frank (1995): *Wie finde ich medizinische und pharmazeutische Literatur*, (3. Auflage), Berlin (Berlin Verlag).

Krämer, Walter (1998): *Statistik verstehen*, (3. Auflage), Frankfurt/New York (Campus).

– (1994): *So überzeugt man mit Statistik*, Frankfurt/New York (Campus).

– (1997): *So lügt man mit Statistik*, (7. Auflage), Frankfurt/New York (Campus).

Kröger, Detlef (1997): *Internet für Juristen*, Neuwied (Luchterhand).

Krol, Ed (1994): *The whole internet*, (2. Auflage), Sebastopol (O'Reilly).

Kruse, Otto (1998): *Keine Angst vor dem leeren Blatt: Ohne Schreibblockaden durchs Studium*, (7. Auflage), Frankfurt/New York (Campus).

Kruse, Otto (Hrsg.) (1998): *Handbuch Studieren: Von der Einschreibung bis zum Examen*, Frankfurt/New York (Campus).

Krzonkolla, Peter (1979): *Wie finde ich Literatur zu den Geowissenschaften*, Berlin (Berlin Verlag).

Kuhn, Thomas S. (1962): *The Structure of Scientific Revolutions*, Chicago (Chicago University Press).

Lagler, Wilfried; Heidtmann, Frank (1993): *Wie finde ich Literatur zur Mathematik und Informatik?*, (2. Auflage), Berlin (Berlin Verlag).

Langenfelder, Helga (Hrsg.) (1984): *Handbuch der Bibliotheken Bundesrepublik Deutschland, Österreich, Schweiz*, München (Saur).

Leistner, Otto (1977): *Internationale Titelabkürzungen von Zeitschriften, Zeitungen, wichtigen Handbüchern, Wörterbüchern, Gesetzen usw.*, (2. Auflage), Osnabrück (Biblio-Verlag).

Lorenz, Cölestin (1991): *Wichtige Abkürzungen aus Elektronik und Computertechnik*, Holzkirchen (Hofacker).

Luik, Gabriele (1989): *Stolpersteine: Schwierige Wörter und Kommas, die Ihnen manchmal zu schaffen machen*, (12. Auflage), Wiesbaden (Geiger).

– (1992): *Stolpersteine*: Band 2: Grammatik und Stil, Wiesbaden (Geiger).

Maczewski, Jan-Mirko (1996): *Studium digitale: Geisteswissenschaften und WWW*, Hannover (Heise).

McCloskey, Donald N. (1983): »The Rhetoric of Economics«, *Journal of Economic Literature* 21, 482-517.

– (1985): »Economical Writing«, *Economic Inquiry* 24, 187-222.

– (1987): *The Writing of Economics*, New York (Macmillan).

Mette, Günter; Schöppl, Eva (1995): *Wie finde ich Literatur zu den Wirtschaftswissenschaften*, Berlin (Berlin Verlag).

Metzig, W.; Schuster, M. (1993): *Lernen zu lernen*, (2. Auflage), Berlin (Springer).

Meyer, Dieter (1993): *Juristische Fremdwörter, Fachausdrücke und Abkürzungen*, (10. Auflage), Neuwied (Luchterhand).

Mittelstraß, Jürgen (1988): »Wissenschaft, Lebensform, Aufklärung – mit Kants Augen betrachtet«, in: Mocek, Reinhard (Hrsg.): *Die Wissenschaftskultur der Aufklärung*, Halle (Martin-Luther-Universität), 32-46.

Monmonier, Mark (1991): *How to lie with maps*, Chicago (Chicago University Press).

Müller, Bernd (1997): *Wie finde ich juristische Literatur*, (3., akt. Auflage), Berlin (Berlin Verlag).

Müller-Thomas, Claus Peter (1986): *Über die Köpfe hinweg: Sprache und Sprüche der Etablierten*, München (Goldmann).

Murray, D. M. (1999): *Write to learn*, Harcourt Brac (Fort Worth).

Nicolin, Dietline; Heidtmann, Frank (1988): *Wie finde ich Literatur zur Biologie*, Berlin (Berlin Verlag).

Nikkanen, Kimmo (1996): *20 000 WWW-Adressen*, München (tewi).

Nordrhein-Westfälisches Staatsarchiv (1998): *Archive in Nordrhein-Westfalen im Internet*, Münster.

Norm DIN 1301-2: *Einheiten; Allgemein angewendete Teile und Vielfache*, Feb. 1978.

Norm DIN 1302: *Allgemeine Mathematische Zeichen und Begriffe*, April 1994.

Norm DIN 1304-1: *Formelzeichen : Allgemeine Formelzeichen*, März 1989.

Norm DIN 1313: *Größen*, Dezember 1998.

Norm DIN 1333: *Zahlenangaben* Februar 1991.

Norm DIN 1338: *Formelschreibweise und Formelsatz*, August 1996.

Norm DIN 1421: *Gliederung und Benummerung von Texten*, Januar 1983.

Norm DIN 1422-1: *Veröffentlichungen aus Wissenschaft, Wirtschaft und Verwaltung; Gestaltung von Manuskripten und Typoskripten*, Februar 1993.

Norm DIN 1422-2: *Veröffentlichungen aus Wissenschaft, Wirtschaft und Verwaltung; Gestaltung von Reinschriften für reprographische Verfahren*, April 1983.

Norm DIN 1422-3: *Veröffentlichungen aus Wissenschaft, Wirtschaft und Verwaltung; Typographische Gestaltung*, April 1984.

Norm DIN 1460: *Umschrift kyrillischer Alphabete slawischer Sprachen*, April 1982.

Norm DIN 1502: *Regeln für das Kürzen von Wörtern und für das Kürzen der Titel von Veröffentlichungen*, Januar 1984.

Norm DIN 1505-2: *Titelangaben von Dokumenten; Zitierregeln*, Januar 1984.

Norm DIN 1505-3: *Titelangaben von Dokumenten – Teil 3: Verzeichnis zitierter Dokumente (Literaturverzeichnisse)*, Dezember 1995.

Norm DIN 2340: *Kurzformen für Benennungen und Namen : Bilden von Abkürzungen und Ersatzkürzungen*, Dezember 1987.

Norm DIN 5007: *Ordnen von Schriftzeichenfolgen (ABC-Regeln)*, April 1991.

Norm DIN 55301: *Gestaltung statistischer Tabellen*, September 1978.

Norm DIN V 1505-4 (Vornorm): *Titelangaben von Dokumenten – Teil 4: Titelaufnahme von audio-visuellem Materialien*, Juni 1998.

Orwell, George (1946): »Politics and the English Language«, wiederabgedruckt in: Orwell, Sonia (Hrsg.); Angus, Ian (Hrsg.) (1968): *The Collected*

Essays, Journalism and Letters of George Orwell, Band IV, 1945-1950, New York (Harvard Brace Jovanowitch).

Plate, Jürgen (1997): *Internet glasklar: Einführung für Studenten*, München (Oldenbourg).

Poenicke, Klaus (1988): *Wie verfaßt man wissenschaftliche Arbeiten? Ein Leitfaden vom ersten Studiensemester bis zur Promotion*, (2., neubearb. Auflage), Mannheim (Dudenverlag).

Popper, Karl R. (1934): *Logik der Forschung*, Wien (Springer).

– (1984): *Auf der Suche nach einer besseren Welt: Vorträge und Aufsätze aus dreißig Jahren*, München (Piper).

Postman, Neil (1992): *Das Technopol: Die Macht der Technologien und die Entmündigung der Gesellschaft*, Frankfurt (S. Fischer), (amerikanische Originalausgabe: Technopol, New York 1991).

Raith, Werner (1988): *Gut Schreiben: ein Leifaden*, Frankfurt/New York (Campus).

Reiners, Ludwig (1964): *Stilkunst: Ein Lehrbuch deutscher Prosa*, München (Beck).

Reuter, Ulrich (1988): *Akronyme und Abkürzungen in der Chemie*, Darmstadt (GIT-Verlag).

Rico, Gabriele. L. (1998): *Garantiert schreiben lernen*, Reinbek (Rowohlt).

Riedel, Manfred (1988): »Wissenschaft« (Stichwortartikel), *Staatslexikon: Recht, Wirtschaft, Gesellschaft*, Freiburg (Herder), Band 5, 1090-1099.

Riedwyl, Hans (1987): *Graphische Gestaltung von Zahlenmaterial*, (3. Auflage), Bern (Haupt).

Robin, Harry (1992): *Die wissenschaftliche Illustration*, Basel (Birkhäuser).

Rodrigues, Dawn (1997): *The research paper and the World Wide Web*, New York (Prentice-Hall).

Rost, Walter (1989): *Ausdruck sehr gut: Ein praktisches Lehrbuch des guten Stils mit zahlreichen Übungen und Lösungsvorschlägen*, Reinbek (Rowohlt).

Rückriem Georg; Stary, Joachim und Franck, Norbert: *Die Technik wissenschaftlichen Arbeitens : Eine praktische Einführung*, (10. Auflage), Paderborn (Schöningh).

Salant, Walter S. (1969): »Writing and Reading in Economics«, *Journal of Political Economy* 77, 545-558.

Salazar-Carillo, J.; Prasada Rao, D. S. (1988): *World Comparison of Incomes, Prices and Product*, Amsterdam (North Holland).

Scheller, Martin; Boden, Klaus Peter; Geenen, Andreas; Kampermann, Joachim (1994): *Internet: Werkzeuge und Dienste*, Berlin (Springer).

Schirm, R. W. (1970): *Kürzer, knapper, präziser*, Düsseldorf (Econ).

Schmidt, Ralph; Graurath, Lorenz (Mitarb.) (1989): *Informationsagenturen im Bereich der Raumforschung, Geowissenschaften und Umweltdisziplinen*; Band 2: *Raumrelevante Online-Datenbanken*, München (Saur).

Schneider, Wolf (1998): *Deutsch für Kenner: Die neue Stilkunde*, (3. Auflage), München (Piper).

Schumann, Otto (1983): »Das wissenschaftliche Manuskript«, in: Schumann, Otto (Hrsg.): *Grundlagen und Technik der Schreibkunst*, Pawlak (Hersching), 683-712.

Schwinge, Gerhard (1994): *Wie finde ich theologische Literatur*, (3., neubearb. Auflage), Berlin (Berlin Verlag).

Sittek, Dietmar (1997): *Internet für Soziologen*, Frankfurt/New York (Campus).

Sokoll, Alfred H. (1989-1995): *Handbuch der Abkürzungen*, mehrere Bände, München (Alkos).

Staud, Josef L. (1991a): *Statistische Datenbanken, ihre Anbieter und Produzenten*, Frankfurt (Peter Lang).

Stegbauer, Christian (1996): *Euphorie und Ernüchterung auf der Datenautobahn*, Frankfurt a. M. (dipa-Verlag).

Stix, Gary (1995): »Publizieren mit Lichtgeschwindigkeit«, *Spektrum der Wissenschaft*, März, 34-39

Taylor, Todd W.; Walker, Janice R. (1998): *Columbia guide to online style*, New York (Columbia University Press).

The Economist Publications Ltd. (1986): *The Economist Pocket Style Book*, London 1986.

Theisen, Manuel R. (1998): *Wissenschaftliches Arbeiten: Technik – Methodik – Form*, (9. Auflage), München (Vahlen).

Totok, Wilhelm (1985): *Bibliographischer Wegweiser der philosophischen Literatur*, (2. Auflage), Frankfurt.

Tucholsky, Kurt (1989): *Sprache ist eine Waffe*, Reinbek (Rowohlt).

Tufte, E. R. (1983): *The Visual Display of Quantitative Information*, Cheshire (Graphics Press).

– (1990): *Envisioning Information*, Chesire (Graphic Press).

– (1997): *Visual Explanations*, Cheshire (Graphics Press).

Ulrich, Paul S. (1980): *Wie finde ich anglistische Literatur*, Berlin (Berlin Verlag).

Ulrich, Paul S.; Heidtmann, Frank (1981): *Wie finde ich Literatur zur amerikanischen Literatur*, Berlin (Berlin Verlag).

vom Kolke, Ernst Gerd (1996): *Online-Datenbanken: Systematische Einführung in die Nutzung elektronischer Fachinformation*, (2. Auflage), München (Oldenbourg).

Walter, Raimund-Ekkehard; Heidtmann, Frank (1984): *Wie finde ich juristische Literatur*, Berlin (Berlin Verlag).

Weiss, Burghard (1990): *Wie finde ich Literatur zur Geschichte der Naturwissenschaften und Technik*, Berlin (Berlin Verlag).

Weizenbaum, J. (1977): Die Macht der Computer und die Ohnmacht der Vernunft, Frankfurt (Suhrkamp), (amerikanische Originalausgabe: *Computer Power and Human Reason,* San Francisco 1976).

Wendt, P. (1990): »DIN-Normen: Fakten zugänglicher machen«, *Deutsche Universitätszeitung,* Nr. 18, S. 26.

Werder, Lutz von (1998): *Kreatives Schreiben von Diplom- und Doktorarbeiten,* (2. Auflage), Berlin (Schibri).

Werlin, Josef (1987): *Wörterbuch der Abkürzungen: Über 38 000 Abkürzungen und was sie bedeuten* (Duden Taschenbücher Band 11; 3., neu bearb. und erw. Auflage), Mannheim (Dudenverlag).

Wilk-Mincu, Barbara (1992): *Wie finde ich kunstwissenschaftliche Literatur?,* (3. Auflage), Berlin (Berlin Verlag).

Williams, Joseph M. (1990): *Style: Toward Clarity and Grace,* Chicago (University of Chicago Press).

World Guide to Libraries, (13. Auflage), München 1995 (Saur).

Zimmer, Dieter E. (1998): »Die digitale Bibliothek – eine Artikelserie für Nutzer und Verächter der Computernetze«, *Die Zeit,* Nr. 17-21.

Zinser, William (1980): *On Writing Well: An Informal Guide to Writing Nonfiction,* (2. Auflage), New York (Harper & Row).

Register

Abkürzungen 100 f., 176-183
Achsenmanipulationen 122
ACM-Guide to Computing Literature 40
Adjektive 146 f., 152
Adverbien 146 f.
AGRIS 75
AIDS-Bibliography 41
Anhang 100 f.
Anlaufzeit 30
Anspruchsniveau 220 f.
Arbeitsplan 25-28
Arbeitsrhythmus 28 ff.
Architectural Periodicals Index 41 f.
Arts Index 44
Auswahldienst Erziehung und Unterricht (ADIEU) 43
Autorenkatalog 36
AvantGarde 228 f.
AWIDAT 75

Bandwurmsätze 141, 145, 149, 159
Belege 184, 191-194
Betreuer 20 f., 221
Betriebswirtschaftliche Zeitschriftendokumentation 38
BIB-Report 43
BIBLIODATA 75
Bibliographia Cartographica 42
Bibliographie der Deutschen Sprach- und Literaturwissenschaft 44
Bibliographie der Deutschsprachigen Psychologischen Literatur 43

Bibliographie der Französischen Literaturwissenschaft 44
Bibliographie der Wirtschaftswissenschaften 38
Bibliographie Géographique Internationale 42
Bibliographie Informatik 40
Bibliographie Pädagogik 43
Bibliographie Sozialisation und Sozialpädagogik 43
Biological Abstracts 41
Biologie-Dokumentation 41
BLISS 75
Blocksatz 227
British Education Index 43
Brockhaus 33, 83
Bruchstriche 173 f.
Btx 88
Business Graphics 133, 139
Business Periodicals Index 38

CD-ROM 72, 78, 80-85
Charisma (Computergraphik) 131
Chartjunk 128 f., 134
Chemical Abstracts 42
Clusten 218 f.
COMPENDEX 75
COMPUSCIENCE 75
Computer-Investitions-Programm (CIP) 182
Computergrafik 130-133
Computing Reviews 40
Copyright 201

CorelChart 130
Courier 229
Corrent Contents 38, 41 f.
Current Geographical Publications
    42
Current Index to Journals in Educa-
    tion 43
Current Index to Statistics 40

Datenbanken
– elektronische 48 f., 72 ff.
– nummerische 72 f.
– Volltext 72, 74
– Literatur, bibliographische 72,
    74-77
Datenbankrecherche
– Bestellformular 78 f.
– Kosten 86
Datenbanksystem 67 f.
Dekadisches System 103
Deltagraph (Computergrafik) 131
Desktop-Publishing 225, 233
Deutsche Nationalbibliografie 36,
    84 f.
Dokumentation
– audiovisuelles Material 210 f.
– Aufsätze 202 ff., 205
– bildende Kunst 213
– Briefe 213
– Bücher 194-202
– Computerprogramme 211
– elektronische Datenbanken 212
– Flugblätter 214 f.
– Gesetze und Urteile 210
– Konzerte 212
– Patente 213 f.
– Presseartikel 204
– Quellen aus dem Internet 205-
    208
– unveröff. Manuskripte 208 f.
– Vorträge 214 f.
Deutsches Inst. für Med. Dok. und
    Information (DIMDI) 78
Dezimalzeichen 165 f.
Dichtekarten 130

DIN-Norm 116, 139, 170 f., 183,
    194, 201, 216
Dissertations Abstracts Internatio-
    nal 37
Dokumentation Medizin im Um-
    weltschutz 41
Dokumentationsdienst Bildung und
    Kultur 43 f.

EDV 18, 72-96
Electrical & Electronics Abstracts
    42
Endredaktion 217-233
ENERGY 76
ERIC 76
Erklärung zur Urheberschaft 97 ff.,
    101, 232
Excel 130
Excerpta Medica 41
Exotenschriften 46 f., 228 ff.

Fachinformationszentrum 47 f., 72
Fachserie 51 f.
FAZ 81 f., 185
Flächendiagramme 123 f.
Formatierung 225-232
Formeln 107, 110, 161 ff., 173-176
Freelance Graphics (Computergra-
    fik) 131 f.
Freihandaufstellung 62 f.
Fremdwörter 158 f.
Füllzitate 113
Fußnoten 20, 113-116, 186, 193
Fußnotenzeichen 115

Geleitwort 100 f.
Genitivtreppe 147 ff.
GEOREF 76
Gesetze 56 f.
Gleichungen 173-176
Gliederung 97-102, 220
Gliederungsebenen 103-107, 110
Grafiken 25, 117-136
Gruppenarbeit 99

Handelsblatt 88, 185

Harvard Graphics (Computergrafik) 131, 133
Harvard-System 191 ff.
Hauptwörterei 150 f., 159
Health and Safety Science Abstracts 41
Hochschulschriften 37
Host 78
Hurenkinder 227, 233

Ich-Form 156
Index Medicus 41
Informationsvermittlungsstelle 78
Informationszentrum für Sozialwissenschaftliche Forschung 47, 78
Inhaltsverzeichnis 97, 101 f., 103-110, 220
INIS-Atomindex 42, 76
INSPEC 76
International Bibliography of the Social Sciences 38
International Current Awareness Services 39
Internet 78, 86-96, 238-241
ISBN 60

Jahresbibliographische Massenkommunikation 45
Jahreskatalog Philosophie 45
Jargon 108, 158 f.
Journal of Economic Literature 39
Jugend forscht 13

Karlsruher Juristische Bibliographie 45
Kartogramme 120, 122, 130, 132
Karteikarte 58-61, 69
Katalog 24, 36 f.
Kieler Bibliographie der Wirtschaftswissenschaften 66
Klammern 176, 189, 196, 198, 200 f.
Kolonnensatz 166
Kopfzeile 231
Korrelogramme 120, 132

Kurvendiagramme 122-128
Kurzbeleg 113, 116, 191, 194

Lawinensystem 33-36
Literaturdatenbanken 74-80
Literaturinformationen zur Beruflichen Bildung 44
Literaturverzeichnis 60, 97, 100 f., 110-113, 192 f.

Maßeinheiten 167 ff.
MATHDOC 76
Mathematical Reviews 40
Mathematische Zeichen 171
MEDLINE 77
Methode der konzentrischen Kreise 33-36
Minard, Ch. J. 134
MLA International Bibliography 45
Modem 86
MS Word (Textverarbeitung) 25, 130

Nationalbibliographien 36
Nebensätze 142 f.

Online-Datenbanken 86-96
Online-Literatur 48 f.
Ordnungswort 59 ff., 111 f.

Passiv 149, 156 f.
PC 67, 78, 89 ff.
Persuasion (Computergrafik) 131
Plagiat 188
Powerpoint (Computergrafik) 131
Präpositionale Verschachtelung 153
Präsentationsgrafik 131 ff., 139
Primärliteratur 186
Prüfungsordnung 14, 99 ff., 225
Psychological Abstracts 44
Psychologischer Index 44

Quellen 29, 80, 100, 111 f., 184-188, 191-194
Querverweise 102, 232

Rechenzeichen 174 ff.
Rechenzentrum 86
Rechtschreibung 224 f.
Rechtsprechung 57
Referateblätter 38, 45
Regeln für die alphabetische Katalogisierung 59
Register 100
Reich-Ranicki, M. 81 f.

Sachtitel 199
Sachkatalog 60, 36
SAS 24
Säulendiagramme 123-128
Schaubilder 100, 117-139
Schlagwortkatalog 36, 58, 68
Schneeballsystem 33-36
Schreibmaschine 24, 114, 189, 231
Schriftbild 225-232
Schrifttyp 97, 195, 227-230
Schusterjungen 227, 233
Science Citation Index 41, 46, 64
Scientific & Technical Information Network (STN) 78
Seitenrand 224, 225 ff.
Seitenzählung 110, 230 ff.
Sekundärliteratur 186
Serifenschrift 228 f.
Signatur 59
Social Science Citation Index 39, 46, 64 f.
Sociological Abstracts 39
Software 90 f., 130-133
SOLIS 77
Sozialwissenschaftlicher Fachinformationsdienst 39
Soziologendeutsch 159 ff.
Specialissima 38-47
Spezialbibliographien 37-45, 46 f.
SPSS 24
Stanford Graphics (Computergrafik) 131 f.
Statistik
– amtliche 50-53
– nichtamtliche 53 f.

– internationale 55 f.
Statistisches Bundesamt 50
Statistisches Jahrbuch 50
Stopfstil 145 f.
Substantive 143 f., 150 f.
Suchmaschinen 91 ff.
Süddeutsche Zeitung 88
Sunrise (Computergrafik) 131
Symbole 100, 110, 133, 161 ff., 170 ff., 176
Symbolverzeichnis 101, 172 f.
Systematischer Katalog 36, 58 f.
Système Internationale d'Unités (SI) 167

Tabellen 100, 136-139
Telnet 89 f.
TeX (Textverarbeitung) 231
Textverarbeitung 25, 130 f., 224
Thesaurus Linguae Graecae 80
Times 229
Titelblatt 97 f., 101, 231
Tortendiagramme 129
Transliteration 112

Überarbeitung 217-225
Überschriften 107-110, 133, 138
Urheber 184, 195-199

Verzeichnis lieferbarer Bücher 37, 77
Vollbeleg 191, 193 ff.
Vorsatzzeichen 169
Vortexte 99 ff.

Widmung 99, 101, 231
Wiener, N. 30
Wissenschaftlich 13-16
Wissenschaftliche Illustration 117-121
Wordperfect (Textverarbeitung) 25
World Wide Web 90, 94, 207

Zahlen 49-56, 165 ff.
Zeitrestriktion 23

255

Zentralblatt für Didaktik der Mathematik 40
Zentralblatt für Erziehungswissenschaft und Schule (ZEUS) 44

Zentralblatt für Mathematik und ihre Grenzgebiete 40
Zitate, wörtliche 188 ff., 192
Zitierfähigkeit 184 ff.